新譯 老子讀本

新譯 老子讀本

余培林 註解
朴鍾赫 譯

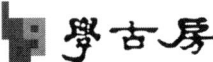

주해자 서문

　『노자 老子』이 한 권의 책은 비록 5천여 자를 겨우 넘지만『노자』와 관련된 저술은 오히려 1천여 종류 이상이나 된다. 그 글의 총계는 원서보다 천만 배 이상을 초월한다. 중국에서 소유하고 있는 전적(典籍)중에서『논어 論語』를 제외하고는 아마도 이 한 권 (老子)의 책과 비교해서 논할 만한 책이 없을 것이다.
　이처럼 이 책이 중요시 되는 까닭은 두 가지의 원인을 벗어나지 않는다.
　하나의 이유는 그 사상이 "미묘하고 현묘한 이치에 통달하여 깊이를 알 수 없어서 微妙玄通, 深不可識" 사람들이 한번 접촉하게 되면 그 속에 별천지가 있음을 깨닫게 된다. 더욱이 그 경지는 광대하고 무한하여 끊임없는 연구를 하지 않으면 그 경지를 끝내 깨달을 수 없기 때문이다.
　또 하나의 이유는 그 사상이 이미 중국인의 마음 깊이 자리잡고 있다는 것이다. 예를 들면 "만족함을 알면 항상 즐겁다. 知足常樂" "유약함이 견강함을 이길 수 있다. 柔能克剛" "감히 천하에서 앞서지 않는다. 不敢爲天下先" 등의 이치를 국민들이 모르는 사람이 거의 없어 삶의 법도로 섬기지 않는 사람이 없다. 심지어 우리는 모든 중국인 각각의 몸 속에는 적건 많건간에 노자 사상의 세포가 존재한다고 말할 수 있다.

　노자의 사상이 이처럼 심오하고 그 영향력이 원대한 이유는 수도 없는 문인 학자들이 여기에 몰두하여 연구와 토론을 일삼았기 때문이다. 그래서 『노자』에 관련된 저술이 날이 갈수록 더욱 풍부해졌다.

　역대 학자들의 고증과 발표를 통해서 『노자』의 깊고 심오한 사상은 이미 거의 대부분 명백히 드러났다. 오늘 우리가 해야 할 작업은 현대적인 언어를 사용하여 노자의 주석을 번역함으로써 현대인이 읽을 수 있도록 제공하는 것이며, 이것이 바로 이 책을 펴낸 목적이다.

　그러나 그것은 결코 간단한 작업이 아니다. 이러한 사명을 달성하려면 필수적으로 두 가지 기본 조건을 갖추어야 한다. 첫번째는 전인(前人)의 중요 저술에 대해서 두루 섭렵해야만 하고, 두번째는 노자의 사상 계통에 대해 깊은 이해가 있어야 한다. 첫번째 조건을 갖추어야 비로소 학문이 얕고 식견이 좁은 폐단에 이르지 않게 되고, 두번째 조건을 갖추어야 비로소 전후 모순의 실수를 범하지 않게 된다.

　필자가 이 책을 펴낼 때에 엄영봉(嚴靈峯)선생의 『노자집성 老子集成』상·하편이 모두 이미 출판되었다. 그래서 『노자』에 관련된 중요 저작을 필자는 다행스럽게도 쉽게 읽을 수 있었다. 그리고 필자는 줄곧 제자지학(諸子之學)을 좋아했고, 특히 노·장(老莊)을 편애해서 일찍이 평시에도 『노자』를 꾸준히 읽었으므로 노자 사상에 대해서 상당히 이해하고 있다고 스스로 생각했다.

　그러나 책을 집필하고 주석을 달 때에 오히려 곳곳에 문제가 있음을 느꼈다. 어떤 때에는 한 문제 때문에 하루 종일 사색을 해 보앉지만 그것을 이해하지 못했고, 전적(典籍)을 조사하였으나 그 요지를 얻지 못했다. 물론 이것은 노자 사상이 깊고 심오한 이유도 있지만 역시 필자의 식견이 좁고 학식이 얕기 때문이었다. 이 때문에 이 오천여 자를 두고서 꼬박 2년이란 시간이 걸린 뒤에야 비로소 주석의 완성을 알리게 되었다.

이 책의 주석은 대부분 이전 사람들로부터 취한 것이다. 서로 다른 해석에 대한 취사선택은 고금을 묻지 않고 단지 『노자』의 원래 뜻에 합치하느냐의 여부만을 물었으며 필자의 선입견은 전혀 없다. 그 사례로서 '큰 그릇은 늦게서야 이루어진다 大器晚成'(41장)라는 한 구절을 예로 들어보자. 일체의 주석은 '만 晩'자를 일찍과 늦음 [早晩]의 늦음으로 해석하였다. 단지 진주(陳柱)만이 그것을 '면 免'으로 읽고, '없다 無'로 해석했다.

글의 뜻을 자세히 보면 '만 晩'은 '없다 無'로 새겨야 한다. 이러한 말이 되어야 비로소 윗 문장의 '큰 네모는 귀가 없다 大方無隅', 아래 문장의 '큰 음악은 소리가 없다. 大音希聲' '큰 형상은 꼴이 없다 大象無形'와 일관된다. 만약 일찍과 늦음(早晩)의 늦음으로 해석하면 서로 용납되지 않고 순조롭지 못한 것을 알게 될 것이다.

그래서 본서에서는 진주의 해석 방법을 따랐다. 이러한 예는 매우 많다. 여기서 일일이 열거할 수는 없지만, 독자들은 본서를 읽으면서 자연스럽게 발견하게 될 것이다.

물론 어떤 곳에서는 필자 또한 약간의 얕은 견해를 피력했다. 그러나 이것은 절대 새롭고 다른 것을 세워 나타내기 위한 것이 아니고 전적으로 관점의 차이일 뿐이다. '총애도 모욕도 받으면 놀라고, 큰 근심이 몸에 닥칠까 두려워한다. 寵辱若驚 貴大患若

身'(13장)를 예로 들 수 있다.

역대로 주석가들은 올바로 해석하지 못했다. 어떤 사람은 글자를 고쳐 말했고, 어떤 사람은 뒤바꾸어 말했다. 그 결과 아직도 사람들을 만족스럽게 하지 못한다.

졸견을 말하면 이 두 구의 말은 고어이다. (진주도 이 설(說)을 주장했다. 13장 주석 1), 2)에 상세하게 보인다.) 두 개의 '약 若' 자는 모두 '~하면 則' 혹은 '이에 乃'로 해석된다. 마치 구어체의 '이에 於是'와 같다. '귀 貴'는 두려워한다는 의미이고(하상공설 河上公說) '신 身'과 '경 驚'은 서로 구비하는 말이다.

이 두 구를 현대적인 구어체로 바꾸어 말하면 이렇게 된다. '세상 사람들이 영예를 얻고 욕됨을 당하면 모두 그로 인하여 몸이 놀라고, 큰 재앙과 근심도 그로 인해서 몸이 놀란다.' 이와 같아야 위 아래 문장이 하나의 어기로 관통할 수 있다. 이러한 예는 적지 않지만 여기서 일일이 열거할 수 없다. 그런데 천견이 대가의 동의를 얻을 수 있을 것인가 하는 것은 알 수 없다.

이 책은 비록 2년간의 긴 시간에 걸쳐 쓰여졌지만 필자의 학식이 천박하기 때문에 틀린 곳을 면하기 어렵다. 학식이 넓고 고상한 군자들이 가르침을 내려주는 데 인색하지 않기를 바란다.

이 책을 탈고한 후, 나의 스승 장기균(張起鈞) 교수로부터 많은 가르침을 받았다. 여기서 삼가 감사를 드린다.

1983.
여 배 림

목차

- 주해자 서문 ·· 5
  1. 노자(老子)라는 인물에 대하여 ················· 11
  2. 『노자』라는 책에 대하여 ······························ 25
  3. 노자 철학에 대하여 ······································ 34

✦✦✦✦✦✦✦✦✦✦✦✦✦

제1장 ············ 41	제13장 ············ 92	제25장 ············ 148
제2장 ············ 46	제14장 ············ 99	제26장 ············ 154
제3장 ············ 52	제15장 ············ 104	제27장 ············ 157
제4장 ············ 57	제16장 ············ 110	제28장 ············ 161
제5장 ············ 61	제17장 ············ 115	제29장 ············ 166
제6장 ············ 66	제18장 ············ 119	제30장 ············ 170
제7장 ············ 69	제19장 ············ 122	제31장 ············ 173
제8장 ············ 72	제20장 ············ 126	제32장 ············ 179
제9장 ············ 76	제21장 ············ 133	제33장 ············ 184
제10장 ············ 79	제22장 ············ 137	제34장 ············ 187
제11장 ············ 84	제23장 ············ 141	제35장 ············ 190
제12장 ············ 88	제24장 ············ 145	제36장 ············ 193

제37장 ············ 196	제52장 ············ 251	제67장 ············ 312
제38장 ············ 199	제53장 ············ 255	제68장 ············ 316
제39장 ············ 205	제54장 ············ 259	제69장 ············ 319
제40장 ············ 211	제55장 ············ 263	제70장 ············ 324
제41장 ············ 213	제56장 ············ 269	제71장 ············ 327
제42장 ············ 219	제57장 ············ 272	제72장 ············ 330
제43장 ············ 224	제58장 ············ 276	제73장 ············ 333
제44장 ············ 226	제59장 ············ 281	제74장 ············ 337
제45장 ············ 228	제60장 ············ 285	제75장 ············ 340
제46장 ············ 231	제61장 ············ 288	제76장 ············ 342
제47장 ············ 233	제62장 ············ 293	제77장 ············ 345
제48장 ············ 236	제63장 ············ 297	제78장 ············ 348
제49장 ············ 239	제64장 ············ 301	제79장 ············ 351
제50장 ············ 243	제65장 ············ 305	제80장 ············ 355
제51장 ············ 247	제66장 ············ 309	제81장 ············ 359

⊞ 인용된 책 목록 ·· 363
⊞ 역자 후기 ·· 365

1. 노자(老子)라는 인물에 대하여

　노자에 대한 기록은 『사기 노장 신한 열전 史記 老莊 申韓列傳』에 가장 먼저 보인다. 노자의 생애를 알고자 한다면, 이 글을 읽지 않으면 안된다. 전문(傳文)에서 다음과 같이 설명되어 있다.
　노자는 초(楚) 나라 고현(苦縣) 려향(廣鄕) 곡인리(曲仁里) 사람이다. 이름은 이(耳)이고, 자는 담(聃)이고, 성은 이(李)씨이다. 주(周) 나라 때 수장실(守藏室)의 관리를 지냈다.
　공자가 주 나라에 가서 노자에게 예(禮)에 대해 물었다. 노자가 말했다.
　"그대가 말하는 그 사람은 이미 오래 전에 죽어 뼈는 모두 썩어버렸고, 단지 그의 말이 남아 있을 뿐이다. 군자가 때를 얻으면 관직에 나아가지만, 때를 얻지 못하면 정처없이 떠돌아다니는 것이다. 내가 듣기로는, 훌륭한 장사꾼은 재물을 깊이 감추어 두고 없는 것처럼 하고, 군자는 성대하지만 용모는 어리석은 것 같다. 그대의 교만한 기운과 욕심이 많은 것과 꾸민 자태와 방종한 뜻을 버려라. 이것은 모두 그대에게 무익한 것이다. 내가 그대에게 이야기하고자 하는 것은 이와 같은 것뿐이다."
　공자가 떠나가면서 제자에게 말했다.
　"새라면 날 수 있다는 것을 나는 알고 있다. 물고기라면 헤엄칠 수 있다는 것을 나는 알고 있다. 짐승이라면 달릴 수 있다는 것을 나는 알고 있다. 달리는 것은 그물로 잡을 수 있고, 헤엄치는 것은 낚시로 잡을 수 있으며, 나는 것은 주살로 잡을 수 있다. 용에 대해서는 나는 알 수 없다. 바람과 구름을 타고 하늘로 오르기 때문이다. 내가 오늘 노자를 보니 용과도 같구나!"

노자는 도덕을 수양하는 데 있어서 스스로 숨기고 이름이 알려지지 않도록 하는 것에 힘쓰기를 배우라고 하였다.

주(周)에 오랫동안 살다가 주가 쇠미해지는 것을 보고 마침내 떠나고 말았다. 함곡관(函谷關)에 이르자 관령(關令)으로 있는 윤희(尹喜)가 말했다.

"그대는 장차 숨으려고 하니 억지로라도 나를 위하여 책을 지어 주십시오."

이에 노자가 상·하편의 책을 지었는데, 도덕의 의미를 5천여 자로 말하고 떠났다. 그가 죽은 곳을 알지 못한다.

혹자는 말한다. 노래자(老萊子)도 역시 초 나라 사람이다. 15편의 책을 지어서 도가의 운용을 말하였다. 공자와 동시대 사람이라 말하기도 한다.

대개 노자는 160여 세 혹은 200여 세를 살았다고 하는데, 도를 닦아 수명을 길렀기 때문이다. 공자가 죽은 지 129년 후 『사기 史記』에 기록하기를, 주(周) 나라 태사(太史) 담(儋)이 진(秦) 나라 헌공(獻公)을 보고 "처음에 진이 주와 합치고, 합한 지 500년 후에 분리되고, 분리된 지 70년 후에 패왕이 출현할 것이다."라고 했는데 혹자는 담이 노자라고 하고, 혹자는 아니라고 한다. 세상에서는 그 옳고 그름을 알 수 없다.

노자는 은둔한 군자이다. 노자의 아들 이름은 종(宗)이다. 종은 위 나라의 장군이 되어 단간(段干)을 봉읍으로 받았다. 종의 아들은 주(注)이다. 주의 아들은 궁(宮)이다. 궁의 현손은 가(假)이다. 가는 한(漢) 나라 효문제(孝文帝)를 섬겼다. 가의 아들 해(解)는 교서왕(膠西王) 공(卭)의 태부(太傅)가 되었기 때문에 제나라에 정착하였다.

　세상에서 노자를 배우는 사람은 유학을 배격하고, 유학 역시 노자를 배격하였다. 도가 같지 않으면 서로 도모하지 않는다고 했는데 어찌 이것을 두고 말함이 아니겠는가 노자는 무위자화(無爲自化), 청정자정(淸靜自正)을 중시하였다.

　양계초(梁啓超) 선생은 이 전(傳)을 '분명치 않고 어리둥절한 것'이라 말하였다.(노자의 책은 전국 시대 말기에 지어졌다고 말한다.) 이 전(傳)의 옳고 그름은 양계초 선생이 말한 것처럼 믿을 수 없는 것인가?

　아래에서 우리는 성명, 고향, 직책, 공자와의 관계, 주(周)를 떠난 후의 행적, 수명, 노래자와의 관계, 태사 담과의 관계, 후대의 가계 등 아홉 가지 항목으로 나누어 연구하기로 하겠다. 노자의 책과 철학은 아래의 별도의 한 절에서 다시 토론한다.

　1. 성명 :『사기』본전(本傳)에서 말하였다. "이름은 이(耳), 자는 담(聃), 성은 이(李)씨이다." 그러나 고서를 두루 조사해 보면, 춘추시대에는 결코 이씨 성을 가진 사람은 없었다. 전국시대에 이르러서야 비로소 이회(李悝), 이극(李克), 이목(李牧) 등이 있었으므로, 이씨 성이 생긴 것도 매우 늦은 일이라 볼 수 있다.

　노자는 마땅히 성이 노(老)이다.『좌전 성공 15년(左傳 成公 十五年)』에 노좌(老佐)가 있고, 소공(昭公) 14년에 노기(老祈)가 있으며,『논어』에 노팽(老彭)이 있고,『사기』에 노래(老萊)가 있다. 노자가 그들과 같은 계통인지 아닌지를 확실히 고찰해 볼 수는 없으나, 고대에 노씨 성이 있었다는 것은 의심할 여지가 없다.
 선진(先秦) 때 제자(諸子)들은 모두 성(姓)으로 호칭하였으니 공자, 묵자, 맹자, 장자, 순자, 한비자 등도 이와 같았다. 노자는 이미 노자(老子)라 불리웠지 이자(李子)라 불리지 않았다. 노담(老聃)이라 불리웠지, 이담(李聃)이라 불리우지 않았다. 그러므로 그의 성은 노이지, 이가 아님을 알 수 있다. 이것은 「노 老」와 「이 李」 두 자의 음이 가까운 관계에 있기 때문이다. 이것은 순경(荀卿)이 손경(孫卿)으로 오인된 것과 같다.

2. 본적 : 본전에서 말하였다. "초 나라 고현(苦縣) 여향(厲鄕) 곡인리(曲仁里)이다."『예기 증자문 (禮記 曾子問)』의 공영달소(孔穎達疏)에서『사기』를 인용하여 이렇게 밝혔다. "진(陳) 나라 고현 뢰향(賴鄕) 곡인리이다." 갈홍(葛洪)의『신선전 神仙傳』에는 또 '뢰향(瀨鄕)'이라 되어 있다. 고현은 본래 진 나라에 속하였는데, 춘추시대 말년에 초 나라가 진 나라를 멸망시켜 초 나라의 땅이 되었으므로,『사기』에서 '초 나라 고현이다.'라고 했다.
 '여향' 혹은 '뢰향'이라 되어 있거나 '뢰향'이라 부르는 것은 '려 厲' '뢰 賴' '뢰 瀨' 3자의 음이 같아 통용되었기 때문이다.

3. 직책 : 본전에서 말하였다. "장실(藏室)을 지키는 관리이다." 사마정(司馬貞)의『색은 索隱』에서 말하였다. "장실의 관리는 즉 주 나라 장서실(藏書室)의 관리이다". 장탕전(張湯傳)에서 보인다. "노자는 주하사(柱下史) 즉 장실의 주하에서 근무하였기 때문에 관직의 이름이 되었다."
 소위 '장실의 관리'라는 것은 바로 장서실의 관리로서『장자 천도편 莊子 天道篇』의 '미장사 微藏史'이다. 장실의 전주(殿柱) 아래에 있었으므로 주하사라고 명칭한다. 직분이 목판과 죽간의 책을 관장하는 것으로서 오늘날 도서관 관장에 해당된다.

4. 공자와의 관계 : 공자가 노자를 만난 일이 『공자 세가 孔子世家』에 기재되어 있는데 본전과는 약간의 차이가 있다. 그 글은 아래와 같다. "노 나라 남궁경숙(南宮敬叔)이 노 나라 왕에게 공자와 함께 주 나라에 가도록 해달라고 요청했다. 노 나라 왕이 수레 한 대와 말 두 필, 그리고 동자 한 명을 딸려 주자 함께 주 나라에 가서 예를 물었는데, 아마도 노자를 보고 말했을 것이다.

인사하고 떠날 때 노자가 전송하며 말했다. "내가 듣자니 부귀한 사람은 재물로써 사람을 전송하고, 어진 사람은 말로써 사람을 전송한다고 한다. 나는 부귀하지 못하고 어진 사람이라는 호칭을 절취하였으니 그대들을 전송하면서 말 한마디 하겠다. '총명하여 깊게 살펴 죽음에 가깝게 된 자는 남을 비평하기를 좋아하는 사람이다. 박식한 변론이 광대하여 그 몸을 위태롭게 하는 자는 남의 악함을 들춰내는 사람이다. 자식이 된 자는 사욕을 지니지 말며, 신하가 된 자는 사욕을 지니지 마라."

공자가 주 나라에서 노 나라로 돌아오자 제자들이 점점 더 들어왔다. 『사기』 외에, 『예기 증자문 禮記 曾子問』, 『장자 천지·천도·천운·전자방·지북유저 莊子 天地·天道·天運·田子方·知北遊諸』, 『여씨춘추 당량 呂氏春秋 當梁』에 실려 있고, 내용 또한 모두 들쑥 날쑥 하다.

공자는 도대체 노자를 만났는가? 만나지 않았는가? 이것은 격렬하게 논쟁되었으나 아직도 결론이 나지 않은 문제이다. 우리는 반드시 그럴 만한 사연이 있다고 여기는데, 그 이유는 6가지가 있다.
1) 이 사실을 기재한 글이 지극히 많다. 만약 이 사실을 전국시대 사람들이 꾸며낸 것이라면 지금처럼 널리 전해지지는 않았을 것이다.

2) 『예기』는 유가의 전적이다. 만약 이 사실이 진실이 아니라면 이 책을 편집한 사람이 집어 넣지 않았을 것이다.

3) 「증자문」에서 공자가 노자를 좇아 향당에서 장례를 돕고 하루의 식사를 대접받았다고 기재되어 있다. 이런 일은 거짓으로 지어낼 수가 없다.

4) 『장자』에는 공자와 노자의 대화가 유독 많이 기재되어 있는데, 그 내용을 모두 다 믿기는 어렵다. 그러나 일찌기 공자가 노자를 만난 적이 있으므로 어쨌든 문제가 있을 수 없다. 그렇지 않았다면 공자가 왜 양주(楊朱), 묵적(墨翟)을 만난 것은 쓰지 않고, 오직 노자를 만난 것만 썼겠는가?

5) 『사기 중니제자열전 서문 史記 仲尼弟子列傳 序文』에서 말했다. "공자가 엄숙히 섬겼던 사람은 주(周) 나라에서는 노자, 위(衛) 나라에서는 거백옥(蘧伯玉), 제(齊) 나라에서는 안평중(晏平仲), 초(楚) 나라에서는 노래자(老萊子), 정(鄭) 나라에서는 자산(子産), 노(魯) 나라에서는 맹공작(孟公綽)이었다." 거백옥, 안평중, 노래자, 자산, 맹공작은 모두 실존 인물이다. 공자가 그들과 교제한 일은 고서에도 모두 기재되어 있다. 이 때문에 노자 역시 실존 인물이므로 공자가 노자에게 예를 물어본 일도 반드시 거짓이 아니라는 것을 미루어 알 수 있다.

6) 사마천(司馬遷)은 유학자로서 공자를 매우 숭상하였다. 그가 지은 『사기』는 바로 『춘추』의 업적을 전하려는 뜻을 가지고 있다. 만약 지극히 의존할 만한 자료가 있었다면, 그는 절대로 그의 숭상하는 인물의 명예를 더럽히지 않았을 것이다.

애석한 것은 이 부분에서 지극히 의존할 만한 자료 [금궤석실(金櫃石室)의 책]가 실전되었다는 것이다. 그러나 어쨌든간에 「노자본전」과 『공자세가』에서 공자와 노자가 만난 것과 관련된 사실만은 절대로 『장자 천운·외물』 2편에서 채록한 것이 아니라고 단정 지을 수 있다.

우리는 공자와 노자의 만남이 사실이라는 것을 믿을 뿐만 아니라, 또한 그들의 만남이 적어도 두 번은 될 것이라고 생각한다. 한 번은 공자가 34세 때 주 나라에서, 또 한 번은 공자가 51세때 패(沛) [이는 『장자』에 근거한다.] 에서였다.

노자를 좇아 장례를 돕고, 하루의 식사를 대접받은 것이 마땅히 첫번째 일이다. 「노자본전」과 『공자세가』에 기재된 노자와 공자의 다른 대화는 도대체 첫번째 만나 말한 것인지, 아니면 두번째 만나 말한 것인지, 추정할 방도가 없다.

5. 주(周)를 떠난 후의 행방 : 노자는 주 왕실의 쇠미해짐을 보고 주를 떠났다. 어디로 갔는가? 「본전」에서는 관(關)에 이르러 글을 쓰고 떠났다고 말했다. 관을 나선 이후로는 '그 죽은 곳을 알 수 없다.'

노자가 갔던 관은 『색은』과 『정의』에서 모두 2가지로 해석하고 있다. 하나는 산관(散關)이고, 하나는 함곡관(函谷關)이다. 그러나 고서에서 '관 關'자 한 자만 쓰면 함곡관을 가리키는 것이다. 관 밖은 진 나라이므로 노자가 관을 떠난 후에 진 나라로 갔음을 알 수 있다.

또 『장자 양생주 莊子 養生主』에서 말했다. "노담이 죽어서, 진일(秦佚)이 그를 조문하여, 세 번 울부짖고 나갔다." 「양생주」는 장자 스스로 지은 것이므로 당연히 믿을 만하다.

승려 도선(道宣)의 『광홍명집 변혹편 서 廣弘明集 辨惑篇 序』에서 말했다. "이수(李叟)는 여향(厲鄕)에서 태어나서 괴리(槐里)에서 죽었다. 『장자 양생주』는 사실을 기록했으므로 진일을 정말 함부로 거론하지 않았을 것이다." 『발손성노자의문반신 跋孫盛老子疑文反訊』에서 말했다. "노자는 서쪽 변방으로 도망쳐서 진 나라 국경에 이르러 부풍(扶風)에서 죽고 괴리에서 장사지내졌다."

이것으로 노자가 결국 진 나라에서 죽은 것을 알 수 있고, 결코 '죽은 곳을 모른다'는 것은 틀렸다. 뒤에 노자가 호족이 되어 부처가 되었다고 말하는 것은 완전히 억지로 끌어다 붙여 이야기하는 설명이라서 제기할 만한 가치도 없다.

6. **수명** : 노자가 어느 해에 태어났고 어느 해에 죽었는지는 확실히 고찰할 수는 없다. 단지 그가 공자와 같은 시기에 잠시 살았다는 것만을 알 수 있다. 본전에서 그는 160여 세, 200여 세까지 살았다고 하나 실제로 믿기는 어렵다.

사마천이 글 앞에 두 의문사인 '개 蓋'자 와 '혹 或'자를 연용한 것은, 보아하니 그 자신도 확실히 믿을 수 없었기 때문일 것이다. 호적 선생이 말했다. "노자는 장수를 누렸으나 기껏해야 90세 정도까지밖에 살지 못했다."(『중국 철학사 대강』) 우리의 견해도 이와 같다.

7. 노래자와의 관계 : 노자와 노래자는 근본적으로 두 사람인데, 여기에는 세 가지의 증거가 있다.

첫번째는 『중니 제자 열전 서』에서 말한 것이다. "공자가 엄숙히 섬긴 사람은 주 나라에서는 노자이고, 초 나라에서는 노래자이다." 두 사람을 병렬하였으므로 노자는 노자이고, 노래자는 당연히 노래자이다.

두번째는 본전에서 노자를 언급하면서 "저서 상하편은 도덕(道德)의 뜻을 말했다."라고 했고, 노래자를 언급하면서 "저서 15편은 도가의 운용을 말했다."라고 했다. 저서의 편수가 같지 않으며 내용 역시 같지 않다.

세번째는 사마천이 노래자를 서술할 때, 특별히 앞에 '역 亦'자를 덧붙여서 말했다. "역시 초 나라 사람이다." 이것은 노자와 노래자의 관계를 표명한 것으로, 다만 고향이 같을 따름이다.

이런 것들은 모두 노자와 노래자가 한 사람이 아니라는 것을 증명하기에 충분하다. 또한 사마천이 그들을 한 사람이라고 오인한 일이 없다는 것을 증명하기에도 충분하다. 장수절(張守節)은 『사기정의 史記正義』에서 말했다. "태사공이 노자인지 노래자인지 의심하였기 때문에 그것을 기록했다." 나필(羅泌)은 『노사 路史』에서 말했다. "노자의 마을은 고지뢰(苦之賴)에 있었다. 뢰(賴)는 곧 래(萊)이다. 그래서 또한 노래자라고도 부른다." 이것은 그들의 이야기일 뿐이지, 사마천과는 관계가 없다.

노자와 노래자는 같은 사람이 아니다. 그러나 그들이 서로 관련이 없다고는 할 수 없다. 그들의 관련은 첫번째로 같은 노씨이고, 같은 종족이라고 할 수 있다. 두번째는 같은 초 나라 사람이다. 세번째는 같은 도가 인물이다. 사마천은 「노자전」에 이래자

(李來子)를 덧붙여 서술한 것은 그들이 이러한 세 가지 관련된 원인을 갖추고 있기 때문이라고 할 수 있다.

8. 태사(太史) 담(儋)과의 관계: 노자가 태사 담이라고 여기게 된 것은 본전에서 '노자는 바로 담이다'라고 언급한 누군가로부터 비롯되었다. 후에 필원(畢沅)의 『도덕경고이 道德經考異』와 왕중(汪中)의 『노자고이 老子考異』에서 이 학설을 강력히 주장하였다.

그러나 이 학설을 가장 견고하게 유지한 것은 나근택(羅根澤)이다. 그 논리는 첫번째로 '담 聃'과 '담 儋'은 동음으로 통용되었다는 것, 두번째로 두 사람이 똑같이 주 나라의 사관이었다는 것, 세번째로 두 사람이 모두 일찌기 관(關)을 나와서 진으로 갔다는 것, 네번째로 이와 같아야 비로소 노자 8대손과 공자 30대손이 동시에 살았다는 문제가 해결이 된다는 것이다.(「노자 및 노자 저서의 문제 老子及老子書的問題」)

이 네 가지 관점에 대해서 고형(高亨)은 일찌기 전체를 반박하였다. 그가 말했다. "'담 聃'과 '담 儋'이 통용된다고 해서 반드시 한 사람의 이름이라고 할 수는 없다. 똑같이 주 나라에 벼슬하여 사관이 되었다고 해서 반드시 한 사람의 일이라고 할 수는 없다. 똑같이 관을 나와서 진으로 들어갔다고 해서 반드시 한 사람의 사적이라고 할 수는 없다.

위 나라의 장군이 되어 단간을 봉읍으로 받은 종(宗)도 결코 노자의 아들이 아니고 그의 후손이다." 그의 결론은 "노자와 태사 담은 결코 한 사람이 아니다."는 것이다.(「사기 노자전 전증 史記 老子傳 箋證」)

노자는 태사 담이 아니다. 고형의 설명 이외에도, 우리는 또 세

가지의 이유를 찾아낼 수 있다.

첫번째는 태사 담이 진 나라 헌공(獻公)을 찾아본 사실은 「주본기 周本紀」, 「진본기 秦本紀」에서 볼 수 있고, 「봉선서 封禪書」에 또한 기재되어 있다. 그러나 '담이 노자'라는 설명은 어디에도 없다.

두번째는 본전에서 "혹자는 담이 노자라고 말하고, 혹자는 아니라고 말한다"라는 한 단락이 있는데, 이것은 전설로부터 채집한 것이다. 전설은 당연히 의심을 해보아야 한다. 그러나 "『춘추』의 뜻은, 믿는 것은 믿는 것으로 전하고, 의심스러운 것은 의심스러운 대로 전한다."(「곡량전 환 오년 穀梁傳 桓 五年」)

사마천은 또 이렇게 말했다. "그러므로 의심스러우면 의심스러운 대로 전하는 것은 아마도 신중함 때문일 것이다."(「삼대세표서 三代世表序」)

그러므로 그가 특별히 앞에다 '혹왈 或曰'이라는 두 자를 사용하여, 사전(史傳)의 믿을 만한 사료로부터 채집한 것과는 구별하였다.

세번째는 태사 담이 진 나라의 헌공을 본 일은 공자 사후 106년의 일인데, 이때는 노자의 나이가 이미 200세 전후에 해당된다. 설령 그가 이렇게 오래 살았다 하더라도, 아마도 주 나라로부터 진 나라까지 이르는 방법은 없었을 것이다.

노자와 태사 담은 이미 이렇게 두 사람인데 어떻게 '담이 곧 노자이다'라는 전설이 있게 되었는가? 우리는 태사 담이 노자의 후손이라서 당시에 노자라고 불리웠다고 생각한다. 노자는 사관이 되었고, 후에 주 나라를 떠나 진 나라로 갔다. 백여년이 흘러 담이 주의 태사가 되었을 때에도 주 나라를 떠나 진 나라로 갔다. 그들은 성도 같고 관직도 같고 행적도 같고 '담 聃'과 '담 儋'의 음 또한 서로 같았다. 그래서 후세 사람들이 그들을 한 사람이라고 혼동한 것 같다. 이것은 손무(孫武)와 손빈(孫臏)을 잘못하여 혼동하는 상황과 유사하다.

9. 후대 세계 : 본전에서 말했다. "노자의 아들 이름은 종(宗)이고, 종은 위(魏) 나라 장수가 되어 봉읍으로 단간(段干)을 받았다. 종의 아들은 주(注)이고, 주의 아들은 궁(宮)이다. 궁의 현손은 가(假)이고, 가는 한(漢) 나라 효문제(孝文帝)를 섬겼고, 가의 아들 해(解)는 교서왕(膠西王) 공(邛)의 태부(太傅)가 되어 제(齊)나라에 정착하였다."

이 단락의 글은 상당히 후세 학자의 회의를 야기시켰다. 왜냐하면 위 나라가 제후의 반열에 든 것은 공자가 죽은 후 67년 이후의 일이다. 이 때에는 노자의 아들 종이 100세 이상이 되어야 하는데, 의외로 위 나라 장군이 되었다면 어찌 기이한 일이 아니겠는가? 또한 공자의 13대손 공안국(孔安國)이 한 나라 경제(景帝)·무제(武帝) 때에 해당된다. 노자의 8대손 해가 그와 동시대에 살았다면 어찌 또한 기이한 일이 아니겠는가?

장후(張煦)가 이 의심스러운 두 가지 점에 대하여 일찍이 해석을 한 바 있는데 그는 이렇게 이야기했다. "위 나라가 제후국이 된 것이 공자가 죽은 후 67년 후의 일이다. 그러나 종이 위 나라의 장수가 된 그 위 나라는 오래전에 망한 위 나라로서, 진 나라 육경(六卿) 중의 하나이다. 사마천이 그를 위 나라 장군이 되었다고 일컬었는데, 이것은 후세의 제도를 들어 전대를 밝히려는 필법의 일종이다. 노자의 8대손과 공자의 13대손이 동시에 살았다고 했는데, 그것은 공자의 후손은 모두 장수를 하지 못하였지만, 노자의 후손은 모두 장수했던 것이 그 원인이 된다."

그는 또 하나의 가능성을 제시하였다. 곧 "궁의 현손은 가이다"에서 '현 玄'자를 '원 遠'자로 해석을 했는데, 그렇게 되면 종으로부터 해에 이르는 것이 8대에만 그치는 것이 아니다.(「양임공제소노자시대일안판결서 梁任公提訴老子時代一案判決書」) 장후의 해석도 비록 말은 통하지만 끝내 사람들의 마음을 설득시키기는 어렵다.

우리는 종이 결코 노자의 아들이 아니고, 태사 담의 아들이라고 생각한다.『사기 위세가 史記 魏世家』에서 말했다. "안리왕(安釐王) 4년 진(秦) 나라가 우리와 한(韓) 나라 및 조(趙) 나라를 격파하고 15만 명을 죽여, 우리의 장수 망묘(芒卯)를 패주하게 했다. 위(魏) 나라 장군 단간자는 진 나라에게 남양(南陽)을 주어 화친을 청하였다."『전국책 위책 戰國策 魏策』에서 말했다. "화양(華陽)의 군대 싸움에서 위 나라는 진 나라를 이기지 못하였다. 다음해 단간숭(段干崇)으로 하여금 땅을 분할하여 화친토록 하였다." '종 宗'과 '숭 崇'의 고음은 같이 통용되었다. 본전에서 말하였다. "종이 위 나라의 장수가 되어 단간을 봉읍으로 받았다."

여기의 종은 바로「위세가」의 단간자이며,『전국책 위책』의 단간종인 것이다. 화양 전투를 고찰해 보면 주난왕(周報王) 42년인 기원전 273년에 있었고, 태사 담이 진 나라로 들어간 것이 주열왕(周烈王) 2년인 374년이다. 중간에 서로 101년의 격차가 있다. 만약에 태사 담이 진 나라로 들어갈 때가 30여세이고, 60세에 종을 낳았다면, 화양 전시에 종이 60여세가 되어 위 나라의 장군이 되었다는 것은 지극히 가능한 일이다. 왜냐 하면 태사 담과 노자가 서로 혼동되었기 때문에 태사 담의 아들이 노자의 아들로 오인된 것이다. 종은 태사 담의 아들이고, 8대를 지나 해(解)에 이르러 교서왕 공의 태부가 되었다는 것이 역시 자연스럽게 상황에 맞고 이치에도 맞는 일이다.

위의 9가지를 고찰한 바에 의하면, 『사기』에 기재된 노자의 평생 사적은 결코 '분명치 않고 어리둥절한 것'이 아니라 대부분 믿을 만하다. 만약 그 중의 의심스러운 몇 곳에 약간의 수정을 가한다면 노자의 생애는 매우 명확해질 것이다.

2. 『노자』라는 책에 대하여

1) 작가

『사기 노자전 史記 老子傳』에서 말했다. "그리하여 노자가 이에 상·하편을 지어서 도덕(道德)의 뜻을 말하고, 5천여 말을 남기고 떠났다." 이른바 '상하편', '도덕의 뜻을 말하다' '5천여의 말'은 모두가 현재 간행된 『도덕경 道德經』에 부합되므로 사마천(史馬遷)의 말은 마땅히 믿을 만하다.

그러나 후대에 그것들을 의심하는 사람이 오히려 적지 않다. 어떤 사람은 『도덕경』이 태사(太史) 담(儋)이 쓴 것이라고 했고, 어떤 사람은 장자 문하생에 의거한 것이라고 했고, 어떤 사람은 여불위(呂不韋) 문객이 편집했다고 생각한다. 또한 어떤 사람은 한 나라 사람이 채집했다고 여긴다. 참으로 여러 가지 학설이 분분하여 일치된 결론은 내릴 수 없다. 그 분분한 학설 중에, 우리들은 아직도 사마천의 언급을 가장 믿을 만하다고 여긴다. 그 이유는 세 가지가 있다.

1) 『장자 천하편 莊子 天下篇』에서 말했다. "노담(老聃)이 말하기를, '수컷을 알고, 암컷을 지키면, 천하의 계곡이 된다. 밝음을 알고, 어두움을 지키면, 천하의 골짜기가 된다.'고 했다." 인용한 구절은 『도덕경』 28장에 보인다.

『한비자 내저설 韓非子 內儲說』 하편에서 말했다. "경(經)에서 말하길 '그 말은 노담이 물고기를 잃었다는 데에 있다'고 했다. 설(說)에서 말하길 '세력이 막중한 것은 군주의 연못이다. 신하는 막중한 권세의 물고기이다. 물고기가 연못을 잃으면 다시 얻을 수 없다. 군주가 신하로부터 세력의 막중함을 잃으면 다시 거둘 수 없다.'고 했다." 인용한 구절은 『도덕경』 36장에 보인다.

또 「육반편 六反篇」에서 말했다. 노담이 한 말이 있다. "만족할 줄 알면 욕되지 않고, 그칠 줄 알면 위태롭지 않다." 인용된 구절은 『도덕경』 44장에 보인다. 두 책에서 인용된 학설에서 직접 일컬은 부분은 노담의 말이다. 이러한 말은 모두 현재 『도덕경』 중에 있고, 「천하편」의 작가와 한비자가 이미 『도덕경』은 노자에 의해 쓰여진 것으로 확인하였음을 알 수 있다.

2) 소수의 몇 장과 몇 개 사구(詞句)를 제외하고 『도덕경』 전체의 사상은 일관되어 저절로 하나의 계통을 이루고 있다. 그것은 이 책이 한 사람의 손에서 나온 것임을 설명해 준다. 이러한 전문 저작은 절대로 편집하고 정리해서 이루어진 것이 아니다.

그리고 『순자 천론편 荀子 天論篇』에서 말했다. "노자는 굽히는 곳에 식견이 있고, 펴는 곳에 식견이 없다." 『여씨춘추 불이편 呂氏春秋 不二篇』에서 말했다. "노담은 부드러움을 귀중히 여겼다."

'굽히다'와 '부드러움을 귀중히 여기다'는 모두 『도덕경』의 취지이다. 이것은 『도덕경』이 춘추 시대 말년에 노자에 의해 저작되었음을 충분히 설명하고 있다.

3) 사상적 발전이라는 측면에서 본다면 『도덕경』에 드러난 사

상은 아마 도가의 창시이지, 집대성은 아닐 것이다.

호적지(胡適之) 선생은 일찍이 말했다. "『노자』에서 '도 道'를 논한 것 중에 더욱이 '나는 그 이름을 알지 못한다. 그것을 글자로 도(道)라고 쓰고, 억지로 그것에 이름을 붙여 대(大)자라고 한다.'는 말이 있다. 이 말은 그 책이 조기에 출현되었다는 가장 유력한 증거이다.

그것은 이러한 위대한 견해를 그가 처음으로 드러낼 수 있었으나 걸맞는 이름이 없어서 부득이 그것을 일종의 지나는 길, 즉 도(道)라고 억지로 부르거나 혹은 그것을 대(大)라고 형용하여 불렀음을 명백하게 설명하고 있다.

이러한 관념은 본래부터 많은 사람들의 이해를 구하기가 쉽지 않았다. 그래서 전국 시대 말기에 이르러서야 비로소 사상계 일부 사람들의 중심적인 견해가 되었다.

다만 이 시기에 이르러, 예를 들면 『장자』와 같은 책에서 이러한 견해는 이미 하나의 독보적인 원리가 되었으며 '억지로 이름을 붙인 가설'이 아니었다."[「전목(錢穆) 선생과 더불어 노자 문제를 토론한 글」에서]

서복관(徐復觀) 선생이 일찍이 말했다. "『노자』에는 성(性) 자가 전혀 없다. 성(性)자의 유행은 전국 시대 초기 이후에 있었다. 그래서 『논어』에도 성(性) 자가 2개만 있다. 현재의 『노자』에는 실질적인 인성론이 있지만 한 번도 성 자가 나타나지 않았다. 이것은 바로 그 책이 전국 시대 초기 이전에 성립된 것임을 증명할 수 있으므로 이상하다고 할 것이 없다."(「도가 인성론의 창시자 – 노자의 도와 덕」)

호적지·서복관 두 선생의 견해는 정말 누구보다 뛰어난 첫째가는 것이다. 만약에 전국 시대의 도가의 학문을 자세하게 규명해 본다면, 열자(列子)의 허를 귀중히 여김 [貴虛]이 노자의 귀유(貴柔)사상의 발전이었음을 알게 되고, 양주(楊朱)의 위아(爲我)는 노자의 무위(無爲)철학의 발전임을 알게 되고, 장자의 방탕(放蕩)은 노자의 자연주의의 개척임을 알게 될 것이다.

　제가(諸家)의 학설이 비록 깊고 정밀하고 심오하지만, 그 중요한 근본은 노자의 말에 귀결된다. 『도덕경』은 제자백가 학설의 요람이다. 물론 한 자루의 양날이 있는 칼은 양면으로 자를 수도 있다. 그러나 잘리는 물건은 언제나 굳셈과 부드러움의 구분이 있게 되고, 베는 사람도 언제나 어렵고 쉬운 느낌이 있게 된다. 우리들은 노자가 『도덕경』을 지었기 때문에, 『도덕경』을 도가 사상의 출발점으로 삼는다. 어쨌든 『도덕경』이 옛말을 편집하여 이루어진 것이라고 주장하는 학설에 비하면 더 순조롭고 자연스러울 수 있을 것이다.

2) 출판된 연대

　『도덕경』의 작자는 노자이다. 그러나 노자의 말을 죽백에 기록하여 책으로 완성한 사람은 결코 노자가 아니다. 그것은 마치 『논어』가 공자에 의해 만들어진 것이 아닌 것과 같고, 『묵자』가 묵적에 의해 쓰여진 것이 아닌 것과 같은 이치이다. 『논어』, 『묵자』 모두 제자, 혹은 다시 전수된 제자의 손에 의해서 이루어졌고, 『도덕경』도 마땅히 이와 같다.

　다른 점은 단지 『도덕경』에는 '노자가 말하길 老子 曰'이라는 글자가 없다는 것이다. 우리들의 견해에 의하면 『도덕경』이 책으로 완성된 시기는 춘추 시대 말년이나 혹은 전국 시대 초년이다. 『논어』와 동시대이거나 혹은 그 위 아래이다. 우리들이 주장하는 이유가 두 가지이다.

1) 선진(先秦)시대 전적은 대부분 노자의 말을 인용하였다. 인용된 말은 대부분 지금의 『도덕경』에 있다. 옛 사람의 통계에 의하면 선진 시대의 전적에 『도덕경』이 인용된 상황은 아래와 같다.
① 『전국책 제책 戰國策 齊策』 1회, 「위책 魏策」 1회
② 『장자 외편 거협편 莊子 外篇 胠篋篇』 4회, 「재유편 在宥篇」 2회, 「천지편 天地篇」 2회, 「천도편 天道篇」 1회, 「지락편 至樂篇」 3회, 「달생편 達生篇」 1회, 「산목편 山木篇」 2회, 「전자방편 田子方篇」 1회, 「지북유편 知北遊篇」 3회, 「잡편 경상초편 雜篇 庚桑楚篇」 2회, 「칙양편 則陽篇」 1회, 「만언편 萬言篇」 1회, 「천하편 天下篇」 1회
③ 『한비자 외저설 하편 韓非子 外儲說 下篇』 1회, 「육반편 六反篇」 1회, 이외에도 「해로 解老」와 「유로 喩老」 양 편은 전문적으로 노자의 학문을 논했다.
④ 『여씨춘추 귀생편 呂氏春秋 貴生篇』 1회, 「제락편 制樂篇」 1회, 「악성편 樂成篇」 1회, 「군수편 君守篇」 1회

이외에 각종 서적 가운데 『도덕경』 원문을 인용하지는 않았지만, 그것의 의미를 인용한 것은 셀 수 없을 정도로 많다.

『전국책 제책 戰國策 齊策』에 인용된 한 조목은 안촉(顔斶)이 제선왕(齊宣王)에게 대답할 때 말한 것이다. 선왕(宣王)의 재위는 주(周) 현왕(顯王) 27년인 기원전 344년부터 주(周) 현왕(顯王) 45년인 기원전 324년까지이다. 이는 『도덕경』이 서기 324년 전에 이미 유행했다는 증거이다.

장자, 순자는 모두 그 당시에 태어났다. 그래서 『장자』에서는 노자의 말을 인용한 것이 특히 많다. 『순자』에서는 비록 인용한 것은 없지만, 「천론편」에서 말하길 "노자는 굽히는 곳에 식견이 있지만 펴는 곳에 식견이 없다. 老子有見於詘 無見於信"고 했으니 순자도 일찍이 『도덕경』을 본 셈이다.

이렇게 본다면 『도덕경』의 완성 시기는 마땅히 전국 시대 초기이거나 더 이전으로서, 이에 대해서는 마땅히 의심할 여지가 없다.

2) 전국 시대 제자(諸子)의 책은 『맹자』, 『장자』, 『순자』, 『한비자』와 같이 모두 장편의 명론이고, 이치를 설명하고 일을 서술한 것으로서 번잡함도 꺼리지 않았다.

그러나 『도덕경』은 간결하고 세련되었으며 명백하고 유창하다. 비록 문답체는 아니지만 꽤 『논어』와 유사하다. 그것은 물론 일부러 그렇게 할 수는 없을 것이다. 그리고 간결하고 세련될 수밖에 없는 이유가 있다.

그 이유는 마땅히 글쓰는 공구가 발달하지 않아서 기록이 용이하지 않았기 때문이다. 만약에 『도덕경』이 완성된 시기가 전국 시대 제자백가 이후라고 말한다면 문체 발전의 추세에 합치되지 않을 듯하다.

물론 『도덕경』 중에도 후인들이 뒤섞어 넣은 글자가 있다.

예를 들면 26장 '만승을 거느리는 군주 萬乘之主', 책 전체에서 자주 보이는 '후왕 侯王' 등과 같은 문구는 모두가 분명히 전국 시대의 관용어로서 춘추 말년에 있을 수 있는 것이 못된다.

31장의 '부장군은 좌측에 있고, 상장군은 우측에 있다. 상례로서 처신함을 말한 것이다. 偏將軍敢左 上將軍敢右 言以相禮處之' 등의 구는 바로 주석의 문장이 잘못 들어간 것이다.

3장의 '현명함을 숭상하지 않는다 不尙賢'와 19장의 '인을 끊고 의를 버리다. 絶仁棄義'에 이르러서는 묵자의 상현주의(尙賢主義)와 맹자의 인의사상(仁義思想)을 꼭 배척한 것은 아니다. 현명함을 숭상하는 것은 춘추 시대 말년의 정치적인 필요였기 때문에 『논어』에서는 '현명하고 재능있는 인재를 추천하다 學賢才'의 견해가 있었고, 『묵자』에서는 단지 홀로 중시할 뿐이었다. '인의 仁義' 두 자를 이어서 쓰는 것은 『국어 주어 상 國語 周語 上』, 『묵자 비공편 墨子 非攻篇』에 모두 있다. 역시 맹자의 특허품은 아니다.

어찌 되었든간에 『도덕경』의 완성은 『맹자』보다 시대적으로 늦을 리가 없다.

3) 내용의 간략한 소개

『노자』는 또 『도덕경』이라 부르고, 상하 2편으로 나뉘었다. 당나라 승려인 도세(道世)가 편찬한 『법원주림 法苑珠林』은 『오서 吳書』에서 감택(闞澤)이 손권(孫權)에게 대답한 것을 인용하여 말했다. "한(漢) 나라 경제(景帝)가 『황자 黃子』와 『노자』를 예의

의 법식이 더욱 깊다고 하여 자(子)를 경(經)으로 고쳤다." 이것이『노자』를 경이라고 처음 일컬은 경우이다.

『태평어람 太平御覽』권 191에서 양웅(楊雄)의『촉왕본기 蜀王本紀』를 인용하여 말했다. "노자는 관문지기 윤희(尹喜)를 위하여『도덕경』을 저술했다." 여기서『노자』가『도덕경』이라고 처음 일컬어진 것이다.

『노자』가『도덕경』이라고 일컬어진 것은 당연히 상편의 제 1구 '도는 말로 표현할 수 있으면 영원 불변한 도가 아니다. 道可道非常道'와 하편의 제 1구 '최상의 덕은 덕이 아니다. 上德不德'에서 '도'와 '덕' 두 글자로 이루어진 것이다.

『도덕경』은 원래 여러 장으로 나누어졌다는데, 알 방법이 없다. 한엄(漢嚴)은 도덕경의 뜻을 좇아 72장으로 나누었으나, 그러한 엄의 책은 위작이라서 근거로 삼을 만한 것이 못된다. 왕필(王弼)의 구본은 79장으로 나뉘었다.

지금의『왕필본』,『하상본』은 모두 81장으로 나뉘어 있다. 상편은 37장이고, 하편은 44장이다.『하상본』은 매 한 장마다 앞면에 별도로 표제가 있다. 예를 들면「체도제1 體道第一)」,「양신제2 養身第二)」… 와 같다. 이것은 당연히 하상공(河上公)이 제멋대로 더한 것으로서『도덕경』본래의 모습은 아니다.

왕필, 하상공 이후 각 주석가들이 간혹 자기의 뜻대로 나누고 합쳤으나 대부분 81장을 기준으로 삼았다.

『도덕경』의 글자 수는 통상 5천언이라고 일컫는다. 실제상으로는 5천 2백여 자이다. 또 5천 자가 못 되는 것도 있는데, 이는 후인들이 임의대로 문장을 삭제하여 간결하게 한 것이며, 도덕경의 옛 모습은 아니다.

별도로 『오천문』이 있어서 꼭 5천자가 되는데, 이는 다른 출처가 있는 것으로서 (엄영봉(嚴靈峰) 선생의 이 문제에 대한 전문적인 논설이 있다.) 5천 2백여 자를 간략하게 한 것이 결코 아니다.

『도덕경』을 주석하고 논술한 책으로는 엄영봉 선생이 수집한 도서 목록의 통계에 의하면 한조(漢朝)에서 근대에 이르기까지 현존하는 것은 283종이 있고, 원서는 흩어져 없어지고 단지 목록만 남아 있는 것이 282종이다. 또 일본인의 저술이 192종이 있어서 총계를 하면 757종이 있다. 만약에 관련된 논술을 모두 집어 넣는다면 1천 6~7백여 종류가 될 것이다. 아! 참으로 많기도 하다.

3. 노자 철학에 대하여

1) 철학 체계

　노자의 철학 계통은 우주론으로부터 인생론까지 펼쳐 있고, 다시 인생론으로부터 정치론까지 펼쳐 있다. 그러나 노자 사상의 형성은 우리가 일반적으로 알고 있는 것과 앞에서 말한 순서와는 상반되는데, 먼저 정치론이 있고, 다음에 인생론이 있고, 마지막에 비로소 우주론이 있다.
　또한 그의 우주론의 확립은 그 목적도 인생과 정치상의 문제를 해결하기 위한 것으로, 이것은 『도덕경』 전서에서 언급된 인생 수양과 정치 기교를 보기만 해도 명백해진다.
　그러나 어찌 되었든간에, 그의 우주론은 결국 그의 모든 철학의 기초이다. 이 때문에 그의 우주론을 이해한다면, 곧 그의 철학 전부를 이해하는 것과 같다.
　노자의 철학은 모두 '도'라는 한 글자에 있으며, 그의 우주론 역시 '도'를 기초로 삼는다. 노자는 우주의 본원은 '도'이고, 천지만물 모두는 '도'에서 생겨난 것이라고 여겼다. 그는 말했다.
　'어떤 것이 혼돈되어 이루어졌는데, 하늘과 땅보다 먼저 생겼네. 홀로 서서 영원히 변하지 않으며, 두루 운행하여 그치지 않아서, 천하의 모태라 할 수 있네. 나는 그 이름을 알지 못하여, 그것을 글자로 나타내어 도라고 한다.'(25장)

'도는 하나를 낳고, 하나는 둘을 낳고, 둘은 셋을 낳고, 셋은 만물을 낳는다.'(42장)

소위 '도'라는 것은 결코 하나의 실체가 아니다. 그러나 또한 영(零)과도 같지 않다. 노자는 일찌기 말했다.

'도라는 것은 오직 황홀할 뿐. 황홀하여 그 속에 형상이 있으며, 황홀하여 그 속에 만물이 있네. 깊고 어두워 그 속에 생명의 본질이 있네. 생명의 본질은 너무도 참되어, 그 속에 신험이 있네.'(21장)

'보아도 보이지 않는 것을 이(夷)라 하고, 들어도 들리지 않는 것을 희(希)라 하고, 잡아도 잡히지 않는 것을 미(微)라 한다. 이렇게 셋은 끝까지 분별하여 밝힐 수 없으므로 혼융하여 하나가 된다. 올라가도 밝지 않고, 내려와도 어둡지 않다. 끝없이 이어져서 이름 지을 수 없으니 형상이 없는 물체로 되돌아간다. 이것을 꼴이 없는 꼴이며, 짓이 없는 짓이라고 하며, 황홀이라고 한다.'(14장)

바로 '도 道'라는 것은 '꼴 없는 꼴, 짓 아닌 짓'이며 황홀하지만 실존하는 것이기 때문에 천하의 시원이 될 수 있고, 또 만물의 어머니가 될 수 있다. 더욱이 아무리 써도 다함이 없고 아무리 취하여도 없어지지 않는다. 만약에 꼴이 있고 짓이 있다면 다른 구체적 사물과 똑같아서 결국 변화해서 없어질 것이니 그 속에서 만물의 근원이 이루어질 수 있겠는가?

'도'는 만물을 창조한 후에 만물에 내재해서 만물을 옷 입히고 양육한다. 노자(老子)는 말했다.

'큰 도는 넘쳐 흘러, 왼쪽에 오른쪽에, 만물이 여기에 의지하여 생겨나되 관여하지 않고, 만물을 키우고도 주인이 되지 않는다.'(34장)

'도는 만물을 창조하고, 덕은 만물을 함유하며, 만물을 기르고 키우며, 만물을 이루어 내서 익혀 주고, 그것을 감싸고 보호한다.'(51장)

'도'는 만물을 창생하고 만물의 가운데에 존재하는데 그것을 일컬어 '덕 德'이라고 한다. '덕'은 '도'의 작용이며, 또한 '도'의 현상이다. 그래서 '도'와 '덕'은 단지 전체와 부분이라는 차이만이 있을 뿐이며 본질상의 분별은 없다.

'도'는 이렇게 부단히 만물을 창생하고 오랫동안 이어왔는데 없어져서 다하는 날이 있을 수 있겠는가? 정답은 그렇지 않다. 만물은 마지막까지 '덕'을 거쳐서 생명의 원류인 '도'로 되돌아오려고 하기 때문이다. 만물이 생명 근원을 지향해서 돌아오는 작용을 '귀근 歸根' 또는 '복명 復命'이라고 부른다. 아래의 두 장은 바로 이러한 작용을 설명한 것이다.

'만물이 함께 일어나는데, 우리는 되돌아감을 볼 수 있다. 만물이 다양하지만, 각기 근원으로 되돌아간다. 근원으로 되돌아가는 것을 정이라 하는데, 이것을 본성으로 돌아간다고 한다.'(16장)

'현묘한 덕은 깊고도 먼 것이라서, 만물과 함께 되돌아온다. 그런 후에야 비로소 자연에 순응함에 이른다.'(65장)

만물이 '도'로 돌아오려고 하기 때문에 '도'라는 것은 비로소 끝없이 응용할 수 있으며 만물 역시 낳고 또 낳아 끝이 없다. 실제로 만물의 이러한 '귀근', '복명'의 작용은 원래 '도'를 모방한 법칙이다. 왜냐 하면 '도' 본체의 운동은 순환 반복하기 때문이다. 아래 두 단락의 문장을 한번 보자.

'글자로 나타내어 그것을 도라 하고, 억지로 이름지어 '크다'라고 한다. 크게 되면 가는 것이요, 가게 되면 먼 것이며, 멀게 되

면 돌아오는 것이다.'(25장)

'되돌아오는 것은 도의 운행이오.'(40장)

'도'의 운동이 이미 순환하면 그치지 않고, 우주만물 자연도 반복되어 쉬지 않는다. 그러나 '도'의 운동은 순환·반복 이외에도 상반된 방향으로 운동 발전한다. 바꿔 말하면 '되돌아 오는 것은 도의 운행이오. 反者道之動'의 '반 反'은 순환·반복의 뜻 이외에도 상반·대립되는 뜻이 있다. 시험삼아 보기로 한다.

'있음과 없음은 상대적으로 생겨나고, 어려움과 쉬움은 상대적으로 이루어지며, 길고 짧음은 상대적으로 나타나며, 높고 낮음은 상대적으로 대비되며 앞과 뒤는 상대적으로 따르며, 소리와 메아리는 상대적으로 조화를 이룬다.'(2장)

이것은 우주간의 만물이 정(正)의 일면이 있고, 반(反)의 일면이 있다는 것을 설명하고 있다. 또한 이 정·반의 양면은 고정불변의 것이 아니라 시간에 따라 변하는 것이다. 이른바 이러한 것들이다.

'화에 복이 기대어 있고, 복에는 화가 숨어 있다.'(58장)

'바름이 다시 그르게 되고, 선함이 다시 악함이 된다.' (위와 같다.)

기왕에 정과 반이 서로 변하고 화와 복이 일정치 않다면, 사람이 결국 마땅히 어느 곳에 자처해야 하는가? 노자(老子)는 그 밖에 또 하나의 '도'의 법칙을 제기했는데 그것은 바로 이렇다.
'약한 것은 도의 작용이다.'(40장)

정과 반이 당연히 서로 변하고, 화와 복이 당연히 일정치 않으나 이러한 변화무쌍의 상황에서도 오히려 일종의 영원불변의 법칙이 있다. 그것은 바로 모든 강대한 것조차도 모두 도태되고 타파되기 마련이라는 것이다. 이른바 이러한 것이다.

'단단하면 깨지고, 날카로우면 꺾인다.'(『장자 천하편 莊子天下篇』)

'만물이 극도로 강장(強壯)하면 바로 노쇠해지는 법이다.'(30장)

'강포한 사람은 제 명에 죽지 못한다.'(42장)

'굳고 강한 것은 죽은 것의 성질이다.'(76장)

이와는 반대로 부드럽고 약함은 오히려 보존되고 앞으로 나설 수 있다. 이른바 이러한 것이다.

'굽으면 온전할 수 있고, 구부리면 곧게 펼 수 있으며, 움푹하면 채울 수 있고, 낡으면 새로워질 수 있으며, 적으면 얻을 수 있고, 많으면 미혹된다.'(22장)

'부드럽고 약함이 억세고 강함을 이긴다.'(36장)

'부드럽고 약한 것은 살아있는 것의 성질이다.'(76장)

그래서 노자는 우리가 약한 것에 처하고 부드러움을 지킬 것을 요구하는데, 그 이유는 '부드러움을 지키는 것을 강(強)'이라고 하기 때문이다.'(52장) 부드러움을 지키는 것이 강하게 될 수 있는 이유는 도가 약(弱)을 작용으로 여기기 때문이다. 부드러움을 지키는 것은 도가 약(弱)을 작용으로 삼는 법칙을 준수하기 때문에 강할 수 있다.

그러나 "약한 것은 도의 작용이다. 弱者道之用"의 '약 弱'자에서 부드럽고 약하다는 뜻은 단지 협의일 뿐이고, 그것의 광의는 마땅히 허(虛)·정(靜)·비(卑)·하(下)·곡(曲)·왕(枉)·와(窪)·폐(敝)·소(少)·자(雌)·빈(牝)·천(賤)·손(損)·색(嗇)·복(復)·퇴(退) 등의 또 다른 측면의 단어 뜻을 포함하고 있다. 이러한 단어들은『도덕경 道德經』전서의 골간이다. 그러므로 '약한 것은 도의 작용이다.'라는 이 한 마디는 노자 인생 철학의 기초라 말할 수 있다.

2) 철학 정신

노자 철학이 비록 '도 道'를 기초로 삼지만 그의 철학 정신은 오히려 '자연 自然' 두 글자에 있다. 노자의 인생론은 진실로 자연을 종주로 여기고 그의 우주론 역시 자연을 법으로 삼는다. 만약 노자 철학을 자연 철학이라고 말한다면 그것보다 더 적당한 말이 없을 것이다.

25장에서 말했다. "사람은 땅을 본받고, 땅은 하늘을 본받고, 하늘은 도를 본받고, 도는 자연을 본받는다." '도'는 노자 철학의 기초이고, 우주만물 창생의 근원이기 때문에 人, 地, 天 모두 '도'를 본받아야 한다. '도'는 결코 털끝만큼도 규율이 없거나 하고 싶은대로 하는 것은 아니다. '도'는 또한 반드시 '자연'을 본보기로 삼아야 한다. 물론 우리는 '도'의 앞에 별도로 하나의 자연이라고 불리우는 것이 있으므로, '도'에게 딸려가는 것이라고 말할 수 없다. 이와 같다면 노자 철학의 체계를 혼란스럽게 하기 때문이다.

그러나 만약 우리가 '자연'이란 '도'의 정신이 존재하는 곳이고, '도'가 가지고 있는 모든 특성(예를 들면 허 虛, 유 柔 등) 가운데 가장 주된 부분이라고 말한다면 틀림없이 어떠한 타당하지 못한 점도 있을 수 없다.

51장에서 말했다. "도가 높고, 덕이 귀한 것은, 도와 덕이 만물에 명령하지 않고, 항상 자연적이기 때문이다." '도'와 '덕'이 만물의 존앙을 받는 까닭은, 바로 '도'와 '덕'이 항상 '자연'을 따르는 데 있기 때문이다. 이러한 것으로 볼 때 '도'와 '덕'의 가치는 바로 '자연'에 있다. 만약 '자연'을 귀의처로 여기지 않으면, '도'와

'덕'은 곧 그 가치를 잃는다.

　천지가 '도'를 본받는 것은 실제 '자연'을 본받는 것이다. 23장에서 말했다. "폭풍은 아침을 넘기지 못하고, 소나기는 하루를 넘기지 못한다." 폭풍·소나기는 천지가 정상과는 반대로 자연을 따르지 않는 현상이다. 이미 '자연'을 따르지 않으면 당연히 영구불변을 유지할 수 없다.

　위정자가 정치를 하는 데 있어서, 노자는 또한 '자연'에 준거(準據)할 것을 주장했다. 23장에서 말했다. "말이 없는 것이 자연이다." 이른바 '말이 없다는 것'은 '말하지 않는 가르침을 실행한다'라는 것이고, 또한 바로 형벌이나 금법을 만들지 않는다는 뜻이다.

　위정자가 만약 '자연'에 의탁할 수 있다면 백성을 침범하고 소란하게 할 수 없고, '백성이 생존하는 곳을 압박하지 않고, 백성이 생활하는 곳을 억압하지 않는다.'(72장) 백성이 저절로 '즐거이 추대하고 싫어하지 않는다.'(66장)

　결과적으로 "공이 이루어지고 일이 완수되어도 백성들은 모두 이렇게 말한다. '내가 저절로 그렇게 되었다.'"(17장) 사실, 정치를 하는 사람의 목적은 바로 '뭇 사람들이 간과하는 도로 되돌아와, 만물의 자연성을 도와주는 것이다.'(64장)

　스스로 어떻게 '자연'에 따르지 않고 행할 수 있겠는가? 사람·땅·하늘·도를 막론하고 '자연'을 종주로 여기지 않는 것이 없으므로 우리는 '자연'이야말로 노자 철학의 정신이라고 말할 수 있다.

제 1 장

> **경문**
>
> 道可道, 非常道.[1]
> 名可名, 非常名.[2]
> 無, 名天地之始.
> 有, 名萬物之母.[3]
> 故常無, 欲以觀其妙.
> 常有, 欲以觀其徼.[4]
> 此兩者,[5] 同出而異名,[6] 同謂之玄.[7]
> 玄之又玄,[8] 衆妙之門.[9]

●●●

도(道)를 말로 표현할 수 있다면
그것은 불변의 도가 아니다.[1]
그 명칭을 부를 수 있다면
그것은 영원한 명칭이 아니다.[2]
무(無)는 천지 창조의 시원(始源)을 가리키고
유(有)는 만물의 모태라고 부른다.[3]
그러므로 언제나 무에 처하면서

그 오묘함을 관조하고
언제나 유에 처하면서
그 무한함을 관조하고자 한다.[4]
이 두 가지는[5]
나온 곳은 같지만 이름만을 달리 한다.[6]
그것을 함께 일컬어 현(玄)이라고 한다.[7]
현하고 더욱 현한 것이[8]
온갖 오묘함의 문이다.[9]

자구 해석

1) **道可道, 非常道** : 첫번째 '도 道'자는 명사인데 우주의 근원을 말하며 또한 천지만물을 창조하는 원리 혹은 원동력이다. 『한비자 해로편 韓非子 解老篇』에서 말하였다. "도는 만물이 저절로 그렇게 되는 것이다." 또한 말했다. "도는 만물이 이루어진 원리이다." 모두 도는 천지 만물의 근원임을 말한 것이다. 두번째 '도'자는 동사이며 말한다는 의미이다. '상 常'은 영구 불변을 이른다. '상도 常道'는 바로 영구 불변의 도이다.

2) **名可名, 非常名** : 첫번째 '명 名'자는 명사이며 도의 참모습을 가리킨다. 두번째 '명 名'자는 동사이며 부른다는 의미이다. 아마도 노자의 도는 형상이 없어서 형이상학적이므로 이름 지을 수 없을 것이다. 단지 해설의 편의를 위해서 명칭이 없을 수 없으므로 할 수 없이 '도'라는 글자를 사용하여 일컬은 것이다.

3) '무 無'와 '유 有'는 모두 도를 가리킨다. 도는 '존재하지만 볼 수 없고 소리가 있지만 들을 수 없고 잡히긴 하지만 얻을 수 없는 것이다.'(14장) 결코 구체적인 사물이 아니므로 '무'라고 부를 수 있다.(이 무는 0과 다르다) 그러나 도는 또 '형상이 있고', '형체

가 있고', '정기가 있어서'(21장) 천지 만물을 생산할 수 있으므로 또한 '유'라고 부를 수 있다.

풀어서 말하면 '무'는 '도의 체 體'를 가리키고 '유'는 '도의 용 用'을 가리킨다. '체'는 반드시 '용'보다 앞서므로 '무'도 역시 '유'보다 앞선다. 40장에서 '천하만물은 유에서 나오고 유는 무에서 나온다'라고 하였는데 바로 '유'와 '무', 둘 사이의 선후 관계를 설명한 것이다.

본 구절에서 '무'로써 천지의 시작이라고 명칭하고 '유'로써 만물의 모태라고 불렀으니 이는 바로 '천지'와 '만물'의 선후 관계를 설명한 것임을 말하지 않아도 알 수 있다.

또 왕필(王弼) 이래로 옛 사람들은 대개 '유명 有名', '무명 無名'으로 끊어 읽었는데 왕안석(王安石)에 이르러 비로소 '무'와 '유'로 끊어 읽게 되었다. 이름에 의해서 스스로 형태가 생겨나고, 형태가 있음으로써 비로소 이름이 있게 된다. 도는 이미 형태가 없는데 어찌 이름이 있겠는가? 또한 이름이 있다면 어떻게 만물의 모태가 될 수 있겠는가? 지금은 왕필의 해설을 취하지 않고 왕안석의 판단 방식을 따라 '무'와 '유'는 명사로 여기고 '명'을 동사로 여긴다.

4) 常無欲以觀其妙, 常有欲以觀其徼 : '묘 妙'는 '정밀하고 미묘하여 헤아릴 수 없다.'는 의미이다. '요 徼'는 육덕명(陸德明)이 '끝'이라고 풀이했는데 전이되어 '광대무변'의 뜻을 지닌다. '묘 妙'는 도의 본체를 형용하고 [無], '요 徼'는 도의 작용 [有]을 형용한다.

이 두 구절의 의미는 '항상 무에 처함으로써 도의 본체의 오묘하고 헤아릴 수 없음을 관조하며, 항상 유에 처함으로써 도의 작용의 광대하고 끝없음을 관조한다.'는 것이다.

또 이 두 구절을 옛사람들은 대부분 '무욕 無欲', '유욕 有欲'을 한 구로 여겨 '故常無欲, 以觀其妙. 常有欲, 以觀其徼'라고 읽었다. 이러한 구두법은 문장과 의미가 통하지 않는다. 문장으로 말한다면 앞 글과 서로 통할 수 없다. '고 故'자 역시 결말이 나지 않았다.

의미상으로 말하자면 노자는 본시 '무욕'을 주장하였지, 결코 '유욕'을 찬성하지 않았다. 3장에서 '욕심낼 만한 것을 드러내 보이지 않으면 민심을 어지럽히지 않을 수 있다.' 19장에서 '순진함을 보이고 질박함을 보전하면 사욕이 적어진다. 57장에서 '내가 욕심이 없으므로 백성은 저절로 소박해진다.'라고 하였으니 모두 그 증명이 된다.

노자는 이미 인간이 '욕심을 없애고', '욕심을 적게 하고', '욕심낼 만한 것을 내보이지 않아야 된다'고 했는데 어떻게 '욕심을 지니고' '무한함을 관조'하는 것을 주장할 수 있겠는가? 하물며 이미 '욕심을 지니고서' 어떻게 '무한함을 관조'할 수 있겠는가? 그래서 '무욕', '유욕'으로써 구로 여기는 것은 노자 사상에 전혀 합당하지 않다. 이 부분은 앞의 문장을 받아서 '무'와 '유'로써 구를 삼아야 한다.

『장자 천하편 莊子 天下篇』에서 말했다. "노담이 그 풍문을 듣고 기뻐하여 항상 없음과 항상 있음 [常無有]의 두 근원을 세우고 태일(太一)의 학설로 귀결지었다." 여기서 '상무유'가 바로 이 문장의 '상무', '상유'이다.

5) 兩者: '무'와 '유'를 가리킨다. 왕필은 '시 始'와 '모 母'를 가리킨다고 생각했고, 하상공(河上公)은 '유욕', '무욕'을 가리킨다고 여겼으나 모두 그 뜻을 체득하지 못한 듯하다. 또 이전 사람들은 대부분 '차양자동 此兩者同'으로써 구를 삼았지만 자세히 글의 뜻을 보면 '동 同'자는 당연히 다음 문장의 '출 出'자와 이어 읽어야 하는 탓에 따르지 않았다.

6) 同出: 도에서 함께 나왔다는 말이다. '무'와 '유'는 명칭이 비록 다르지만 모두 도에서 변화되어 나온 것이다.

7) **同謂之玄**: '동 同'은 '무'와 '유'를 말한다. '현 玄'은 유미심원하다는 의미인데 '무'와 '유'를 형용한다. '무'는 비록 '천지의 시작'이고 '유'는 '만물의 어머니'이지만 '무', '유' 자체는 단지 추상적인 개념이며 구체적인 사물이 아니다. 그래서 노자는 그것을 '현'이라고 하였다. 이전 사람들은 대개 도를 가리켜 말한 것이라고 했지만 아마 아닐 것이다.
8) **玄之又玄**: 유미심원함이 극치에 이른 것을 말하며 도를 가리켜 말한다. 도는 '무'와 '유'가 나오는 곳이며 '현'은 이미 '무'와 '유'를 형용하였으므로 '현지우현'은 당연히 도를 가리켜 말한 것이다.
9) **衆妙之門**: 도를 가리킨다. 도를 일러 모든 오묘한 이치와 변화의 문이라고 한다. '묘 妙'는 앞의 문장인 '욕이관기묘 欲以觀其妙'의 '묘'인데 오묘하고 헤아릴 수 없다는 의미이다. 여기서는 명사로 사용되었다.

우리말 풀이

'도'는 말로 설명할 수 없다. 설명할 수 있는 '도'는 불변의 '도'가 아니다. 명칭을 정할 수 있다면, 그것 역시 영원한 명칭이 아니다. '무'는 천지만물이 만들어진 시작이고 '유'는 만물이 형성되는 근원이다. 그러므로 항상 '무'에 처해서 오묘한 '도'의 본체를 관조하고, 항상 '유'에 처해서 끝없는 '도'의 작용을 관조한다. '무'와 '유'의 명칭은 비록 다르지만 모두 '도'에서 나왔다. '무'와 '유'를 함께 일컬어 '현'이라고 한다. '현'의 상태가 극치에 이른 것이 바로 온갖 이치와 일체 변화의 근본이다.

제 2 장

경문

天下皆知美之爲美, 斯惡已.
皆知善之爲善, 斯不善已.[1)]
故有無相生,[2)] 難易相成,
長短相形,[3)] 高下相傾,
音聲相和,[4)] 前後相隨.
是以聖人處無爲之事,[5)6)7)] 行不言之敎.[8)]
萬物作焉而不辭,[9)] 生而不有,[10)]
爲而不恃,[11)] 功成而不敢.[12)]
夫唯弗敢,[13)] 是以不去.[14)]

●●●

세상 사람들은 모두 아름다운 것을 아름답다고 알고 있지만
이것은 추한 것이다.
모두 선한 것을 선하다고 알고 있지만
이것은 선하지 않은 것이다.[1)]
따라서 있음과 없음은 상대적으로 생겨나고[2)]
어려움과 쉬움은 상대적으로 이루어지며

길고 짧음은 상대적으로 나타나며[3]
높고 낮음은 상대적으로 대비되며
소리와 메아리는 상대적으로 조화를 이루고[4]
앞과 뒤는 상대적으로 따른다.
그러므로[5] 성인은[6] 무위[7]로 일을 처리하고
말없는[8] 가르침을 실행한다.
만물을 만들고도 관여치 않으며[9]
성장시키고도 소유하지 않으며[10]
기르고도 제 능력을 믿지 않고[11]
공을 이루고도 마음에 두지 않는다.[12]
바로[13] 마음에 두지 않기 때문에
영원히 소멸되지 않는다.[14]

자구 해석

1) **天下皆知美之爲美, 斯惡已. 皆知善之爲善, 斯不善已** : 도(道)의 본체는 이름이 없으므로 아름답고, 추하고, 선하고, 악한 것도 없다. 그러나 도의 본체가 나뉘면 '원목이 쪼개지면 기구가 되므로'(28장), '처음으로 만들어져 이름을 갖게 된다.'(32장)

　이미 아름답다는 이름이 있으므로 다른 이름이 상대적으로 생기고, 이미 선하다는 이름이 있으므로 다른 이름이 상대적으로 생겼다. 아름답다, 추하다, 선하다, 나쁘다는 이름이 이미 있게 되자, 세상 사람들은 반드시 아름다운 것을 추구하고, 추한 것을 버리고, 선한 것을 좇고, 악한 것을 피하려 하기 때문에 분쟁이 일어나고 거짓이 생겨나게 되었다.

　그래서 노자는 말했다. "세상 사람들은 모두 아름다운 것을 아름답다고 알고 있지만 이것은 추한 것이다. 모두 선한 것을 선하다고 알고 있지만 이것은 선하지 않은 것이다."
2) **有無相生** : '있다, 없다'라는 두 단어는 비록 상대적인 단어이지만, 실제로는 서로 쓰게 되어, 서로 보완하고 서로 이루어준다. 그렇기 때문에 '상생 相生'이라고 일컫는다. 다음 문장의 난이(難易), 장단(長短), 고하(高下), 음성(音聲), 전후(前後) 등의 단어도 모두 이와 같다.
3) **形** : 나타난다는 뜻이다. 『왕필본 王弼本』에서는 원래 '교 較'자라고 되어 있다. 필원(畢沅)이 말했다. "옛날에는 교 자가 없었고, 본문에서 형(形)과 경(傾)을 운(韻)으로 삼았기 때문에 '교'자라고 해서는 안 된다."

　　유사배(劉師培)가 말했다. "문자(文子)는 '장단불상형 長短不相形'이라고 했고, 『회남자 제속훈 淮南子 齊俗訓』에서도 '수단상형 修短相形'이라고 했다. 아마도 『노자 老子』 본문에서는 '형 形', '생 生', '성 成', '경 傾'을 운으로 삼았고 '교'자는 후세 사람들이 주를 달아 '교'자로써 '형'자를 해석했는데, 교정을 본 사람이 '교'자로써 '형'자를 바꾼 것 같다."

　　생각하건대 필원과 유사배, 이 두 사람의 학설은 따를 만하다. 이제 『하상공본 河上公本』에 의거하여 고친다.
4) **音聲** : 즉 음향이다. 향(響)은 메아리이다.
5) 그러므로 '시이 是以' 다음의 글자를 진고응(陳鼓應)은 착간이라고 의심했다. 진주(陳柱)는 '만물을 만들고서도 관여하지 않는다'로부터 문장 끝까지는 제5장에서 잘못 섞여 나온 것이므로 마땅히 '성인은 어질지 않아서 백성을 추구로 여긴다.'의 아래 부분에 있어야 한다고 여겼다. 고형(高亨)은 '시이' 이하 8구 및 앞의 8구는 문장의 의미가 확실히 관련이 없으며 후세 사람이 합하여 한 장으로 만들었다고 여겼다.

　　생각해 보면 '시이' 앞의 문장은 상대적인 명칭이 생겨난 후 세상 사람들이 모두 앞면만을 추구하고 뒷면을 버렸으며, 스스로 좋다고 여긴 것만을 따르고 스스로 나쁘다고 여긴 것만을 피했기 때문에 인위가 있는 경지에 빠져 들었다. '시이' 이하의 문장은 성인만이 도의 본체를 체득할 수 있고, 자연에 순응할 수 있어서, 무위로 일을 처리하고 말없는 가르침을 행하여 사람들을 순진함으로 복귀시키고자 한 것을 말했다.

전, 후의 문장이 대조적으로 쓰여져 단숨에 관통하고 있다. 전단부의 처음에는 세상 사람을 인용하고, 후단부의 처음에는 성인을 이용하여 뜻이 더욱 선명한 것을 알 수 있다. 그래서 '시이' 이하의 문장은 결코 착간이 아니고, 제5장에서 잘못 섞여 나온 것은 더더욱 아니다. 믿기지 않으면 시험삼아 이 문장을 제5장에 놓아 두고 한번 읽어 보면 전혀 어울리지 않음을 알 수 있다.

'시이' 두 글자가 '성인 聖人'이라는 단어 앞에서 사용된 점에 대해서는 『노자』 가운데 늘상 보이는 것으로서(19차례 이상) 결코 후인들이 보탠 것이 아니다.

6) **聖人** : 도가(道家) 최고의 이상적인 인물이며, 그와 도는 같은 것으로서 순수하게 자연에 내맡긴다. 텅 비고 고요하고 다툼이 없고, 인위가 없고 욕심이 없다. 유가의 이상인 인위가 있고 욕심이 있는 성인과는 완전히 다르다. 양자는 하나로 섞어 말할 수 없다. 장기균(張起鈞) 선생은 『노자』에서 성인은 모두가 요순(堯舜) 등과 같은 고대 성인을 가리킨다고 했는데 이 역시 개인적인 견해에 불과하다.

7) **無爲** : 마음대로 하지 않고 제멋대로 하지 않으며 오로지 자연에 의지하여 실행한다는 뜻이다. 무위는 결코 일을 하지 않는다는 뜻이 아니다. 오직 천지가 만물을 창조한 것과 같이, 만물이 낳고 또 낳는 자연에 순응할 뿐이다.

8) **不言** : 이 글자의 표면적 해석은 말을 하지 않는다는 뜻이다. 그러나 엽몽득(葉夢得)은 "호령하고 가르치고 훈계하는 것도 말이 아닌 것이 없다."고 말하였다. 그러므로 이것의 진정한 뜻은

그가 말한 것과 같이 마땅히 '왕이 백성을 가르치는 교화와 법령'을 가리킨다.

『논어 양화편 論語 陽貨篇』에서 '나는 말을 하지 않고자 한다 吾欲無言'의 '무언 無言'과 취지는 비록 같으나 뜻은 약간 차이가 있다. '하늘이 무슨 말을 하더냐? 사시(四時)가 운행하고, 만물이 생장할 따름이다.'(「양화편 陽貨篇」) 성인은 하늘의 도를 체득하고, 자연을 본받아서, 말하지 않는 가르침을 실행할 수 있다.

9) 不辭 : 『부혁본 傅奕本』, 『돈황본 敦煌本』, 『범응원본 范應元本』에는 모두 '불위시 不爲始'라고 되어 있다. 필원(畢沅)은 말했다 "옛날에는 시(始)와 사(辭)의 발음이 같아서, 글자가 다르게 쓰였다" 17장의 왕필(王弼) 주에서 '성인이 윗자리에 있으면 무위로 일을 처리하고 말없는 가르침을 실행하며 만물을 만들고서도 관여하지 않는다.'고 했는데 당연히 본 장에서 인용한 것이다.

이렇게 보면, 왕필본(王弼本) 역시 원래는 '불위시 不爲始'라고 되어 있다. '불위시'는 바로 무위자연에 내맡긴다는 뜻이다.

10) 不有 : 자신의 소유로 삼아 기대지 않는다.
11) 不恃 : 그 능력을 믿지 않는다.
12) 不敢 : 그 공에 자처하지 않는다.
13) 夫唯 : '바로 이 때문에 正因'와 뜻이 같다. 이것은 『노자』에서 관용적으로 사용하는 단어로서 아래 구의 시작부에서는 항상 '시이 是以' 혹은 '고 故'자로써 이어받아 긍정하거나 혹은 일반인의 뜻과 반대되는 어법으로 사용된다.
14) 不去 : 빠져 없어지지 않는다. 썩어 없어지지 않는다.

우리말 풀이

세상 사람들은 아름다운 것을 아름답다고 알고 있기 때문에 상대적으로 추하다는 관념이 생겨났다. 동시에 모두가 아름다운 것을 추구하고, 추한 것은 버린다. 이 때문에 분쟁이 일어나게 되어 끝내는 아름답지 않게 되었다. 세상 사람들은 선한 것을 선하다고 알고 있기 때문에 상대적으로 선하지 않다는 관념이 생겨났다. 동시에 모두가 선한 것을 추구하고, 선하지 않은 것은 버린다. 이 때문에 거짓이 생겨나게 되어 끝내는 선하지 않게 되었다.

그래서 있음과 없음은 상대적으로 생겨났고, 어려움과 쉬움은 상대적으로 이루어졌으며, 길고 짧음은 상대적으로 나타났고, 높고 낮음은 상대적으로 대비되었으며, 소리와 메아리는 상대적으로 조화를 이루었으며, 앞과 뒤는 상대적으로 순서가 생겨났다.

이런 모든 상대적 관념은 상대적 관계에서 생긴다. 그 후 사람들은 자신이 좋다거나 아름답다고 느끼는 것을 추구하고, 자신이 나쁘거나 해롭다고 느끼는 것을 피했다. 그래서 이 세상은 혼란하고 불안하게 되었다. 단지 성인만이 하늘의 도를 이해하고, 자연에 순응하며, 무위의 태도로 일을 처리하고, 말없는 가르침을 실행할 수 있다.

또한 성인은 만물이 저절로 자라도록 내버려 두고서, 무위를 따르고 더 이상 관여하지 않는다. 만물을 성장시키고도 소유하지 않으며, 기르고서도 능력을 믿지 않고, 공을 이루고도 마음에 두지 않는다. 바로 공에 마음을 두지 않기 때문에 오히려 그의 공은 영원히 소멸되지 않는다.

제 3 장

경문

不尙賢,¹⁾ 使民不爭.²⁾
不貴難得之貨,³⁾ 使民不爲盜.
不見可欲, 使民心不亂.⁴⁾
是以聖人之治,
虛其心,⁵⁾ 實其腹,⁶⁾
弱其志,⁷⁾ 强其骨.⁸⁾
常使民無知無欲,⁹⁾ 使夫智者不敢爲也.¹⁰⁾
爲無爲, 則無不治.

어진 것을 숭상하지 않으면[1]
백성을 다투지 않게 할 수 있고[2]
얻기 어려운 재화를 귀하게 여기지 않으면,[3]
백성이 도둑질하지 않게 할 수 있고
욕심낼 만한 것을 드러내 보이지 않으면
백성들의 마음을 어지럽게 하지 않을 수 있다.[4]
그러므로 성인이 다스리면

백성의 마음을 비우게 하고.[5]
배를 채워주고[6]
뜻을 약하게 하고[7]
뼈를 강하게 한다.[8]
항상 백성을 지식이 없게 하고 욕심이 없게 하며,[9]
지혜로운 자를 맘대로 하지 못하게 한다.[10]
무위(無爲)로써 다스리면[11]
다스려지지 않는 것이 없다.

자구 해석

1) **尙賢** : 하상공(河上公)이 말했다. "현(賢)은 세속적인 현(賢)을 말한다. 말재주가 있고 글에 밝으면 도를 멀리하고 권세를 행하며, 질박함을 버리고 수식을 하게 된다. 불상(不尙)은 봉록을 귀하게 여기지 않고, 벼슬을 귀하게 여기지 않는 것이다." 승려 감산(憨山)은 말했다. "상현(尙賢)은 명예를 좋아하는 것이다. 명예는 다툼의 실마리이다."

　　생각컨대 '현 賢'은 어진 자를 가리키며, '상현 尙賢'은 어진 사람을 숭상하는 것이다. 춘추(春秋)시대에 이미 어진 사람을 숭상하는 풍속이 있었다. 예를 들면 『논어 자로 論語 子路』편에 "어진 자와 재주있는 자를 등용한다"라는 말이 있고, 『예기 예운 禮記 禮運』편에 "어질고 능력있는 자를 가려 등용한다"라는 말이 있다. 그래서 노자(老子)는 어진 이를 숭상하는 것을 반대했다.

2) **不爭** : 하상공(河上公)이 말했다. "공적과 명예를 다투지 않으면, 자연으로 돌아간다." 생각컨대 '부쟁 不爭'은 현(賢)·명(名)을 다투지 않음을 일컫는다. 명(名)은 바로 다툼의 실마리이므

로 만약 윗사람이 현명(賢名)을 숭상하지 않는다면, 백성은 자연히 다투지 않을 것이다.

3) **難得之貨** : 금·은·구슬·보화의 종류를 가리킨다. '얻기 어려운 재화를 귀하게 여기지 않는다 不貴難得之貨'는 것은 바로 재화를 중시하지 않는다는 뜻이다.

4) **不見可欲 使民心不亂** : 승려 감산(憨山)이 말했다. "명예와 이익을 좋아하는 까닭은 명예와 이익이 욕심낼 만한 것임을 보여 주었기 때문이다. 만약 윗자리에 있는 자가 진실로 명예와 이익이 욕심낼 만한 것임을 나타내지 않는다면, 백성은 각자 자기의 뜻을 편안히 하여 마음이 어지러워지지 않을 것이다."

생각컨대 '현 見'은 '현 現'과 같은 뜻으로 '나타내다'는 뜻이다. 이 구는 윗 두 구를 요약한 말이다. 욕심낼 만한 것 때문에 명리(名利)를 벗어나지 못하므로, 만약 윗자리에 있는 사람이 명리(名利)를 드러내지 않아 욕심낼 만한 것을 없도록 한다면, 백성의 마음도 저절로 어지럽지 않을 것이다.

5) **虛其心** : 승려 감산(憨山)이 말했다. "망령되게 생각하고 깊이 생각하는 마음을 끊어버리는 것이다." 생각컨대 백성들의 마음을 청정하게 하여 그들로 하여금 주장을 많이 내세우지 않도록 하는 것이다.

6) **實其腹** : 백성들로 하여금 배부르고 편안하도록 해줌으로써 교묘히 남을 속이는 짓이 생기지 않도록 한다. 12장에서 말했다. "그러므로 성인은 배 [腹]를 위하지 눈 [目]을 위하지 않는다."

7) **弱其志** : '지 志'는 즉 의지로, 모든 지혜의 힘과 교묘한 거짓이 나오는 곳인 바 지혜의 힘과 교묘한 거짓이야말로 '성인 聖人'이 나라를 다스리는 데 있어서 방해물이다.(18장에서 말했다. "지혜가 나오면 큰 거짓이 있다." 65장에서 말했다. "백성을 다스리기 어려운 이유는 그 지혜가 많기 때문이다." 이것이 그 증명이 된다.) 그래서 노자는 '백성의 뜻을 약하게 해야 한다 弱其志'고

주장했다.
8) **强其骨** : 백성의 체구를 강건하게 하는 것이다. '뼈 骨'는 윗글의 '배 腹'와 함께 생리(生理)를 가리키는 것으로, '배를 채우고 實腹', '뼈를 강하게 한다 强骨'는 것은 생리적인 자연생활에 내맡기도록 하자는 것으로서(의지의 영향을 받지 않는다.), 갓난아이·어린이와 같은 순박한 생활 상태에 도달하도록 하자는 것이다.
9) **使民無知無欲** : 왕필(王弼)이 말했다. "순진함을 지킨다." 생각컨대 '백성들로 하여금 지식이 없게 하고 욕심이 없게 한다 使民無知無欲'는 것은 백성으로 하여금 '순박함으로 돌아가게 한다 復歸於樸'는 뜻이다.(28장) 즉 혼돈의 경지로 되돌아가게 한다는 것이다.
10) **智者不敢爲** : 범응원(范應元)이 말했다. "교묘하고 지혜로운 사람이 함부로 할 수 없다." 생각컨대 '감히 敢'는 '할 수 있다 能'와 같다.
11) **爲無爲** : '무위 無爲'로써 다스린다.

우리말 풀이

명성과 지위는 사람의 경쟁하는 마음을 일어나게 할 수 있고, 재화는 사람의 탐하는 생각을 일어나게 할 수 있다. 나라를 다스리는 자가 만약 어진 것과 명예로운 것을 숭상하지 않으면 백성으로 하여금 다투는 마음이 생기지 않게 할 수 있고, 얻기 어려운 재화를 중요시하지 않으면 백성으로 하여금 도둑질하지 않게 할 수 있고, 명예와 이익이 탐할 만함을 드러내지 않으면 백성의 마음을 혼란하지 않게 할 수 있다.

그래서 성인이 정치를 하면 백성의 마음을 청정하게 하여 그들로 하여금 주장을 많이 내세우지 않도록 하고, 백성의 배를 만족시켜 그들로 하여금 다른 것을 탐하지 않도록 하고, 백성의 뜻을 약하게 하여 그들로 하여금 임기응변하는 지혜〔機智〕와 교묘히 속이는〔詭巧〕것이 생겨나지 않도록 하고, 백성들의 체구를 굳세게 하여 그들로 하여금 열심히 일할 수 있게 한다. 항상 백성들로 하여금 지식이 없게 하고 욕심이 없게 하여 순진하고 혼돈의 상태에 처하도록 한다.

이와 같다면 설령 약간 교묘히 속이고 임기응변〔巧詐機變〕하는 무리가 있다고 해도 이루는 바가 있을 수 없다. 이러한 상황에서 '무위 無爲'의 자세로 정치를 하면 다스리지 못할 일이 없을 것이다.

제 4 장

경문

道冲,[1] 而用之或不盈.[2]
淵兮似萬物之宗.[3]
挫其銳, 解其紛,
和其光, 同其塵,[4]
湛兮似或存.[5]
吾不知誰之子,[6] 象帝之先.[7][8]

●●●

도는 텅 비어 있지만[1]
그 작용은 끝이 없다[2]
심원하여 만물의 근원과 같다.[3]
예리한 것을 꺾고
어지러운 것을 풀고
빛을 감추고
세속과 섞인다.[4]
숨겨져 안 보이지만 존재하는 것 같다.[5]
도가 누구의 아들인지 나는 알지 못하나[6]
조물주보다 먼저인 것 같다.[7][8]

新譯 老子 讀本 | 57

자구 해석

1) 冲 : '충(盅)'의 가차자이다.『설문 명부 說文 皿部』에서 말했다. "충(盅)은 그릇이 비었다는 뜻이다. 명(皿)자 부수로부터 비롯되고 발음은 중(中)이다. 노자가 도는 텅 비어있으나 작용한다 道冲而用之라고 했다." [수부 水部] 의 '충 沖'에 단옥재(段玉裁)가 주를 달아 "무릇 충(沖)·허(虛)자를 사용한 것은 모두 충(盅)의 가차이다. 그래서 노자는 도는 텅 비어 있으나 작용한다 道冲而用之라고 했다. 요즈음 책에서 충(沖)이라고 한 것은 이 때문이다."라고 했다.

또한 역대 주석가들은 '충 沖'자를 모두 아래 문장의 '이용지 而用之'와 연결하여 구(句)를 이루었는데, 세밀히 글의 뜻을 살펴보면, '충 沖'은 '도 道'를 형용하고, '용 用'을 형용하지 않는다.

그러므로 마땅히 '도 道'자와 구(句)를 이루어야 한다. 이제 여기에 근거하여 고쳐서 끊었다.

2) **不盈** : 고형(高亨)은 '영 盈'자는 마땅히 '진 盡'으로 새겨야 한다고 주장하였다. '불영 不盈'은 다 쓸 수 없다는 뜻이다. '작용은 끝이 없다 用之不盈'는 것은 즉 6장의 '용지불근 用之不勤', 35장의 '용지불가기 用之不可旣'이다.

3) **淵兮似萬物之宗** : 승려 감산(憨山)이 말했다. "도의 본체는 심연(深淵)하고 적막(寂寞)하여, 실로 만물을 발육하고 만물이 돌아가 의지하게 된다. 그러나 낳고도 소유하지 않고, 키우고도 주재(主宰)하지 않기 때문에 만물의 근원과 같다 似萬物之宗라고 했다."

생각컨대 도의 본체는 깊어서 헤아릴 수 없고, 천지만물을 창조할 수 있기 때문에 '심원하여 만물의 근원과 같다 淵似萬物之宗.'라고 했다.

4) **挫其銳 解其紛, 和其光 同其塵** : 날카로움을 무디게 하고, 어

지러운 것을 풀고, 빛을 숨기고, 속세에 뒤섞이는 것을 뜻한다.
5) **湛兮似或存**:『설문 수부 說文 水部』에서 말했다. "담(湛)은 빠져 없다는 것이다 沒." '담 湛'은 감추어 없다는 뜻이다. 도가 감추어 드러내지 않아서 없어진 것 같지만 실제로는 존재한다. 그래서 '숨겨져 안 보이지만 아마 존재하는 것 같다 湛兮似或存'고 말한 것이다. 또 이 장에서 '사 似'·'혹 或' 두 글자는 각각 두 번씩 나왔다.

　　승려 감산(憨山)이 말했다. "혹(或)·사(似)는 모두가 단정적이지 않은 말이다.

　　노자는 사람의 언어가 알맹이가 되어 언어를 떠난 도를 체득하지 못할까 염려했기 때문에 이러한 의문사로써 그 집착을 덜어내고자 하였다."

　　엄복(嚴復)이 말했다. "이 장은 오로지 도의 본체를 묘사하였으므로 응당 혹(或)자와 사(似)자를 완상함으로써 비로소 도체(道體)를 체득하게 된다. 아마 도의 사물됨은 본래 형용할 방도가 없을 것이다."
6) **誰之子**: 어디서부터 생겨났는지라는 뜻이다.
7) **象**: 마치 ~과 같다.
8) **帝**: 천제(天帝), 창조주.

우리말 풀이

　　도의 본체는 공허한 것이나 도의 작용은 끝이 없다. 도가 비록 유미(幽微)하고 심연(深淵)하나 만물을 낳고 변화시키니 마치 만물의 종주(宗主)와 같다.

　　도는 날카로움을 드러내지 않고, 어지러운 것을 풀어 없애고, 빛을 숨기고, 속세에 뒤섞인다.

도는 비록 숨어서 형체가 없으나 만물을 창조하므로 마치 옛부터 존재했었던 것 같다. 나는 도가 어디로부터 생겨났는지는 모르나 마치 조물주보다 먼저 있었던 것 같다.

제 5 장

경문

天地不仁,¹⁾ 以萬物爲芻狗.²⁾
聖人不仁, 以百姓爲芻狗.³⁾
天地之間, 其猶橐籥乎!⁴⁾
虛而不屈,⁵⁾ 動而愈出.⁶⁾
多言數窮,⁷⁾ 不如守中.⁸⁾

하늘과 땅은 어질지 않아¹⁾
만물을 추구(芻狗)로 여기며²⁾
성인은 어질지 않아
백성을 추구로 여긴다.³⁾
하늘과 땅 사이는 마치 풀무와도 같도다.⁴⁾
속은 텅 비어 있지만 다함이 없어⁵⁾
움직일수록 더욱 더 나온다.⁶⁾
말이 많으면 빨리 궁하여지니⁷⁾
도(道)를 지키는 것만 같지 못하다.⁸⁾

자구 해석

1) **天地不仁** : 왕필(王弼)은 말했다. "하늘과 땅은 자연에 맡겨 억지가 없고 조작도 없어 만물 자체 내에서 서로 다스려진다. 그러므로 어질지 않다. 인(仁)은 반드시 만들고 세우며 베풀고 교화하며, 은혜가 있고 인위가 있다. 만들어 세우고 베풀어 교화하면 사물은 그 진실됨을 잃는다. 은혜가 있고 인위가 있으면 만물은 고르게 갖추어 존재할 수 없다. 만물이 고르게 갖추어 존재하지 못한다면 충분히 갖추어질 수 없다."

소철(蘇轍)은 말했다. "천지(天地)는 사사로움이 없으며 만물의 저절로 그러함에 맡긴다. 그러므로 만물은 저절로 태어났다가 저절로 죽는다. 죽음이란 내가 학대하여 그렇게 된 것이 아니고, 삶이란 천지가 어질게 대하여 그렇게 된 것이 아니다."

오징(吳澄)은 말했다. "인(仁)은 사랑하는 것에 대해서 마음을 두는 것을 이른다. 천지는 사물을 사랑하는 데 마음을 두지 않고 그 스스로 태어나 스스로 성장하도록 내맡긴다."

살펴보건대 인(仁)은 자애로움 [仁愛] 으로 해석되는데, 치우치고 사사로운 뜻으로 전이되었다. 인은 유가 사상의 중심이고 수양의 최고 경지이다. 그러나 노자 사상 체계에서 '인(仁) 자'는 결코 중요한 위치를 차지하지는 않는다.

그는 일찍이 말했다. '도(道)를 잃은 이후에 덕(德)이 있고 덕(德)을 잃은 이후에 인(仁)이 있다.'(38장) 인(仁)은 겨우 세 번째 등급을 차지할 뿐이다. 유가에서 말하는 인(仁)은 천리(天理)에 근본을 두고 확 트이고 텅 비어 매우 공정하다고 한다. 그러나 노자는, 인(仁)은 인정(人情)에서 펼쳐나와 인위적이고 사사로움이 있다고 말한다.

노자 사상의 정신 또한 공(公)자에 있다. 그러나 매우 공정한 정신을 표현하는 것은 인(仁)이 아니라 도(道)일 따름이다. 천지는 만물을 낳아 자라게 하고 한결같이 도에 근본을 두어 친함도 없고 사사로움도 없어서 만물(萬物)의 자연스러움에 맡겼다. 그러므로 하늘과 땅은 어질지 않구나 [天地不仁]라고 말했다.

2) **以萬物爲芻狗** : 『장자 천운편 莊子 天運篇』에서 말했다. "대저 추구(芻狗)가 제단에 진설되기 전에는 대나무 상자에 담기고 무늬 있는 비단 수건으로 씌워 시축[尸祝. 祭主]은 재계하고 그것을 보낸다."

성현영(成玄英)의 소(疏)에 '풀을 엮어 개를 만들어서 액을 제거한다.'고 했고, 『석문 釋文』에서 '이(李)가 말하기를, 풀을 엮어 개를 만들었는데 무당이 축원할 때 사용했다.'고 풀이하였다.

살펴보건대, 추구(芻狗)는 풀로 엮어 만든 개이다. 제사 때에 성대하게 꾸며서 받들어 올리고 용도가 끝난 뒤에는 바로 버려서 조금도 아까워 하지 않는다. 천지가 만물에 대해서도 이와 같아서 누구나 차별하지도 않는다. 사랑함도 없고 증오함도 없다. 만물의 자연적인 발전에 내맡겨 그 본성을 보전한다. 그러므로 '만물을 추구(芻狗)로 여긴다.'라고 말한다.

3) **聖人不仁 以百姓爲芻狗** : 이는 성인이 천지의 도를 체득하고 실행하여 백성에 대해 함부로 교화를 베풀지도 않고 편애하는 것도 없어서 백성의 천성(天性)을 순조롭게 이루어줌을 말한 것이다.

4) **橐籥** : 오징(吳澄)은 말했다. "탁약(橐籥)은 쇠를 주조할 때 바람을 일으켜 불을 붙히는 기구이다. 함을 만들어 밖을 둘러싸 덮은 것을 탁(橐)이라 하고 굴대를 만들어 안에서 바람을 일으키는 것을 약(籥)이라 한다. 천지 사이는 탁약(含憺)과 같다. 탁(橐)은 태허(太虛)를 본뜬 것으로 감싸고 두루 미치는 본체이다. 약(籥)은 원기(元氣)를 본뜬 것으로 만물을 생성하는 원기가 왕성히 흘러 다니는 작용이다."

살펴보건대, '탁약 橐籥'은 바로 지금의 풀무이다. 풀무 속은 텅 비어 있어 끝없이 바람을 만들어 낸다. 천지 사이도 확 트이고 공허해서 만물을 포용할 수 있고 만물을 낳아 기를 수 있는 것이 무궁무진하다. 그래서 노자는 탁약(橐籥)으로써 비유했다.
5) **不屈** : 다함이 없다. 끝이 없다.
6) **愈出** : 끝없이 낳고 낳는 것을 뜻한다.
7) **多言數窮** : 왕필(王弼)은 말했다. "인위적으로 하면 할수록 더욱 더 잃을 것이다." 살펴보건대, 다언(多言)의 언(言)은 2장의 말 없는 교화를 행한다. [行不言之敎]의 언(言)과 뜻이 같다. 이것은 왕이 백성을 교화하는 덕, 법령을 가리키는 것이지, 단지 언어에 국한되는 것은 아니다. 다언(多言)은 인위가 있는 것이므로 왕필은 인위적으로 행하다 [爲之]로 해석했다. 삭(數)은 '빠르다'는 뜻과 같다.

말이 많으면 빨리 궁하여진다 [多言數窮] 는 것은 정치적 명령이 번거롭고 가혹하면 빨리 패망함을 말한다.
8) **守中** : 엄영봉(嚴靈峯)선생은 말했다. "'중 中'자는 아마도 '충 沖'자의 잘못으로서 '삼수' 변이 빠진 것인데, 교정하는 자가 분별하지 못하고 '중 中'으로 고친 것 같다. 대개 '수중 守中'은 유가의 말이지 노씨의 본 뜻은 아니다."

살펴보건대 '중 中'을 '충 沖'으로 여기는 것은 극히 옳다. 그러나 '중 中'자는 꼭 '충 沖'자에서 삼수 변이 빠진 것은 아니고 '충 沖'자의 가차자이다. 이것은 앞 장의 '도(道)의 본체는 공허하여 작용한다.'와 『설문 說文』에서 인용한 '충 盅'자의 상황과 서로 같다. '충 盅'자는 '충 沖'자와 통용할 수 있다. '충 盅'자는 '중 中'자의 소리를 좇아 얻은 글자이므로 당연히 '충 沖'자로 통용할 수 있다.

우리말 풀이

　하늘과 땅은 치우치지 않고 사사롭지 않아 순수히 자연에 맡기며 만물을 추구와 같이 여겨 만물이 자연스럽게 성장하도록 맡기고 조금도 조작을 가하지 않는다.

　성인은 천지의 도를 본받아 백성을 추구와 같이 여기며 백성 스스로 발전하도록 맡기고 조금이라도 더하려 하지 않는다. 천지 사이는 실재로 마치 하나의 풀무와도 같구나! 속이 텅 비어 끝도 없고 다함도 없으며, 만물을 창조하고 낳고 낳아도 그치지 않는다. 베풀고 시행하는 바가 많으면 반대로 패망을 부른다. 그래서 맑고 텅 빈 것을 안아서 지켜 인위적인 행위도 없고 인위적인 일도 없어야 한다.

경문

谷神不死,¹⁾ 是謂玄牝.²⁾
玄牝之門,³⁾ 是謂天地根.
綿綿若存,⁴⁾ 用之不勤.⁵⁾

골짜기 신은 영원불멸하여¹⁾
이를 신령스러운 암컷이라 이르고²⁾
신령스러운 암컷의 문을³⁾
하늘과 땅의 근원이라 이르니
끊어질 듯 말 듯, 있는 듯 없는 듯하며⁴⁾
아무리 작용해도 무궁무진하다.⁵⁾

자구 해석

1) **谷神不死**: 엄복(嚴復)은 말했다. "텅 비어 있기 때문에 골짜기라고 말한다. 자연 그대로 내맡겨 무궁(無窮)하기 때문에 신(神)이라고 말한다. 없어지지 않고 움직일수록 더욱 나오기 때문에 영원불멸[不死]이라고 말한다. 이 세 가지는 모두 도(道)의

덕(德)이다."

　살펴보건대 '곡 谷'은 도(道)의 허무(虛無)하고 정적(靜寂)함을 형용한 것이다. '신 神'은 도(道)의 미묘(微妙)하고 헤아릴 수 없음을 형용한 것이다. 39장에서 말했다. "신(神)은 시원인 도를 터득해서 영묘하고, 곡(谷)은 시원인 도를 터득해서 충만하다." '곡 谷'과 '신 神'은 두 가지 뜻이지, 한 단어는 아니다. 그래서 이어 읽으면 안 된다. '불사 不死'는 도(道)의 영원하고 다함이 없음을 형용한 것이다.

2) **玄牝** : 소철(蘇轍)은 말했다. "암컷(牝)은 만물을 낳으므로 현(玄)이라고 이른다. 말하자면 그 낳는 것은 보지만 그 태어난 까닭은 보지 못한다는 뜻이다."

　살펴보건대 도(道)는 만물을 창조하지만 볼 수 있는 형체가 없고 찾을 수 있는 자취가 없기 때문에 '현 玄'이라고 말한다. '빈 牝'은 창생의 작용을 상징한다. '현빈 玄牝'은 불가사의한 창생력(創生力)을 이른다. 도(道)는 천지 만물을 낳고 그 능력은 무궁무진하며 그 과정 또한 찾을 수 있는 흔적이 없다. 그래서 그것을 일컬어 '현빈 玄牝'이라고 한다.

3) **玄牝之門** : 도(道)를 가리켜 말한다. '곡 谷', '신 神', '불사 不死' 세 가지 모두 도(道)의 덕(德)이다. 이것들은 오히려 이름지을 수 있는 사물이어서 '근원 根'이라고 여길 수 없으나, 오직 이 3가지 성질을 구비한 도(道)라야 비로소 '신령스러운 암컷의 문 玄牝之門'이며 비로소 하늘과 땅의 근원이다.

4) **綿綿若存** : 소철(蘇轍)은 말했다.

　"면면(綿綿)은 미묘하면서 끊어지지 않는다는 뜻이다. 약존(若存)은 존재하나 볼 수 없다는 뜻이다." 진주(陳柱)는 말했다. "존재하나 존재하는 것이 아니기 때문에 다 없어지지 않고 더욱 나올 수 있으며, 존재하지 않으나 존재하기 때문에 만물을 다 소유할 수 있다. 그러므로 있는 듯 없는 듯 [若存] 이라고 말한다. 약존(若存)이라고 말한 것은 존재하지도 않고 없지도 않는 것을 이른다. 만약 존재한다라고 말한다면 '없음'이 있다. 만약 없다라고 말한다면 천지만물이 어디서부터 생겨나는가? 그러므로 약존(若存)이라고 말한다."
    살펴보건대 도(道)의 본체는 지극히 깊숙하고 지극히 은미해서 영원히 이어져 끊어지지 않는다. 그래서 끊어질 듯 말 듯, 있는 듯 없는 듯하다 [綿綿若存]라고 말한다.

5) 用之不勤 : 고형(高亨)은 말했다. "근(勤)은 다함(盡)이다." 살펴보건대 도(道)는 만물(萬物)을 창생(創生)하고 움직일수록 더욱 나오며 무궁무진(無窮無盡)하다. 그래서 아무리 작용해도 무궁하여 없어지지 않는다 [用之不勤]라고 말한다.

우리말 풀이

    허무(虛無)하고 신묘(神妙)한 도는 영원하여 다하지 않는 것이다. 그것은 천지만물을 생산할 수 있으니 현빈(玄牝)이라고 이르고 현빈의 문은 바로 천지의 근원〔道〕이다. 그것의 본체는 지극히 심원(深遠)하고 지극히 은미(隱微)하며 영원히 존재하고 끊어지지 않는다. 그것의 작용은 움직일수록 더욱 나오고, 끝도 없고 다함도 없다.

제 7 장

경문

天長地久.[1]
天地所以能長且久者, 以其不自生,[2] 故能長生.[3]
是以聖人後其身而身先,[4] 外其身而身存.[5]
非以其無私耶? 故能成其私.[6]

●●●

하늘과 땅은 영원 무궁하다.[1]
하늘과 땅이 영원할 수 있는 까닭은
제 살려고 하지 않기 때문이다.[2]
그래서 영원히 살 수 있는 것이다.[3]
이 때문에 성인은 자신을 뒤로 돌리지만 앞서게 되고[4]
자신을 도외시하지만 영존하게 된다.[5]
그것은 사사로움이 없기 때문이 아니겠는가?
그래서 참된 자아를 이룰 수 있다.[6]

자구 해석

1) 天長地久 : 우주의 무궁함을 나타낸 것이다.

2) **不自生** : 왕필(王弼)이 말하였다. "제 살려고 하면 타물 [物] 과 다투게 되고, 제 살려고 하지 않으면 타물 [物]에 귀속하게 된다." 살펴보건대 '제 살려고 하지 않는다 不自生'는 75장의 '삶을 귀하게 여기지 않는다 無以生爲'는 뜻이다. 억지로 자신의 삶을 도모하지 않음을 말하는 것이 바로 '무사 無私'의 의미이다.

3) **長生** : 영원하다. 6장의 '불사 不死'의 뜻이다.

4) **後其身而身先** : 하상공(河上公)이 말하였다. "남을 앞세우고 자신을 뒤로 돌리는 사람은 천하가 그를 존경하여 앞세워서 어른으로 모신다." 이는 겸손하게 물러나서 은거하여도 도리어 많은 사람의 사랑을 받게 된다는 뜻이다. 66장에서 말하였다. "이런 까닭으로 성인이 백성들의 위에 서고자 하면 반드시 말로써 그들의 아래에 서며, 백성들의 앞에 서고자 하면 반드시 몸을 그들의 뒤에 둔다. 그러므로 천하가 기꺼이 그를 추대하고 싫어하지 않는다."

5) **外其身而身存** : 하상공이 말하였다. "자신을 박하게 하고 남의 뒤에 서면 백성들이 그를 부모와 신명처럼 사랑하고, 자식처럼 그를 돌볼 것이다. 그래서 자기를 언제고 보존할 수 있다."

　살펴보건대 '자신을 돌보지 않는다 外其身', 즉 자신의 이해 득실을 따지지 않는 것으로서 또한 '나를 잊는다 忘我'는 의미이다. 내가 만약 나를 잊고 남들을 위한다면 남들도 또한 반드시 그들 자신을 돌보지 않고 나를 위할 것이다. 그래서 '자신을 도외시 하지만 영존한다 外其身而身存'고 말한 것이다.

　22장에서 말한 "휘어져야 보전하고, 구부려야 곧게 편다 曲則全, 枉則直"는 것과, 81장에서 말한 "남을 위해 쓸수록 내 것을 더욱 차지하고, 남에게 줄수록 내 것은 더욱 많아진다 既以爲人己愈有, 既以與人己愈多."는 것은 모두 다 이러한 뜻이다.

6) **非以其無私耶? 故能成其私** : 왕필(王弼)이 말하였다. "사사로움이 없다 [無私]는 것은 자신에게 인위가 없다는 것이다. 자신

이 앞서게 되고 자신이 영존하기 때문에 참된 자아를 보존할 수 있다고 말한 것이다."

　살펴보건대 이것은 위의 두 구(句)를 총괄하여 말한 것이다. '사사로움이 없다 無私'는 무기(無己), 무아(無我)로서 앞 문장의 '자신을 뒤로 돌린다 後其身', '자신을 도외시한다 外其身'를 이어서 말한 것이다. '참된 자아를 이룬다 成其私'는 앞 문장의 '자신이 앞서고 身先', 자신이 영존한다 身存'를 이어서 말한 것이다.

우리말 풀이

　하늘과 땅의 생명은 영원 무궁하다. 하늘과 땅이 영원 무궁할 수 있는 까닭은, 그들이 사사로움이 없는〔無私〕관계이기 때문이다. 사사로움이 없기 때문에, 영원 무궁할 수 있는 것이다. 성인은 이 도리를 알아서, 어디에서든지 겸손히 사양하며 뒤로 물러나지만, 도리어 사람들의 사랑을 받게 되며, 모든 일에 이해 득실을 따지지 않고, 남을 위해 자기 몸을 바치지만, 도리어 직접 그 이익을 받게 된다. 이는 바로 그가 스스로 사사롭지 않기 때문이 아니겠는가? 결과적으로는 도리어 그 자신을 성취시킨 것이다. (역자주: 이 부분도 여배림의 《노자-도덕적 오비 老子-道德的 奧秘》에 따라 고쳐썼다.)

제 8 장

경문

上善若水.[1)]
水善利萬物而不爭,[2)3)] 處衆人之所惡,[4)] 故幾於道.[5)]
敢善地,[6)] 心善淵,[7)]
與善仁,[8)] 言善信,[9)]
正善治,[10)] 事善能,
動善時.[11)]
夫唯不爭, 故無尤.

●●●

최상의 선은 물과 같다.[1)]
물은 만물을 이롭게 하고[2)] 다투지 아니하며,[3)]
모두가 싫어하는 낮은 곳에 고인다.[4)]
그러므로 도에 가깝다.[5)]
(최상의 훌륭한 사람은) 낮은 곳에 처신하고[6)]
연못처럼 깊고 적막하게 마음 쓰고[7)]
조건 없이 베풀고[8)]
말은 진실 되고[9)]
정치는 치적을 이루고[10)]

일은 효과 있게 하고
행동은 때에 맞추어 한다.[11]
다투지 않기에
허물이 없다.

자구 해석

1) **上善** : 상덕(上德)과 같다.
2) **利萬物** : 하상공(河上公)이 말하였다. "물은 하늘에서는 안개와 이슬이 되고, 땅에서는 샘의 근원이 된다." 살펴보건대 물은 능히 만물을 자라게 하므로 '만물을 이롭게 한다 利萬物'고 했다. 이것이 물의 첫번째 특성이다.
3) **不爭** : 물의 성질은 부드럽고 약해서 물을 트면 흐르고 막으면 멈춘다. 그래서 '다투지 않는다 不爭'고 했다. 이것이 물의 두번째 특성이다.
4) **處衆人之所惡** : 하상공이 말하였다. "모든 사람들은 낮고 습한 곳, 더럽고 탁한 곳을 싫어하지만 물은 유독 고요히 흘러 그런 곳에 고인다." 살펴보건대 물은 항상 낮은 곳으로 흘러 모인다. '아래로 흐른다 下流'는 것은 바로 모든 사람들이 싫어하는 것이므로 '모든 사람들이 싫어하는 낮은 곳에 머무른다 處衆人之所惡'고 한 것이다. 이것이 물의 세번째 특성이다.
5) **故幾於道** : 왕필(王弼)이 말하였다. "도(道)는 무(無)이고 물은 유(有)이기 때문에 가깝다고 했다." 살펴보건대 '기 幾'란 가깝다는 뜻이다. 물은 '만물을 이롭게 하고 利萬物', '다투지 않으며 不爭', '사람들이 싫어하는 낮은 곳에 머무르는 處衆人之所惡' 세 가지 특성을 가지고 있다. 그래서 도에 가깝다고 했다. 이것이 도와 근원적으로 같지 않은 이유는 도(道)는 무(無)이고 물

은 유(有) [道無水有]이기 때문이다.

6) **敢善地** : 설혜(薛蕙)가 말하였다. "자신이 행동할 때 다투지 않고, 높은 곳을 피하고 낮은 곳에 머무르는 것이 선지(善地)이다." 살피건대 '선지 善地'는 낮은 곳을 가리킨다. 이것은 성인이 몸을 세우고 세상에 처신함에 있어 항상 남의 밑에 있을 수 있음을 말한 것이다.

7) **心善淵** : 설혜가 말하였다. "속마음을 간직함이 미묘하고 깊어 측정할 수 없는 것이 선연(善淵)이다." 살피건대 '연 淵'은 깊고 적막하다는 뜻이다. 이는, 성인의 마음을 둠이 고요하고 깊어서 무욕무위(無欲無爲)한 것임을 말한 것이다.

8) **與善仁** : 설혜가 말하였다. "베품에 있어서 두루 평등하게 사랑하여 사사로움이 없는 것 [施]을 선인(善仁)이라고 한다." 따라서 '시 施'는 베풀어 주다라는 뜻이다. 성인이 덕을 베푸는 것은 마치 물이 만물을 자애롭게 기르는 것처럼 아집이 없고 사사로움이 없어서 보답을 바라지 않는다. 그래서 '선인 善仁'이라고 한다. 10장에서 말했다. "낳고도 소유하지 않고 일하고도 공을 뽐내지 않으며, 자라게 하고서도 다스리려 하지 않는다." 이 말이 바로 그 뜻이다.

9) **言善信** : 설혜가 말하였다. "그 말에 증거가 있고 사리에 어그러짐이 없는 것이 선신(善信)이다." 생각해 보건대 이것은, 성인이 언급하는 것은 모두 지극히 성실하고 함부로 하지 않는 말이라는 뜻이다.

10) **正善治** : 설혜가 말하였다. "나라를 다스리면 맑고 고요하여 스스로 바르게 되는 것을 선치(善治)라 한다." 살펴보건대 『논어 안연편 論語 顔淵篇』에서 말하였다. "정(政)은 바른 [正] 것이라는 뜻이다." 그래서 '정 正'은 바르게 다스린다는 의미이다. '치 治'는 정치의 공적을 말한다. 이것은 성인이 정치를 하면 지극히 훌륭한 정치의 공적을 이룰 수 있음을 말한 것이다.

57장에서 말하였다. "내가 억지로 하는 짓이 없으면 백성들이 저절로 교화되고, 내가 고요함을 좋아하면 백성들이 저절로 바르게 되고, 내가 억지로 일삼는 것이 없으면 백성들이 저절로 부유해지고, 내가 욕심이 없으면 백성들이 저절로 순박해진다." 이것이 바로 성인의 바르고 선한 정치이다.

11) 살피건대 이상 7구는 모두 물로써 성인의 '최상의 선 上善'을 비유한 것이다. 1, 2구는 물이 '사람들이 싫어하는 곳에 고이는 것'과 같음을 뜻하고, 중간의 네 구는 '물이 만물을 이롭게 하는 것'과 같음을 뜻하며, 마지막 구는 '물의 다투지 않음을 말한 것'과 같음을 뜻하는 것이다.

우리말 풀이

최상의 선의 모습은 물과 같다. 물은 능히 만물을 자라나게 하면서도 만물과 서로 다투지 아니하고 모든 사람들이 싫어하는 낮은 곳에 고인다. 이러한 특성들이 있어서 물은 '도 道'에 가깝다. 최상의 선을 갖춘 인물은 뒤로 물러나서 겸양히 낮은 곳에 처신하며 마음이 고요하고 깊다. 이것은 마치 물의 '모든 사람들이 싫어하는 곳에 고인다 處衆人之所惡'는 것과 같다.

널리 은혜를 베풀면서도 보답을 바라지 않고, 말은 진실되어 함부로 하지 않으며, 정치를 하는 데 있어서는 치적을 이루고, 일을 하는 데 있어서는 좋은 효과가 있어야 한다는 것은 마치 물의 '만물을 이롭게 하다 利萬物'는 것과 같다. 행동을 하는 데 좋은 시기를 잡아야 한다는 것은 '물의 다투지 않음 不爭'과 같다. 그가 남과 서로 다투지 않기 때문에 원망이 없다.

제 9 장

경문

持而盈之, 不如其已.[1]
揣而銳之, 不可長保.[2]
金玉滿堂, 莫之能守.[3]
富貴而驕, 自遺其咎.[4]
功成身退,[5] 天之道.[6]

●●●

지니고서도 더 채우는 것은
그만두느니만 못하고[1]
갈아서 더 날카로워지면
오래 보존할 수 없다.[2]
금과 옥이 집에 가득하면
지킬 수 없고[3]
부귀하여 교만해지면
스스로 허물을 남기게 된다.[4]
공을 이루면 스스로 물러나는 것이[5]
하늘의 도이다.[6]

자구 해석

1) **持而盈之, 不如其已** : 왕필(王弼)이 말하였다. "지(持)는 덕(德)을 잃지 않는 것을 말한다. 덕을 잃지 않고 있는 데다 또 덕을 가득 채우면 반드시 기울고 위태롭게 된다. 그러므로 그것을 그만두느니만 못하다는 것은 오히려 덕이 없고 공이 없는 것만도 못하다는 뜻이다." 하상공(河上公)이 말하였다. "영(盈)은 가득하다는 것이고, 이(已)는 그치다는 뜻이다. 가진 것이 가득하면 반드시 기울게 되니 그만두는 것만 못하다."

살펴보면 '지 持'는 꼭 붙들고 있다는 뜻이다. '지이영지 持而盈之'는 스스로 가득 채워서 교만해지는 것을 뜻한다. 여기서는 물에 비유하여 가득채워 지니고 있으면 반드시 기울어 넘치게 된다는 것을 뜻한다. 사람에 비유하면 스스로 채워서 교만해지면 반드시 실패하게 된다. 그러므로 일찍 그쳐서 무사태평을 찾는 것만 못하다는 뜻이다.

15장에서 말하였다. "이 도(道)를 지닌 사람은 가득 차기를 바라지 않는다. 가득 채우지 않기 때문에 옛 것을 버리고 새롭게 바꿀 수 있다." 이 말과 함께 설명될 수 있다.

2) **揣而銳之, 不可長保** : 왕필(王弼)이 말하였다. "이미 끝을 갈아 날카롭게 하고 더욱 서슬 푸르게 하면 반드시 그 형태가 문드러지게 된다."『설문 수부 說文 手部』에서 말했다. "췌(揣)는 가늠한다 [量]의 의미로서 한편으로는 두드린다 [捶]는 뜻이다." 여기서 '추지 捶之'에 대한 해석은 두드린다는 뜻이다. '췌이예지 揣而銳之'는 칼끝이나 서슬을 드러내는 것을 말한다.

이 말은 사물에 비유하자면 두드리는 것이 지나쳐서 너무 날카롭게 되면 반드시 부러지고, 사람에 비유하자면 예리함을 너무 드러내면 반드시 좌절과 실패를 겪게 됨을 말한 것이다.

또 '예 銳'자를『왕필본 王弼本』에서는 본래 '절 梲'자로 썼으나 주석한 글에서는 '예 銳'자로 썼다.『하상본 河上本』및 기타 고본에서는 모두 '예 銳'자로 쓰였다. 그래서 왕필이 주석한 글자와『하상공본 下上公本』을 따라서 고쳤다.

3) **金玉滿堂, 莫之能守** : 이 말은 '가지고 있는 데다 더 채우는 것은 그만두느니만 못하다 持而盈之 不如其已'를 이어서 말한 것이다.

4) **富貴而驕, 自遺其咎** : 이 말은 '갈아서 더 날카롭게 하면 오래 보존할 수 없다 揣而銳之,不可長保'를 이어서 말한 것이다. '자유기구 自遺其咎'는 곧 스스로 화를 불러들인다는 뜻이다.

5) **功成身退** : 하상공이 말하였다.

"말하자면 사람이 하는 일에서 공을 이루고 일을 일으켜서 이름과 공적이 널리 알려지게 되었는데도 몸은 물러나지 않고 지위를 버리지 않으면 해를 입게 된다. 이것은 바로 하늘의 상도(常道)이다.

예를 들면 해가 중천에 있으면 옮겨가고, 달도 차면 기울며, 만물이 성하면 쇠해지고, 즐거움도 다하면 슬퍼진다."

살피건대 '몸이 물러난다'는 것은 반드시 '몸을 물리고 지위를 피한다'는 것만이 아니라 '불유 不有, 불시 不恃', '불거 不居' 등의 뜻을 모두 지니고 있다.

6) **天之道** : 자연의 도이다.

우리말 풀이

자만해서 분에 넘치는 것은 적당히 그치는 것만 못하다.

칼끝이나 재간을 너무 드러내 보이면 세력을 오래 보존하기가 어렵다. 금과 옥이 집에 가득하면 왕왕 지킬 방도가 없고, 부귀하여 교만해지면 반드시 스스로 그 화를 초래하게 된다. 공을 이루면 스스로 물러나야만이 비로소 자연의 도에 합치된다.

경문

載營魄抱一,¹⁾²⁾³⁾ 能無離乎?⁴⁾
專氣致柔,⁵⁾ 能嬰兒乎?⁶⁾
滌除玄覽,⁷⁾ 能無疵乎?
愛民治國, 能無爲乎?⁸⁾
天門開闔,⁹⁾¹⁰⁾ 能爲雌乎?
明白四達, 能無知乎?¹¹⁾
[生之畜之, 生而不有,¹²⁾
爲而不恃, 長而不宰,
是謂玄德].¹³⁾

●●●
혼(魂)과 백(魄)을[1] [2] 하나로 안아[3]
떨어지지 않도록 할 수 있는가?[4]
본능에 내맡겨[5] 부드러워져
아이처럼 순수할 수 있는가?[6]
현묘함을 본 것마저도 씻어내어[7]
흠이 없게 할 수 있는가?

나라를 다스리고 백성을 사랑하는 데
무위(無爲)로 할 수 있는가?[8]
이목구비의[9] 문이 열리고 닫히는 데도[10]
암컷처럼 될 수 있는가?[11]
밝고 빛나게 사방에 통달하여도
무지(無知)로 할 수 있는가?[12]
만물을 낳고 기르는데
낳고도 가지지 않으며
하고도 자랑하지 않으며
키우고도 지배하지 않는다.
이것을 가리켜 현덕(玄德)이라고 한다.[13]

자구 해석

1) **載** : 육희성(陸希聲)은 말했다. "부(夫)자와 같은 발어사이다."
2) **營魄** : 하상공(河上公)은 말했다. "영백(營魄)은 혼백(魂魄)이다." 『초사 원유 楚辭 遠遊』에는 이렇게 되어 있다. "영백을 싣고 멀리 하늘에 오른다." 왕주(王注)에는 이렇다. "내 영혼을 안고 올라간다."

　　『문선 文選』 가운데 육기(陸機)의 「증종형시 贈從兄詩」에 보인다. "혼백이 이 흙을 품으니, 혼백이 날고 가라앉는 듯하구나" 이선(李善)은 이렇게 주를 달았다. "경영하고 보호하는 것이 영(營)이고, 육체와 정신이 백(魄)이다. 육체와 정신을 경영하고 보호해서 그것을 언제나 존재하게 한다."
3) **抱一** : 일(一)은 도(道)를 가리킨다. 22장에서 말했다. "그래서 성인은 하나를 안아 천하의 법이 된다." 39장에서 말했다. "옛날 일(一)을 얻은 것." 일(一)은 모두 도를 가리킨다. '포일 抱一'은

도(道)를 지킨다는 뜻이다.
4) **無離** : 도(道)에 어긋나지 않는다.
5) **專氣** : 하상공은 말했다. "정기(精氣)를 전일하게 지켜 혼란하지 않게 한다." 살피건대 '기 氣'는 생리적"능이고, '전 專'은 내맡긴다는 의미이다. '전기 專氣'는 생리적"능의 자연에 내맡겨 마음과 지식의 작용을 보태지 않는다는 것을 말한다. '정기를 전일하게 하여 부드럽게 하는 것 專氣致柔'과 '마음이 기운을 부리는 것을 강하다고 하는 것 心使氣曰强.'(55장)은 상반된다.
6) **能嬰兒乎** : 왕필(王弼)은 말했다. "마치 어린아이와 같이 욕심을 없게 할 수 있다면 만물이 보전되고 본성이 체득될 것이다." 하상공은 말했다. "천진무구한 어린 아이처럼 안으로는 생각을 없애고 밖으로는 정사(政事)를 없앨 수 있다면 정신이 달아나지 않는다."

살피건대 노자는 자주 어린아이로써 혼돈과 순박의 경지를 비유했다. 20장에서 말한 것과 같다. "나 홀로 담박하여 아무런 사사로운 정이나 욕심의 조짐이 없는 것이 갓난아이가 아직 웃지도 못하는 것과 같다." 28장에서 말했다. "영원한 덕은 떠나지 않아 갓난아이로 되돌아간다." 55장에 말했다. "덕(德)을 머금은 두터움을 갓난아이에 견준다."
7) **玄覽** : 마음의 본체를 가리킨다. 하상공이 말했다. "마음이 깊고 진실된 곳에 머물러 만사를 두루 살펴 알게 된다. 心敢玄眞之處, 覽知萬事. 그래서 이것은 현람(玄覽)이라 이른다."
8) **爲** : 『왕필본』에는 원래 '지 知'자로 되었다. 『하상공본』도 이와 같다. 『경룡비본 景龍碑本』, 『임희일본 林希一本』, 『초횡본 焦竑本』에서는 모두 '위 爲'라고 되어 있다. 자세히 문장의 뜻을 살펴보면 '위 爲'가 비교적 낫기 때문에 여기에 의거하여 고쳤다.
9) **天門** : 『순자 천론편 荀子 天論篇』에서 말하는 '천관 天官'으로 이목구비(耳目口鼻) 등의 감각 기관을 가리킨다. 고형(高亨)은

말했다. "귀는 소리를 위한 문이요, 눈은 색을 위한 문이요, 입은 음식과 언어를 위한 문이요, 코는 냄새를 위한 문이다. 모두 하늘이 부여해 준 것이므로 천문(天門)이라 한다."

10) 開闔 : 열고 닫음, 움직임과 멈춤이다.
11) 爲雌 : '자 雌'는 부드럽고 약하고 편안하고 조용한 것을 비유한다. '위 爲'자는 『왕필본』에 '무 無'로 되어 있다. 『하상공본』도 같다. 『부혁본 傅奕本』과 기타 고본에는 모두 '위 爲'로 되어 있다. 왕필의 주에서 말했다. "천문이 열리고 닫히는데도 부드럽고 약하고 편안하고 조용할 수 있겠는가?라는 말이다."

　　　하상공의 주에서 말했다. "자신을 다스리는 데는 마땅히 암컷처럼 편안하고 조용하고 부드럽고 약해야 한다." 『왕필본』에 원래 '무 無'라고 되어 있고, 『하상공본』에도 역시 '무 無'라고 되어 있지 않다. 만약 '무 無'라고 한다면 뜻이 통하지 않으므로 『백서 노자 帛書 老子』에 따라 이를 고쳤다.

12) 無知 : 『왕필본』에는 원래 '무위 無爲'로 되어 있으나 『하상공본』과 기타 고본에는 대부분 '무지 無知'로 되어 있다. 앞 문장에서 '나라를 사랑하고 백성을 다스리면서, 무위(無爲)로 할 수 있겠는가.'라고 했으니 여기서 다시 '무위 無爲'가 나오는 것은 적당치 않다. 그러므로 『하상공본』을 따라 고쳤다.

13) 生之畜之, 生而不有, 爲而不恃, 長而不宰, 是謂玄德 : 마서륜(馬敍倫)은, 이 몇 마디 말은 윗 문장의 뜻과 상응되지 않으므로 마땅히 51장에서 온 착간(錯簡)이라고 했다. 이 학설이 자못 받아들일 만하기에 여기에 의거하여 뺀다.

우리말 풀이

몸과 마음으로 도(道)를 지켜 도를 떠나지 않을 수 있는가? 생리

본능의 자연에 전적으로 내맡겨 유약함을 초래하여 갓난아이처럼 순박할 수 있는가? 마음으로 깨달은 작용을 씻어버려 털끝만큼의 흠집도 없앨 수 있는가? 백성을 사랑하고 나라를 다스리면서 무위로 할 수 있는가? 감각기관을 사용하여 움직이고 가만히 있거나 말하고 침묵하는 사이에도 허정(虛靜)의 경지를 이룰 수 있는가? 온 세상을 훤히 밝히는 지혜를 진실로 가지고 있으면서도 사사로운 지식을 쓰지 않을 수 있는가?

경문

三十輻,¹⁾ 共一轂,²⁾
當其無, 有車之用.³⁾
埏埴以爲器,⁴⁾ 當其無, 有器之用.⁵⁾
鑿戶牖以爲室,⁶⁾ 當其無, 有室之用.⁷⁾
故有之以利, 無之以爲用.⁸⁾

●●●

서른 개의 바퀴살이¹⁾
한 곳의 바퀴통으로 모이는데²⁾
그 속이 비어 있어야
수레로 쓸모가 있고³⁾
진흙을 빚어⁴⁾ 그릇을 만드는데
그 속이 비어 있어야
그릇으로 쓸모가 있고⁵⁾
문과 창을 뚫어⁶⁾ 방을 만듦에
빈 곳이 있어야 방으로 쓸모가 있다.⁷⁾
그러므로 있음이 이로운 것은
없음이 작용하기 때문이다.⁸⁾

자구 해석

1) **三十輻**: 하상공(河上公)이 말했다. "옛날 수레의 서른 개의 바퀴살은 한 달의 날짜 수를 따른 것이다." 살피건대 '복 輻'은 바퀴살이다. 수레바퀴 속의 곧은 막대를 뜻하며 서른 개를 쓴 것은 한 달 30일의 숫자를 본뜬 것이다.

2) **轂**: '곡 轂'은 수레바퀴 한복판의 둥근 막대로서 사방 둘레에 바퀴살을 꽂는다. 가운데가 비어서 수레 굴대를 꿴다.

3) **當其無, 有車之用**: 하상공이 말했다. "무(無)는 허공을 말한다. 수레바퀴통 속이 비어 있어서 수레가 움직일 수 있으며, 수레 안이 텅 비어 있어서 사람이 수레 위에 탈 수 있는 것이다." 살피건대 '기 其'는 바퀴통을 가리킨다. '무 無'는 바퀴통 가운데의 비어 있는 곳을 가리킨다. (수레 안의 텅 빈 것을 가리키는 것이 아니다.)

　　수레 바퀴통 속이 텅 비어 있어서 수레 굴대를 안전하게 꽂을 수 있기 때문에 수레가 비로소 그 쓰임을 발휘할 수 있다. 그러므로 '그 속이 비어 있어야 수레로 쓸모가 있다. 當其無, 有車之用.'라고 말했다. 만약 바퀴통이 비어 있지 않다면 수레 굴대는 안전하게 꽂을 곳이 없어지고 수레 또한 장차 그 쓰임을 발휘할 수가 없게 된다.

4) **埏**: 진흙을 반죽한다는 것을 말한다. 하상공이 말했다. "연(埏)은 빚는다는 의미이고, 치, 식(埴)은 찰흙을 말한다." 살피건대 『설문 說文』에 연(挻)자는 있으나 연(埏)자는 없다. 단옥재(段玉裁)의 주에 '속자(俗字)로는 연(埏)이다.'고 했으니 연(挻)자는 본자이고 연(埏)자는 속자이다. 『순자 성악편 荀子 性惡篇』에 "그러므로 '도인 陶人'은 진흙을 빚어 그릇을 만든다. 故陶人埏埴以爲器.'라는 글이 있다. 양경(陽倞)의 주에 '연(埏)은 친다는 뜻이며, 치(埴)는 점토이다."라고 했다.

5) **當其無, 有器之用** : 하상공이 말했다. '그릇 속이 텅 비어 있으므로 받아들이는 것이 있을 수 있다.'
6) **戶牖** : 문과 창을 뜻한다.
7) **當其無, 有室之用** : 하상공이 말했다. "문과 창이 있어서 사람이 드나들고 바라볼 수 있으며, 방안이 텅 비어서 사람이 거주할 수 있다." 살피건대 '기 其'는 방을 가리키고, '무 無'는 방안이 텅 빈 것을 가리킨다. (문과 창이 비어 있음을 가리키는 것이 아니다.)
8) **有之以爲利, 無之以爲用** : 왕필이 말했다. " 나무, 점토, 벽이 3요소로 될 수 있는 것은 모두 무(無)를 이용했기 때문이다. 무(無)를 언급한 것은, 유(有)가 이롭게 될 수 있는 까닭이 모두 무(無)에 의지해서 쓰여지기 때문이다." 살피건대 '유 有'는 수레, 그릇, 방을 가리키고, '무 無'는 바퀴통, 그릇, 방안 등의 텅 빈 곳을 가리킨다. 두 개의 '지 之'자는 모두 어조사이며 뜻은 없다.

　　형이상적인 '도 道'는 '무 無'를 본체로 하고, '유 有'를 작용으로 삼는다. 형이하적인 '기 器'는 '무 無'를 근본으로 하고 '유 有'를 말단으로 한다. '유 有'가 사람을 이롭게 할 수 있는 까닭은 모두 '무 無'가 발휘하는 작용에 의지할 수 있기 때문이다. 일반 사람들은 겨우 '유 有'의 이로움만을 알 뿐 '무 無'의 작용은 알지 못해서 노자가 특별히 이러한 이치를 밝혀 '있음이 이로운 것은 없음이 작용하기 때문이다. 有之以爲利, 無之以爲用.'라고 했다.

우리말 풀이

서른개의 바퀴살이 하나의 바퀴통으로 모아진다. 바퀴통 안이 비어 있기 때문에 수레는 사람이 타고 물건을 싣는 구실을 할 수 있다. 진흙을 반죽하여 그릇으로 만든다. 그릇 안이 비어 있기 때문에 물건을 담을 수 있는 구실을 할 수 있다. 문과 창을 뚫어 방을 만든다. 방안이 비어 있기 때문에 사람이 그 안에서 사는 구실을 할 수 있다. 그러므로 '있음 有'은 사람에게 편리함을 주지만 '없음 無'은 오히려 그것의 구실을 발휘하게 한다.

제12장

> ### 경문
>
> 五色令人目盲.[1)2)]
>
> 五音令人耳聾.[3)4)] 五味令人口爽.[5)6)]
>
> 馳騁畋獵,[7)] 令人心發狂.[8)]
>
> 難得之貨,[9)] 令人行妨.[10)]
>
> 是以聖人爲腹不爲目,[11)] 故去彼取此.[12)]

오색[1)]은 사람의 눈을 멀게 하고[2)]
오음[3)]은 사람의 귀를 먹게 하며[4)]
오미[5)]는 사람의 입맛을 버리게 한다.[6)]
말을 달려 사냥놀이 하는 것은[7)]
사람의 마음을 들뜨게 한다.[8)]
얻기 어려운 재화는[9)]
사람의 행실을 망가뜨린다.[10)]
그러므로 성인은 배를 채우지 눈요기를 하지 않는다.[11)]
그래서 눈을 버리고 배를 취한다.[12)]

자구 해석

1) **五色**: 여러 종류의 색깔을 말한다.
2) **目盲**: 시각이 느리고 둔하여 보아도 보이지 않는 것을 말한다.
3) **五音**: 여러 종류의 음악을 말한다.
4) **耳聾**: 청각이 느리고 둔하여 들어도 들리지 않는 것을 말한다.
5) **五味**: 여러 종류의 음식을 말한다.
6) **口爽**: 왕필(王弼)은 말했다. "상(爽)은 잃어버리는 것이다. 입의 용도를 잃어버리기 때문에 상(爽)이라 말한다." 살펴 보건대 '입맛을 버리게 한다[口爽]'는 것은 미각이 느리고 둔하여 먹어도 그 맛을 모른다는 뜻이다.
7) **馳騁田獵**: '치빙 馳騁'은 말을 모는 것이고 '전렵 畋獵'은 사냥을 하는 것이다. 합해서 말하면 금수를 좇는 것이다. 말을 모는 목적은 '사냥 畋獵'이다. 그러므로 이 두 가지는 실제로 같은 일이다. 옛 사람은 말을 몰아 사냥하는 것을 즐거움으로 여겼으므로 여기서 쓰인 의미는 지극히 즐거운 일을 나타낸 것이다.
8) **心發狂**: 마음이 안정되지 못함을 말한다.
9) **難得之貨**: 3장의 주석 3)에 보인다.
10) **行妨**: 하상공(河上公)은 말했다. "방(妨)은 상하게 하는 것이다. 마음으로 탐내고 뜻으로 욕심내어 만족할 줄 모르면 행실이 망가지고 몸이 욕된다." 생각해 보건대 '행방 行妨'은 행실이 망치고 손상됨을 이른다.
11) **爲腹不爲目**: 왕필(王弼)은 말했다. "배를 위하는 자는 사물로써 자신을 기르지만 눈을 위하는 자는 사물로써 자신을 부린다. 그래서 성인은 눈을 위하지 않는다."

생각해 보건대 이 구절의 '목 目'자는 귀, 입, 마음, 행실 네 가지를 개괄한다. '복 腹'과 '목 目'은 상대적인 것으로서 각기 두 층위의 의미가 있다. 첫째, '복 腹'은 질박하고 욕심이 없는 생활을 가리키고, '목 目'은 기교와 거짓, 그리고 욕심이 많은 것을 가리킨다. 둘째, '복 腹'은 내적 자아를 가리키고, '목 目'은 외적 사물을 가리킨다.

12) **去彼取此** : 하상공(河上公)은 말했다. "저 눈이 함부로 보는 것을 버리고, 이 배가 본성을 키우는 것을 취한다." 생각하건대 '저것을 버린다. 去彼'는 '눈을 위하지 않는다. 不爲目'를 가리키고 '이것을 취한다. 取此'는 '배를 위한다 爲腹'를 가리킨다.

사람의 욕망은 무궁무진해서 만약 하루 아침에 질박함을 버리고 진실을 잃어 버려서 얻는 것을 탐내고 밖으로 정신을 내달리면 영원히 만족할 때가 없어진다. 마침내 몸과 함께 반드시 따라 죽게 될 것이다.

그래서 노자는 자신을 수양하는 데는 '배를 위한 것 爲腹'과 '눈을 버리는 것 去目'을 위주로 하며, 남을 다스리는 데는 '배를 채우는 것 實其腹'(3장)을 위주로 한다고 했다. '거목 去目'은 앎과 욕심을 버리기 위한 것이며, '위복 爲腹'은 진실과 질박함으로 돌아가기 위한 것이다.

우리말 풀이

색의 즐거움을 지나치게 추구하면 최후에 반드시 시각이 느리고 둔해져서 보아도 보이지 아니한다. 소리의 즐거움을 지나치게 추구하면 최후에 반드시 청각이 둔하여 들어도 들리지 않는다. 입맛을 지나치게 추구하면 최후에 반드시 입맛을 버리게 되어 먹어도 그 맛을 모른다.

말을 달려 사냥놀이 하는 것과 금수를 좇는 것을 지나치게 좋아하면 최후에 반드시 마음이 신령스럽지 않아 들뜨게 된다. 금은보화를 지나치게 추구하면 최후에 반드시 행실과 덕이 손상되어 몸과 이름이 망가진다.

 그래서 성인의 생활은 배부름을 구하고 즐거움을 구하지 않는다. 차라리 질박함과 고요함을 취할지언정 사치와 호화를 취하지는 않는다.

제 13 장

경문

「寵辱若驚,[1] 貴大患若身」.[2]
何謂寵辱若驚?
寵爲上, 辱爲下,[3]
得之若驚, 失之若驚,
是謂寵辱若驚. 何謂貴大患若身?
吾所以有大患者, 爲吾有身,[4]
及吾無身, 吾有何患?[5]
故貴以身爲天下, 若可寄天下.
愛以身爲天下, 若可託天下.[6]

●●●
총애도 모욕도 받으면 몸이 놀라고[1]
큰 근심이 몸에 닥칠까 두려워 놀란다.[2]
왜 총애도 모욕도 받으면 몸이 놀라는가?
총애는 높은 것이고 모욕은 낮은 것이다.[3]
얻어도 놀라고
잃어도 놀란다.

이 때문에 총애도 모욕도 받으면 놀란다.
왜 큰 근심이 몸에 닥칠까 두려워 놀라는가?
내가 큰 근심을 지니는 까닭은
나에게 신체가 있기 때문이다.[4]
만약 나에게 신체가 없다면
내게 무슨 근심이 있겠는가?[5]
그러므로 제 몸으로 천하 위하기를 귀중히 여기면
천하를 맡길 수 있고
제 몸으로 천하 위하기를 좋아하면
천하를 부탁할 수 있다.[6]

자구 해석

1) **寵辱若驚** : 하상공(河上公)은 말했다. "자신이 총애를 얻어도 놀라고 자신이 모욕을 얻어도 놀란다." 생각하건대 본 구절과 아래 구절의 '근심이 몸에 닥칠까 두려워 놀란다'는 마땅히 옛 말 [진주(陳柱) 역시 이 학설을 위주로 하였는데 『노자 선주 老子 選註』에 보인다] 이지, 노자의 말이 아니다.

대개 노자의 사상에 입각하여 말해 보자. 노자는 '무욕 無欲'을 주장했다. 그래서 19장에서 "사심을 적게 하고 욕심을 적게 한다. 少私寡慾." 57장에서 "내가 욕심을 없애면 백성이 저절로 교화된다. 我無欲而民自化."라고 하였다. 이미 '무욕 無慾'을 주장하였으므로 반드시 총애와 모욕 두 가지를 다 잊고, 이득과 손실 양쪽을 다 없앨 것을 주장한 것이다.

이제 '총애도 모욕도 받으면 몸이 놀라고'라고 말하고서, 아래 문장에서 또 '얻어도 놀라고 잃어도 놀란다.'라고 말했으니, 그 사상과 부합되지 않는 것 같다.

노자는 또 '몸이 없다. 無身'를 주장했다(바로 무사 無私, 무아 無我의 뜻임). 그래서 본 장에서 "나에게 몸이 없다면 무슨 근심이 있겠는가?"라고 말했고, 7장에서 "자신을 뒤로 돌린다. 後其身", "자신을 도외시한다 外其身", "사사로움을 없앤다 無私"고 했다. 이제 '큰 근심이 닥칠까 두려워하면 몸이 놀란다'고 말했으니, 이 역시 그 사상과 맞지 않는 듯하다.

다시 본 장의 문장에 입각해서 말해 보기로 하자. 본장 전체를 4문단으로 나눌 수 있다. 처음 두 구가 제1문단으로서 노자가 옛 말을 인용한 것이다.

'왜 총애도 모욕도 받으면 몸이 놀라는가? 何謂寵辱若驚?'에서부터 '총애도 모욕도 받으면 몸이 놀란다. 是謂寵辱若驚'까지가 제2문단으로서 '총애도 모욕도 받으면 몸이 놀란다.'라는 말을 해석한 것이다.

'왜 큰 근심이 몸에 닥칠까 두려워 놀라는가.'에서부터 '나에게 무슨 근심이 있겠는가'까지가 제3문단으로서 '큰 근심이 몸에 닥칠까 두려워 놀란다'를 해석한 것이다.

'그러므로 귀하게 여긴다. 故貴' 이하가 제 4문단으로서 노자가 앞 문장에서 내린 결어이다. 글의 뜻이 일관되고 맥락이 드러난다. 그리고 제 2·제 3 두 문단은 모두 '왜 ~라 하는가? 何謂'로써 실마리를 열었다. 또 제 2문단은 '이를 ~라 한다. 是謂'로 결말지었다. 이는 모두 설명의 어투이다.

만약 '총애도 모욕도 받으면 몸이 놀란다. 큰 근심이 몸에 닥칠까 두려워 놀란다.'는 두 마디가 노자 자신의 말이라고 한다면 노자는 하필 스스로 말한 것에다 또 스스로 해석을 했겠는가?

또 제 4문단 '자신의 몸으로 천하를 위함을 귀하게 여긴다.', '자신의 몸으로 천하를 위함을 좋아한다.' 이 두 구절은 노자의 무아(無我), 망신(忘身)의 사상을 표현한 것으로서 맨 앞 두 구절의 '총애와 모욕을 받으면 몸이 놀란다. 큰 근심이 몸에 닥칠까 두려워 놀란다.'라는 의미와는 완전히 서로 배치된다.

만약 맨 앞 두 구가 노자 자신이 한 말이라면 여기서 왜 또 부정했겠는가? 무릇 이것이야말로 '총애도 모욕도 받으면 몸이 놀라고, 큰 근심이 몸에 닥칠까 두려워 놀란다.'라는 두 구가 바로 고어이지, 노자의 말이 아니라는 것을 충분히 입증하고 있다.

또 살피건대 '약 若'자는 본 장에서 9차례나 똑같이 사용되었는데, 고형(高亨)은 앞의 5차례는 마땅히 '자 者'자로 써야 한다고 여겼고, 장묵생(張默生)은 여기에 근거해서 앞의 7개의 '약 若'자를 '자 者'자로 고쳤다. 하상공(河上公)은 아래 구 '대환약신 大患若身'의 아래에 주를 달아 '약 若은 이르다 至란 뜻이다.'라고 했고, 배학해(裵學海)는 '때문 以'이라고 해석하였는데(『고서허자집석 古書虛字集釋』) 모두가 타당하지 않는 것 같다.

내 생각으로는 본 장에서 9번 쓰인 '약 若'자는 모두 '바로, 곧 乃'의 뜻으로 새겨야 된다고 본다. '약 若'과 '내 乃'의 옛 소리는 모두 '니뉴 泥紐'에 속하여 두 자의 성음이 서로 같기 때문에 통용될 수 있다. '천하를 맡길 수 있다. 若可以寄天下', '천하를 부탁할 수 있다. 若可以託天下'는 『하상공본 河上公本』에서 앞의 '약 若'자는 '즉 則'자로, 뒤의 '약 若'자는 '내 乃'자로 되었다. 『장자 재유편 莊子 在宥篇』에서는 모두 '즉 則'자로 썼고 『회남자 도응훈 淮南子 道應訓』에서는 모두 '언 焉'자로 썼다. '즉 則', '언 焉' 역시 '내 乃'의 의미를 고루 갖추고 있다.

2) **貴大患若身**: 하상공(河上公)은 말했다. "귀(貴)는 외(畏)의 뜻이고 약(若)은 지(至)의 뜻이다. 큰 근심이 몸에 닥치는 것을 두려워 하기 때문에 모두 놀란다." 그러나 생각해보건대 '약 若'은 '내 乃'자의 뜻이라고 이미 앞에서 말했다. 이 구절의 '신 身'자는 윗 구절의 '경 驚'자와 서로 참조하면서 뜻을 드러내므로 서로 겸비하는 말이 된다.

하상공(河上公)은 윗 구를 해석하여 말했다. "몸이 총애를 얻어도 놀라고 몸이 모욕을 받아도 놀란다." 아랫 구를 해석하여 말했다. "큰 근심이 몸에 닥칠까 두려워하기 때문에 모두가 놀란다." 앞 구에서는 뒷 구에 '신 身'을 연계시켜 말했고 뒷 구에서는 '경 驚'을 연계시켜 말했다. 이는 하상공(河上公)이 이미 이 논지를 명백히 한 것이다.

기타 주석가들은 아직 두 글자의 쓰임을 밝혀내지 못했기에 모두가 아직도 두 구의 뜻을 분명하게 해석하지 못하고 있다. 왕도(王道)는 '큰 근심이 몸에 닥칠까 두려워한다. 貴大患若身.'를 전도시켜 '몸을 귀하게 여기는 것을 큰 근심같이 하라. 貴身若大驚.'로 해석하여 논지로부터 더욱 멀어졌다.

3) 寵爲上, 辱爲下 : 『왕필본 王弼本』은 '총애는 낮은 것이다. 寵爲下'라고 되어 있고, 『하상공본 河上公本』은 '모욕은 낮은 것이다. 辱爲下'라고 되어 있다. 『진경원·이도순본 陣景元·李道純本』은 '총애는 높은 것이고 모욕은 낮은 것이다. 寵爲上 辱爲下'라고 되어 있다. 유월(兪樾)은 말했다. "『왕본 王本』, 『하상본 河上本』은 아마 둘 다 빠지고 틀렸을 것이다. 마땅히 『진경원·이도순본 陣景元·李道順本』을 따라야 한다."

살피건대 이 두 구절은 '총애도 모욕도 받으면 놀란다.'를 해석한 말이다. 대개 세상 사람들은 모두가 총애를 위로 보고 모욕을 낮은 것으로 본다. 총애를 얻으면 높아지고, 모욕을 받으면 낮아지기 때문에 얻거나 잃으면 모두 놀란다. 이렇게 본다면 『진경원본 陳景元本』, 『이도순본 李道純本』에서 '총애는 높은 것이고 모욕은 낮은 것이다. 寵爲上辱爲下'가 의미상 비교적 나은 것 같다.

『왕필본 王弼本』은 '총애는 낮은 것이다. 寵爲下'라고 했으니 뜻이 통하지 않는다. 『하상공본 河上公本』에서는 '모욕은 낮은 것이다. 辱爲下'라고 되었는데 뜻이 편중되어 완전하지 못하다. 여기서는 『유월(兪樾)』의 학설에 근거하여 고쳤다.

4) **吾所以有大患者, 爲吾有身** : '몸이 있다. 有身'는 즉 내가 있다 [有我]는 말이다. 일체의 총애와 모욕, 화와 복은 모두 몸이 있기 때문에 일어나는 것이다. 만약 몸이 없을 수 있다면 형상을 타파할 수 있다. 또 노자는 몸이 없음 [無身]을 주장하였는데, 이것은 결코 사람의 생리적 존재를 부정한 것이 아니고, 단지 마음과 지식으로 내 몸을 부리는 것을 반대했을 뿐이다.

5) **及吾無身, 吾有何患** : 하상공(河上公)은 말했다. "나로 하여금 신체가 있지 않게 하여 자연에서 도를 얻고, 가볍게 솟구쳐 구름으로 오르고, 끊임없이 들락거리고, 도(道)와 함께 하고, 신과 통한다면 마땅히 무슨 근심이 있겠는가?" 살피건대 '급 及'은 '만약 若'과 같다. (「고서허자집석 古書虛字集釋」에 보인다.) 하상공(河上公)은 '급 及'을 '사 使'의 뜻으로 해석했는데, '사 使'도 '약 若'자의 뜻이다.

6) **貴以身爲天下, 若可寄天下, 愛以身爲天下, 若可託天下** : '귀 貴'와 '애 愛'는 뜻이 같고 '기 寄'와 '탁 託'도 뜻이 같다. 귀하게 여기고 사랑하는 것은 '몸 身'이 아니고 '몸을 천하로 여긴다. 以身爲天下'는 것이다. 그러므로 천하를 맡길 수 있다. 만일 자신의 몸을 사랑하고 귀하게 여긴다면 '천하를 맡기고 寄天下' '천하를 부탁 託天下' 할 수 없을 것이다.

우리말 풀이

　세상 사람들은 총애를 얻거나 모욕을 받으면 모두 그로 인해서 몸이 놀라고, 큰 화와 근심을 두려워하여 그로 인해서 몸이 놀란다.
　왜 총애를 얻거나 모욕을 받으면 모두 몸이 놀라는가? 왜냐 하면 세상 사람들의 마음 속에 총애는 높고 모욕은 낮으며, 총애는 존중하고 모욕은 천시하여, 영광을 얻게 되면 존현스럽게 생각하고 치욕을 받으면 망신스럽게 생각하기 때문이다. 이로 인하여 얻어도 놀라고 잃어도 놀란다.
　왜 큰 화와 근심을 두려워하여 몸이 놀라는가? 그것은 우리들이 항상 자기와 관련된 생각을 하기 때문이다. 가령 우리가 자기를 잊는다면 거기에 무슨 화와 근심이 있겠는가? 그러므로 자신을 희생하여 천하를 위해 봉사하기를 중시하는 사람이라야 비로소 천하를 그에게 건네줄 수 있다. 즉 자신을 희생하여 천하를 위해 봉사하기를 좋아하는 사람이라야 비로소 천하를 그에게 부탁할 수 있다.

경문

視之不見名曰夷, 聽之不聞名曰希, 搏之不得名曰微.¹⁾
此三者不可致詰,²⁾ 故混而爲一.³⁾
其上不皦, 其下不昧,⁴⁾
繩繩不可名,⁵⁾ 復歸於無物.⁶⁾
是謂無狀之狀, 無物之象,⁷⁾ 是謂惚恍.⁸⁾
迎之不見其首, 隨之不見其後.⁹⁾
執古之道, 以御今之有.¹⁰⁾
能知古始, 是謂道紀.¹¹⁾

●●●

보아도 보이지 않는 것을 이(夷)라 하고
들어도 들리지 않는것을 희(希)라 하고
잡아도 잡히지 않는 것을 미(微)라 한다.¹⁾
이렇게 셋은 끝까지 분별하여 밝힐 수 없으므로²⁾
혼융하여 하나가 된다.³⁾
올라가도 밝지 않고

내려와도 어둡지 않다.[4]
끝없이 이어져[5] 이름 지을 수 없으니
형상이 없는 물체로 되돌아간다[6]
이것을 꼴 없는 꼴이며
짓 없는 짓이라고 하며[7]
황홀(恍惚)이라고 한다.[8]
마주해도 머리를 볼 수 없고
뒤따라도 꼬리를 볼 수 없다.[9]
태고의 도를 파악하여
지금의 사물을 부리면[10]
만물의 시원을 알 수 있으니
이를 도의 법칙이라 말한다.[11]

자구 해석

1) **視之不見名曰夷, 聽之不聞名曰希, 搏之不得名曰微** : 하상공(河上公)이 말했다. "색깔이 없는 것을 이(夷)라 하고, 소리가 없는 것을 희(希)라 하고, 형체가 없는 것을 미(微)라 한다." 역순정(易順鼎)이 말했다. "'박 搏'자는 곧 '단(摶)'자의 오자이다, 송(宋)나라 진단(陳摶)의 자(字)가 희이(希夷)였으므로, 이에 그 뜻을 취한 것이다. 47장의 왕필(王弼)의 주에서 '도를 잡아도 얻을 수 없다. 搏之不得'를 인용하여 증거했으므로 증명이 된다." 살피건대『왕필본 王弼本』에는 '박 搏'자로 되어 있고, 47장의 왕필(王弼)의 주에서 인용한 것도 '박 搏'자였다.(『사고본 四庫本』)
　『장자 지북유 莊子 知北遊』에 보인다. "종일 그것을 보아도 보이지 않고, 그것을 들어도 들리지 않고, 그것을 잡아도 잡을 수가 없다."『석문 釋文』에서 말한다. "박 搏의 음은 박 博이다."

『설문 수부 說文 手部』에서 말한다. "박 搏은 찾아서 지니는 것이다." 단옥재(段玉裁)의 주에서 보인다. "더듬고 찾아서 지니는 것을 말한다." 『사기 주보언전 史記 主父偃傳』에 보인다. "대체로 흉노의 성질은 짐승처럼 모이고 새처럼 흩어진다. 그들을 따라간다는 것은 그림자를 잡는 것 [搏景] 과 같다." 『한서 漢書』에도 "그림자를 잡는다 搏景"라고 했다. 사고(師古)의 주에서도 보인다. "사람의 그림자를 잡는다는 것은 얻을 수 없다는 것을 말한다." 도를 잡아도 잡을 수 없다는 것은 마치 그림자를 잡아도 잡을 수 없다는 것과 같다. 이렇게 보면 '박 搏'자는 잘못 쓰인 것이 아니다.

'이 夷', '희 希', '미 微' 이 세 글자는 도의 본체의 허무함을 형용하였다. 도의 본체는 형이하학적 '기 器'가 아니다. 이것은 색깔이 없는 데다가, 더욱이 소리도 없으며, 또한 형체도 없다. 색깔이 없기 때문에 '보아도 보이지 않고', 소리가 없기 때문에 '들어도 들리지 않고', 형체가 없기 때문에 '잡아도 잡을 수가 없는 것이다.' 결론적으로 말하자면 도는 일체의 감각 기관으로도 파악할 수 없는 것이다.

2) **此三者不可致詰** : 하상공(河上公)이 말했다. "세 가지는 이(夷), 희(希), 미(微)를 말한다. 끝까지 분별하여 밝힐 수 없다는 것은 색깔이 없고 소리가 없고 형체가 없어서 입으로 말할 수 없고, 글로 전할 수 없으므로 마땅히 고요함 [靜]으로 그것을 받아들이고, 정신 [神]으로 그것을 찾아야 되며 따지고 물어서는 알 수가 없다." 살피건대 첫 장에서 "도를 도라고 말할 수 있다면 그것은 영원불멸한 도가 아니다."고 했다. '도'는 이미 말할 수 없으므로, '따져 물을 수 없다.' 도를 체득하는 방법은 오로지 마음으로 이해하고 정신으로 깨닫는 데 있을 따름이다.

3) **故混而爲一** : 이(夷), 희(希), 미(微), 셋이 섞여서 하나가 된다는 뜻이다.

4) **其上不皦, 其下不昧** : '교 皦'는 빛이 밝다는 뜻이고, '매 昧'는 어둡다는 뜻이다. 보아도 볼 수 없기 때문에, '밝지 않다. 不皦'고 했다. 그러나 만물은 그것을 통해야 볼 수 있기 때문에 '어둡지 않다. 不昧'고 말했다. '상 上', '하 下'는 '도'의 전체를 합쳐 가리켰다.

5) **繩繩** : 육덕명(陸德明)은 "한계가 없는 모양"이라고 했다. 왕회(王淮)는 "승승(繩繩)은 곧 현현 (玄玄)이다."고 했다. 살피건대 '현현 玄玄'은 곧 첫 장의 '깊고도 더욱 깊구나'로서, 도의 본체는 그윽하고 미묘하며 깊고 아득함을 형용했다.

6) **復歸於無物** : 진고응(陳鼓應)이 말했다. "이것과 16장의 '그 근본으로 다시 돌아간다. 復歸其根'의 의미가 서로 같다. '복귀 復歸'는 근원으로 돌아가는 것이다. '무물 無物'은 하나도 소유한 것이 없다는 뜻이 아니라 어떠한 형상의 실존체도 갖추고 있지 않은 것을 가리킨다."

7) **無狀之狀, 無物之象** : 왕필(王弼)이 말했다. "'무 無'를 말하고자 하는가? 그러나 만물은 그로 말미암아 이루어진다. '유 有'를 말하고자 하는가? 그러나 그 형체를 볼 수 없다. 그래서 '꼴이 없는 꼴이며, 짓이 없는 짓이다.'라고 말했다."

8) **惚恍** : 왕필(王弼)은 "획득하여 정할 수 없다."고 풀이하였다. 하상공(河上公)은 "있는 듯 없는 듯하여 볼 수 없다."고 하였다. '홀황 惚恍'은 또한 '홀황 忽恍'이라 쓰여 있다. 있는 것 같기도 하고, 없는 것 같기도 하여, 분별할 수 없다는 뜻이다. 도는 있는 것도 아니고, 없는 것도 아니어서 텅 비기도 하고 차 있기도 하다. 그래서 이를 '홀황 惚恍'이라 한다.

9) **迎之不見其首, 隨之不見其後** : 엄복(嚴復)이 말했다. "머리를 볼 수 있고, 꼬리를 볼 수 있다면 반드시 끝이 있는 사물이다. 도와 우주는 모두 끝이 없으므로 무슨 방법으로 그것을 볼 수 있겠는가?"

10) **執古之道, 以御今之有** : '집 執'은 파악하는 것이다. '옛날의 도 古之道'는 옛날부터 일찍이 존재했던 도이다. '이 以'는 '능 能'과 같다. 다음 구의 '능지고시 能知古始'의 '능 能'과 같은 의미이다. '어 御'는 부린다는 뜻이다. '금지유 今之有'는 오늘날 일체의 구체적인 사물이다.
11) **能知古始, 是謂道紀** : 하상공(河上公)이 말했다. "사람은 상고시대부터 옛날의 도가 유일함을 알 수 있었는데, 이것을 일컬어 도의 규율을 안다고 하는 것이다." 생각컨대 '고시 古始'는 곧 '옛날의 도 古之道'이다. '도기 道紀'는 도의 규율을 가리킨다

우리말 풀이

도는 보이지 않고 들리지 않으며 잡히지 않는 것이다. 보이지 않는 것을 '이(夷)'라 하고, 들리지 않는 것을 '희(希)'라 하며, 잡히지 않는 것을 '미(微)'라 한다. 도는 색이 없고 소리가 없고 형체가 없다. 그 때문에 그것의 형상을 속속들이 연구할 방법이 없고, 그것은 확실히 구별되지 않는 혼돈 그 자체이다. 그것은 밝지 않을 뿐만 아니라, 또한 어둡지도 않다. 그러한 것은 미묘하고도 깊고 아득하여 그 상태를 이름 지을 수 없다.

최후에 이르러서는 '형상이 없는 물체'로 되돌아간다. 이것이 바로 꼴이 없는 꼴이며, 짓이 없는 짓이다. 이것을 황홀한 상태라고 이른다. 앞으로 마주하려 해도 그의 머리를 볼 수 없고, 뒤로 따르려 해도 그의 꼬리를 볼 수 없다. 옛부터 계속 이어져 내려와 이미 존재하고 있는 도를 파악하고 있으니, 현재의 모든 사물을 부릴 수 있다. 옛부터 계속 이어져 존재하고 있는 도를 이해할 수 있으므로 '도'의 법칙을 알 수 있다.

경문

古之善爲道者,[1] 微妙玄通,[2] 深不可識.
夫唯不可識, 故强爲之容.[3]
豫兮若冬涉川,[4][5] 猶兮若畏四鄰,[6][7]
儼兮其若客,[8][9] 渙兮若冰之將釋,[10]
敦兮其若樸,[11] 曠兮其若谷,[12]
渾兮其若濁.[13] 孰能濁以靜之徐淸,
孰能安以動之徐生.[14] 保此道者不欲盈.[15][16]
夫唯不盈, 故能蔽而不成.[17]

●●●

옛날에 도를 잘 터득한 사람은[1]
미묘하고 통달하여[2]
그 깊이를 알 수가 없다.
알 수 없으므로 사람들은 억지로 그것을 형용하고자 한다.[3]
신중함은[4] 마치 겨울에 언 강을 건너는 것과 같고[5]
삼가함은[6] 마치 사방의 이웃을 두려워하는 듯하고[7]
엄숙함은[8] 마치 손님과도 같고[9]

탁 풀림은 마치 얼음이 녹는 것과 같고[10]
질박함은 마치 다듬지 않은 원목과 같고[11]
겸허함은 마치 계곡처럼 깊고[12]
혼돈의 모습은 마치 혼탁한 물과 같다.[13]
누가 혼탁함을 정화시켜 서서히 맑게 할 수 있을 것인가?
누가 안정된 것을 움직여 서서히 생동하게 할 수 있을 것인가?[14]
이 도를 온전히 보존한 사람은[15] 가득 채우려 하지 않는다.[16]
채우려 하지 않기 때문에 감추고 물러나서 고정된 형상이 없다.[17]

자구 해석

1) **爲善道者**: '도 道'는 『왕필본 王弼本』에서 원래 '사 士'로 되어 있다. 『후한서 당고전 後漢書 黨錮傳』을 따라서 '도 道'라고 인용하였다. 마서륜(馬敍倫)이 말했다. "문장을 따져보면 '도 道'자가 옳다. 지금 『왕필본』에서 '사'라고 한 것은 아마 68장의 문장일 것이다."

고형(高亨)이 말했다. "'도 道'자로 하는 것이 옳다. 65장에서 말하기를 '옛날의 도를 잘 닦은 사람은 백성을 영리하게 하려 하지 않고, 그들을 순박하게 하려고 했다. 古之爲善道者, 非以明民, 將以愚之'라고 했는데 이것이 바로 그 증거이다." 생각하건대 '도 道'로 하는 것이 옳다. 『부혁본 傅奕本』에서도 '도 道'라고 했으니, 이제 『부혁본』에 따라 고친다.

2) **微妙玄通**: 왕회(王淮)가 말했다. "미묘(微妙)는 그 본체가 무위(無爲)임을 비유한다. 현통(玄通)은 그 작용이 무불위(無不爲)임을 비유한다. 미묘하고 통달한다는 것 [微妙玄通]은 본 『도덕경 道德經』의 48장에서 말한 '하는 것도 없고 하지 않는 것도 없다. 無爲而無不爲'는 뜻이다."

3) **強爲之容** : '강 強'은 억지로, '용 容'은 형용하다, 묘사하다의 뜻이다. '도를 잘 터득한 사람. 善爲道者'은 '깊이를 알 수 없다 深不可識'라고 했기 때문에 '억지로 형용한다. 强爲之容'고 한 것이다. 만약 누구나 알 수 있다면 '그것을 형용한다. 爲之容'라고 할 필요가 없으며, '그것을 억지로 형용한다. 强爲之容'는 더더욱 불필요하다.

4) **豫兮** : '혜 兮'는 『왕필본』에서 원래 '언 焉'으로 되어 있다. 『하상공본 河上公本』에는 '혜 兮'라 되어 있고, 『문자 상인편 文子上仁篇』도 '혜 兮'라고 인용했다. 생각컨대 아래 문장의 각 구에 모두 '혜 兮'로 되어 있으므로 이 구에서도 마땅히 '혜 兮'라고 해야 한다. 이제 『하상공본』에 의거하여 고친다. '예혜 豫兮'는 주저하는 모습인데 삼가하고 두려워한다는 뜻으로 파생되었다.

5) **若冬涉川** : '겨울에 언 강을 건넌다. 冬涉川'는 삼가하고 두려워함이 심함을 비유한다. 이것은 도를 터득한 사람도 주저하며 위축이 되어 감히 무턱대고 앞으로 나아가지 못함을 형용한다.

6) **猶兮** : '예혜 豫兮'와 의미가 같다.

7) **若畏四隣** : 사방의 이웃은 '열 사람이 보고, 열 사람이 손가락질 하는 것이다. 十目所視, 十手所指' 그러므로 두려워할 만하다. 이것은 감히 망령되게 행동하지 못함을 이른다.

8) **儼兮** : 엄숙하고 장중한 모습과 같다.

9) **若客** : 마치 손님처럼 단정하고 엄숙하며 순박하고 말이 적음을 이른다. '객 客'을 『왕필본』에는 '용 容'이라 했고, 『하상공본』, 『부혁본』과 기타 고본(古本)에서는 대부분 '객 客'이라 했다. 필원(畢沅)이 말했다. "객(客)·석(釋)·박(樸) 등의 글자는 운(韻)이다." 생각컨대 '객 客'으로 하는 것이 옳다. '용 容'자는 글자 모양이 잘못된 것이다. 지금 『하상공본 河上公本』에 근거하여 고친다.

10) **渙兮若冰之將釋** : 하상공(河上公)이 말했다. "환(渙)은 흩어지

고, 석(釋)은 없어지다라는 뜻이다. 정(情)을 없애고 욕망을 제거하면 날로 텅 비게 된다." 생각컨대 이 말은 도를 터득한 인사가 스스로 덜어내고 스스로 숨김으로써 인위로 만들고자 하는 바가 없다는 것을 이른다.

11) **敦兮其若樸** : 하상공이 말했다. "돈(敦)은 질후함을, 박(樸)은 형체가 아직 나뉘지 않음을 말한다. 안으로는 정신을 지키고, 밖으로는 문채가 없는 것을 말한다." 생각하건대 '돈혜 敦兮'는 성실한 모습이고, '박 樸'은 아직 그릇이 되지 않은 원목을 말한다. 이것은 도를 터득한 인사의 실질과 순박함을 말한다.

12) **曠兮其若谷** : '겸허한 마음이 산골짜기 만큼 깊다. 虛懷若谷'는 뜻이다. 이는 도를 터득한 인사가 겸허하게 물러나 은거함을 말한다.

13) **渾兮其若濁** : '혼혜 渾兮'는 혼돈한 모양, '탁 濁'은 탁한 물을 가리킨다.

이것은 도를 터득한 인사의 내면은 비록 밝고 빛나지만 외면은 흐리멍텅하고 우매하다는 것을 말한다.

14) **孰能濁以靜之徐淸, 孰能安以動之徐生** : 왕필(王弼)이 말했다. "무릇 어두움은 사물을 정리함으로써 밝게 되고, 탁함은 사물을 정화함으로써 맑게 되고, 안주함은 사물을 움직임으로써 생동한다. 이것은 자연의 도이다. '누가 할 수 있겠는가? 孰能?'는 어려움을 뜻하고, '서서히 徐'는 신중함을 이른다."

오징(吳澄)이 말했다. "'탁함 濁'은 움직일 때의 현상이다. 움직임이 고요함으로 이어지면 천천히 깨끗해진다. '안 安'은 고요할 때의 현상이다. 고요함이 움직임으로 이어지면 서서히 생동한다. '안 安'은 고정되어 고요함을 말하고, '생 生'은 활발히 움직임을 말한다. 아마도 오직 탁하기에 맑고, 오직 고요하기에 움직일 것이다."

생각하건대『왕필본』에는 아랫 구의 '동 動'자 위에 원래 '구

久'자가 하나 더 있으나 『오징본 吳澄本』에는 없고, 『영락대전본 永樂大典本』에도 없다. 왕필의 주문(註文)에 의거해 보니 『왕필본』에도 '久'자는 없는 듯하다. 이제 『오징본』과 왕필의 주문(註文)에 따라 없앴다. 상하 구의 두 '이 以'자는 모두 '이 而'로 풀어야 한다. '정 靜'·'동 動'은 모두 동사이다.

15) **此道**: '탁함이 서서히 맑아지고 濁之徐明', '움직임이 서서히 생동하는 動之徐生'도이다.
16) **不欲盈**: 자만함을 바라지 않는다.
17) **故能蔽而不成**: 『왕필본』에서는 원래 '고능폐불신성 故能蔽不新成'이라 했다. 역순정(易順鼎)이 말했다. "아마 당연히 '고능폐이신성 故能蔽而新成'이라고 해야 할 것이다. '폐 蔽'자는 '폐 敝'의 차자(借字)이며 '불 不'은 '이 而'의 오자(誤字)이다." 생각컨대 역순정의 말은 일리가 있다.

　　지금 그의 견해에 따라 '불 不'을 바꿔 '이 而'로 한다. '폐이신성 蔽而新成'은 즉 22장의 '폐즉신 候卽新'으로서 옛 것을 버리고 새롭게 바꾼다는 의미이다.

(역자주: 그러나 후일 발견된 《帛書》 본에는 蔽而不成이라고 되어 있기 때문에 여배림도 92년판에서는 이 구절을 수정을 "자만하려하지 않기 때문에 감추고 물러날 수 있어서 어떠한 형상 조차도 드러내어 알려지게 하지 않는다. 不成은 41장의 晩成과 같이 고정된 형태나 용도가 없다는 뜻이다. 그래서 不成이기 때문에 이 장의 맨 앞 구절인 微妙玄通, 深不可識과 호응된다."고 밝혔다.

우리말 풀이

옛날에 도를 터득한 사람은 미묘하고 통달하여 그 깊이를 알 수가 없다. 알 수가 없기 때문에 억지로 그것을 묘사한다.

그의 입신(立身)·행사(行事)는 주저하며 위축된 듯하여 감히 함부로 나아가려 하지 않는데, 마치 겨울에 언 강을 건너는 것 같다. 삼가하고 경계하며 함부로 하지 않는 것은 마치 사방의 이웃들이 엿보는 것을 두려워하는 것 같다. 그의 사람됨과 일 처리는 장중하고 조심스러워 마치 손님이 된 듯하다.

그는 도를 닦고 덕으로 나아가 정(情)을 제거하고 욕망을 떨쳐버리는데 마치 얼음이 녹는 듯하다. 그의 본질은 돈후하고 질박하여 마치 아직 다듬지 않은 원목과도 같다. 그의 마음 속은 넓고 태도는 겸허하여 마치 깊은 산골짜기 같다. 그의 겉 모습은 멍청하고 우매하여 겉으로 재간을 드러내지 않는데 마치 혼탁한 물과도 같다.

그러나 누가 겉으로 혼탁하고 출렁이는 상황에서 내심으로 안정시켜 천천히 맑게 할 수 있을 것인가? 누가 외적으로 드러난 안정과 허정(虛靜)의 상황에서 내심으로 천천히 움직이게 할 수 있을 것인가? 이 도리를 파악할 수 있는 사람은 자만하려고 하지 않는다. 바로 스스로 자만하려고 하지 않기 때문에 충분히 감추고 덮어서 물러나 간직할 수 있다. 그래서 어떠한 고정된 형상도 남이 인식할 수 없게 할 수 있다. (역자주: 이 부분도 여배림의 ≪노자-도덕적 오비 老子-道德的 奧秘≫에 따라 고쳐썼다.)

경문

致虛極, 守靜篤.[1)]
萬物並作, 吾以觀復.[2)]
夫物芸芸,[3)] 各復歸其根.[4)]
歸根曰靜, 是謂復命.[5)]
復命曰常,[6)] 知常曰明,
不知常, 妄作凶.
知常容,[7)] 容乃公,[8)]
公乃全,[9)] 全乃天,[10)]
天乃道, 道乃久.
沒身不殆.[11)12)]

●●●

허(虛)를 이루기를 지극히 하고
정(靜)을 지키기를 돈독히 한다.[1)]
만물의 모든 생장활동에서
우리는 순환의 원리를 볼 수 있다.[2)]
만물이 다양하지만[3)]

각기 근원으로 되돌아간다.[4]
근원으로 되돌아가는 것을 정(靜)이라 하고
이것을 본성으로 돌아간다고 한다.[5]
본성으로 돌아가는 것을 상(常)이라 한다.[6]
상(常)을 아는 것을 명(明)이라 한다.
상(常)을 모르면 망동하여 재앙을 자초한다.
상(常)을 알면 포용하게 되고[7]
포용하게 되면 공평해진다.[8]
공평해지면 두루 미치게 되고[9]
두루 미치게 되면 자연이다.[10]
자연은 도(道)이며
도는 영원하다.
이러하면 죽도록[11] 위태롭지 않다.[12]

자구 해석

1) **致虛極, 守靜篤** : '치허 致虛'는 마음의 작용을 없애고 마음을 텅 비워 지식을 없게끔 하는 것을 이른다. '수정 守靜'은 욕념의 번거로움을 제거하여 마음을 편안하고 고요하게 함을 이른다. '극 極'과 '독 篤'은 모두 극단과 정점을 말한다.

사람의 마음은 본래 잡념이 없고 영묘(靈妙)하며 고요하다. 다만 왕왕 사욕에 의해 가려지기 때문에 사물을 볼 때 올바름을 체득하지 못하고, 일을 실행할 때 떳떳함을 체득하지 못한다.

그러므로 반드시 '때때로 부지런하게 불식(拂拭)시켜 時時勤拂拭' 원래부터 지닌 허정(虛靜. 마음에 잡념이나 망상이 없이 조용함)의 상태를 회복해야 한다. 그래서 '허를 이루기를 극도로 하고, 정을 지키기를 독실히 한다. 致虛極, 守靜篤'고 말한 것이다.

2) **萬物竝作, 吾以觀復** : '작 作'은 만물의 생장, 활동을 말한다. '이 以'는 '능 能'과 같고, '복 復'은 되돌아간다는 의미이다. '허 虛'는 유(有)의 근본이며, '정 靜'은 동(動)의 근원이다. 그러므로 무릇 유(有)는 반드시 허(虛)에서 일어나며 동(動)은 반드시 정(靜)에서 생긴다. 그러므로 마지막에는 반드시 허(虛)로 돌아가고 반드시 정(靜)으로 돌아간다.

　　이것이 이른바 '복 復'으로서 바로 우주 만물이 활동하는 공동 규칙이다. 이미 '치극허 致虛極, 수정독 守靜篤'이라 했으므로 이러한 법칙을 분명하게 알 수 있다. 그러므로 '만물의 생활에서 우리들은 순환의 원리를 볼 수 있다. 萬物竝作, 吾以觀復.'고 한 것이다.

3) **芸芸** : 번성하여 많은 모양.
4) **歸其根** : 만물이 유(有)로부터 허(虛)로 되돌아가고 동(動)으로부터 정(靜)으로 되돌아가는 것을 이른다. '근 根'은 '허 虛'를 가리키고, '정 靜'은 역시 '도 道'를 가리킨다.
5) **復命** : 본성으로 되돌아가다.
6) **常** : 상도(常道). 우주만물이 무(無)에서 유(有)로, 유(有)에서 무(無)로 되돌아가는 행동 법칙을 말한다.
7) **容** : 왕필(王弼)이 말했다. "포용하여 통하지 않는 것이 없다. 無所不包通也"
8) **公** : 공평함.
9) **公乃全** : '전 全'은 두루 미친다는 의미이다. 『왕필본 王弼本』에는 '왕 王'자라고 했는데 주(註)에서 '무소부주편 無所不周徧'이라 했다. 주를 통해 볼 때 『왕필본』 역시 원래 '왕 王'이라 하지 않았음을 알 수 있다. 만약 '왕 王'이라고 하면 '두루 미침 周徧'의 의미가 없게 된다.

　　마서륜(馬敍倫)이 '주 周'로 고쳤는데 글의 뜻이 비록 통하기는 하지만 '천 天'자와 협운이 되지 않는다. 노건(勞健)이 '왕 王

자는 '전 全'자의 잘못이라고 말했는데 그 학설이 상당히 일리가 있다. '전 全'이 이미 '천 天'과 운이 되는 데다가 또 왕필의 주에서 '두루 미친다. 周徧'고 말한 뜻과도 부합되므로 여기에 의거하여 고친다.
10) 天 : 자연을 가리킨다.
11) 沒身 : 죽다 [終身]
12) 殆 : 위험.

우리말 풀이

사람의 마음은 본래 비어 있으며 고요하다. 그러나 사욕은 늘 그것을 가린다. 그래서 우리는 '치허 致虛'와 '수정 守靜'을 힘껏 이루어 지식과 욕망을 제거해야 한다. 이러한 만물의 생장과 활동이 무(無)에서 나와 유(有)에 이르고 다시 유(有)에서 무(無)로 돌아가는 규칙이 있음을 우리는 알 수 있다.

만물은 비록 번잡하고 많지만 최후에는 여전히 그들의 근원으로 돌아가고자 한다. 근원으로 돌아가면 과묵하고 조용하다. '정 靜'은 그들의 본성이다. 그래서 근원으로 돌아가는 것을 또 '복명 復命'이라고 부른다. 이것은 만물 변화의 일정한 규율이다. 그래서 '복명'을 '상 常'이라고 부른다.

이 상도를 이해하는 것을 지혜에 밝다고 말할 수 있다. 이 상도를 이해하지 못하면 경거망동하여 화를 자초하게 된다. 이 상도를 이해하는 사람은 만사에 통하지 않는 것이 없고, 포용하지 않는 것이 없다. 통하지 않는 일이 없고, 포용하지 않는 것이 없기 때문에 마음이 넓어질 수 있다.

마음이 넓어져야 두루 미치지 않는 것이 없게 된다. 두루 미치지 않는 것이 없게 되면 자연에 부합된다. 자연에 부합되어야 도에 부합되며 도에 부합해야 비로소 영원할 수 있다. 이와 같이하면 종신토록 위태롭지 않다.

경문

太上,¹⁾ 不知有之.²⁾
其次, 親而譽之.³⁾
其次, 畏之.⁴⁾
其次, 侮之.⁵⁾
信不足焉, 有不信焉.⁶⁾
悠兮其貴言.⁷⁾⁸⁾ 功成, 事遂,
百姓皆謂:「我自然.」⁹⁾

가장 뛰어난 임금은¹⁾
백성들이 그의 존재도 모르고²⁾
그 다음 가는 임금은
백성들이 그를 가까이 하고 예찬하며³⁾
그 다음 가는 임금은
백성들이 그를 두려워 하고⁴⁾
그 다음 가는 임금은
백성들이 그를 업신 여긴다.⁵⁾
임금에게 신의가 부족하면

백성들에게 불신을 당한다.[6]
여유롭게[7] 말을 아껴야 한다.[8]
공이 이루어지고
일이 잘 되어도
백성들은 모두 이렇게 말하는 법이다.
"내가 저절로 이렇게 된 것이다."[9]

자구 해석

1) **太上** : 왕필(王弼)이 말했다. "태상(太上)은 대인(大人)을 말하는 것이다. 대인은 윗자리에 있기 때문에 태상이라고 말한다." 생각컨대 '태상'은 지극히 높고 가장 높다는 말과 같아서 가장 훌륭한 임금을 가리키는 것으로 바로 성인을 말한다. 『좌전 양공 24년 左傳 襄公二四年』에서 말하였다. "태상은 입덕(立德)이 있다." 주(註)에서 말하였다. "황제(黃帝)·요(堯)·순(舜)을 말한다." 소(疏)에서 말하였다. "태상은 사람들 중에 가장 높은 지위에 있는 자로 최상의 성스러운 사람이다."

2) **不知有之** : '불 不'은 원래 『왕필본 王弼本』에는 '하 下'로 되어 있고, 『오징본 吳澄本』, 『영락대전본 永樂大典本』에는 모두 "불 不"이라고 하였다. 생각컨대 '불 不'자의 뜻이 비교적 낫기 때문에 이제 『오징본』에 근거하여 고쳤다. '지 之'는 '태상 太上'을 가리킨다. 이것은 성인이 임금 자리에 있으면서 무위(無爲)의 일에 처하고, 무언(無言)의 가르침을 행하여 백성들이 모두 본성(性)을 따라 발전하므로 임금이 존재하는 것 조차도 알지 못한다는 뜻이다.

3) **其次, 親而譽之** : '기차 其次'는 '태상 太上'에 다음 가는 임금을 가리킨다. 이런 임금은 무위의 일에 처하거나 무언의 가르침을

실행할 수 없어서 덕(德)으로 백성을 이끌고, 예(禮)로써 백성을 일치시키고, 인애(仁愛)로써 백성들을 다스리므로 온 세상이 그 인(仁)에 감동하고, 그 의(義)에 복종한다. 그래서 임금을 가까이 하고 칭송한다.

4) **其次, 畏之**: 왕필(王弼)이 말했다. "다시는 은(恩)과 인(仁)으로써 만물을 거느릴 수 없어서 권위에 의지한다." 생각컨대 이러한 등급의 임금은 덕으로 백성을 이끌 수 없고, 예로써 백성을 일치시킬 수 없다. 단지 정사로써 백성을 이끌고, 형벌로 백성을 일치시키고, 법으로써 백성을 다스리기 때문에 백성은 그를 두려워하지 않을 수 없다.

5) **其次, 侮之**: 이 등급의 임금은 법으로 백성을 다스릴 수 없고, 형벌로 백성을 위압할 수 없어서 단지 권모술수로써 백성을 우롱하고, 거짓으로 백성을 속인다. 그러므로 백성은 정치적 명령을 따르지 않고 임금에 반항하며 경멸한다.

6) **信不足焉, 有不信焉**: '신 信'은 성실하고 소박함이다. '그 다음 가는 임금은 백성들이 그를 업신여긴다. 其次 侮之'에 해당되는 임금은 그 자신의 성실이 부족하기 때문에 백성들은 그를 믿고 의지할 수 없다는 것을 말했다.

7) **悠兮**: 유유한 모습이다.

8) **貴言**: 23장의 '희언 希言'과 같다. 지시를 하고 명령을 시달하는 것을 제멋대로 하지 않는 것을 말한다.

9) **百姓皆謂我自然**: 하상공(河上公)이 말했다. "백성은 임금의 덕이 순박하고 두터움을 알아채지 못하고 도리어 스스로 당연한 것으로만 여기게 되는 것이다." 생각컨대 '백성 百姓'은 인민(人民)을 가리킨다. '자연 自然'은 저절로 그렇게 되었다는 뜻이다. 이것은 성인이 말하지 않고 억지로 하지 않아서 그 혜택을 모르는 사이에 받게 되었다는 것이다. 공을 이루고 일을 완수하여도 백성은 오히려 이것이 임금의 혜택인줄 모르고 모두 말한

다. "나 저절로 이렇게 된 것이다."

우리말 풀이

가장 뛰어난 임금은 나라를 다스리는 데 있어서 무위(無爲)의 일에 처하고, 무언(無言)의 가르침을 실행하여 백성들로 하여금 각기 본성을 따라 그 생활에 편안하도록 한다. 그래서 백성들은 임금의 존재를 모른다.

그 다음 가는 임금은 덕(德)으로 백성을 교화시키고, 인의(仁義)로 백성을 다스린다. 그래서 백성들은 임금을 가까이 하고 그를 예찬한다. 그 다음 가는 임금은 정치·교화로써 백성을 다스리고, 형법으로 백성을 위압한다. 그래서 백성들은 그를 두려워한다.

가장 마지막 단계의 임금은 권모술수로 백성을 우롱하고, 거짓으로 백성을 속인다. 그러므로 백성들은 그에게 복종하지 않는다. 이러한 임금은 그 자신의 성실이 부족하기 때문에 백성들은 당연히 그를 믿지 못한다.

가장 뛰어난 임금은 오히려 유유히 무위하고 지시와 명령을 시달하는 것을 함부로 하지 않는다. 그런데도 백성들은 오히려 각자 그 생활을 편안히 할 수 있어서 가장 큰 이익을 얻는다. 이렇게 큰 공을 이루고 일이 완수되어도 백성들은 임금의 공로임을 깨닫지 못한다. 도리어 모두 이렇게 말한다. "우리는 저절로 이렇게 되었다."

경문

大道廢, 有仁義.[1]
智慧出, 有大僞.[2]
六親不和有孝慈, 國家昏亂有忠臣.[3]

위대한 도가 무너지고서
인·의가 있게 되었고[1]
지혜가 나오고서
큰 거짓이 있게 되었고[2]
가족이 불화하고서 효도와 자비가 있게 되었고
나라가 혼란하고서 충신이 있게 되었다.[3]

자구 해석

1) **大道廢 有仁義** : 승려 감산(憨山)이 말했다. "대도(大道)는 인위적인 마음이 없이 만물을 사랑하니, 만물들은 각기 자기가 있을 자리에 있다. 인의(仁義)는 인위적인 마음을 가지고 사물을 사랑하니, 친근하고 소원한 구별의 나뉨이 있다. 그러므로 '위대

한 도가 무너지고서 인과 의가 생겨났다. 大道廢 有仁義'라고 말한 것이다."

생각컨대 대도와 인의의 구별은, 대도는 무위(無爲)요 인의는 유위(有爲)이며, 대도는 자연이고 인의는 조작이라는 점에 있다. 노자(老子)의 사상은 자연무위(自然無爲)를 으뜸으로 여기므로 자연무위(自然無爲)를 할 수 없음에 이르면 조작유위(造作有爲)가 서로 계속해서 생겨나게 된다.

그러므로 '위대한 도가 무너지고서 인과 의가 생겨났다. 大道廢 有仁義'라고 말했다. 38장에서 말하였다. "도를 잃은 이후에 덕이 생기고, 덕을 잃은 이후에 인이 생기고, 인을 잃은 이후에 의가 생긴다." 이것이 바로 이러한 뜻이다.

2) **智慧出 有大僞** : 승려 감산(憨山)이 말했다. "지혜(智慧)는, 성인이 천하를 다스리는 지교(智巧)를 이르는 것으로, 예악(禮樂), 권형(權衡), 두곡(斗斛), 법령(法令) 등과 같은 제도이다. 그러나 상고 시대에는 부지불식간에 백성들은 자연히 소박하였다.

중고 시대에 이르러 민심이 날로 각박해지자 천하를 다스리는 자는 지교로써 법을 만들어 천하를 다스렸다. 지교가 한꺼번에 나올 줄을 전혀 몰랐지만 백성들은 곧 법을 이용하여 간사스런 짓을 하였다. 그러므로 '지혜가 나오고서 큰 거짓이 생겨나게 되었다. 智慧出 有大僞'라고 말한 것이다."

생각컨대 '지혜 智慧'를 왕필(王弼)은 원래 '혜지 慧智'로 썼다. 주(註)에서 "그러므로 지혜가 나오면 큰 간사스러움이 생긴다."라고 했다. 이렇게 보면 『왕필본』은 원래 '지혜 智慧'로 썼으나 후세 사람들이 잘못 베껴 써서 '혜지 慧智'가 되었다. 이제 『부혁본 傅奕本』, 『오징본 吳澄本』에 의거해 고쳐 썼다. '지혜 智慧'는 속이는 기교이다. 임금이 속임수로 백성을 다스리면 백성도 반드시 여기에 상응하여 간사스런 행동을 한다. 그러므로 '지혜가 나오고서 큰 거짓이 생겨나게 되었다. 智慧出 有大僞'라고 말한 것이다.
3) 六親不和有孝慈 國家昏亂有忠臣 : '육친 六親'은 부(父), 자(子), 형(兄), 제(弟), 부(夫), 부(婦)를 가리킨다. 집안에 효도와 자애가 있게 된 이유는 육친이 화목하지 않기 때문이고, 나라에 충신(忠臣)이 있게 된 이유는 국가가 혼란해졌기 때문이다. 만약 육친이 화목하고 사랑하며, 국가가 다스려지고 평화스러우면 효자(孝慈)와 충신(忠臣)은 생겨날 까닭이 없다.

우리말 풀이

대도(大道)가 무너지고서야 인의(仁義)가 생겨났고, 지교(智巧)가 무너지고서야 거짓이 생겨났고, 가정에서 화목을 잃고서야 효도와 자애가 생겨났고, 국가가 혼란하고서야 충신이 생겨나게 되었다.

경문

絶聖棄智,¹⁾ 民利百倍.

絶仁棄義, 民復孝慈.²⁾

絶巧棄利, 盜賊無有.³⁾

此三者以爲文不足,⁴⁾⁵⁾ 故令有所屬.⁶⁾

見素抱樸,⁷⁾ 少私寡欲.

● ● ●

재능을 끊고 지혜를 버리면¹⁾
백성의 이익은 백 배가 되고
인(仁)을 끊고 의(義)를 버리면
백성은 효도와 자애로 돌아가게 되고²⁾
기교를 끊고 이익을 버리면
도적은 없게 될 것이다.³⁾
재능과 지혜, 인과 의, 기교와 이익, 이 셋은⁴⁾
꾸밈이기에 이것으로는 부족하니⁵⁾
귀의할 곳이 있게 해야 한다.⁶⁾
순진을 드러내고 질박을 지니며⁷⁾
사심을 적게 하고 욕심을 줄여야 한다.

자구 해석

1) **絕聖棄智** : '성 聖'은 재능과 지혜가 있는 사람을 가리킨다. '성인 聖人'의 '성 聖'과는 다르다. 이 점은 고형(高亨)의 해설이 가장 정확하다. 그가 말했다. "『노자 老子』에서 성인을 일컬은 것이 30여 곳인데 모두 지극히 높은 인물로 여겼으며 비방하는 말이 없다. 여기에서 절성(絕聖)이라고 말한 것은 자체 모순은 아니다. 『설문 說文』에서 말했다. '성은 통달함이다.' 이것이 바로 성(聖)자의 의미이다.

『시경 개풍편 詩經 凱風篇』에서 말한 '어머니는 예지 있고 母氏聖善'는 성과 선을 함께 열거하였다. 또 「소완편 小宛篇」에서 말한 '사람이 총명하고 예지가 있으면 人之齊聖'에서는 제와 성을 함께 열거하였다.

『주례 대사도 周禮 大司徒』에서 말한 '육덕이란 지, 인, 성, 의, 중, 화이다. 六德知仁聖義中和'는 성과 지, 인, 의, 중, 화를 함께 열거하였다. 『일주서 시법해 逸周書 諡法解』에서 말한 '온유성선(溫柔聖善)을 아름답다고 한다.'는 성과 온, 유, 선을 함께 열거하였다.

『대대례 사대편 大戴禮 四代篇』에서 말한 '성(聖)은 지(知)의 꽃이요, 지(知)는 인(仁)의 열매요, 인(仁)은 신(信)의 그릇이요, 신(信)은 의(義)의 무게요, 의(義)는 이(利)의 뿌리이다.'는 성과 지, 인, 신, 의를 함께 열거하였다.

『장자 재유편 莊子 在宥篇』에서 말했다. '인(仁)을 편애하면 덕(德)을 어지럽히고, 의(義)를 편애하면 이치를 거스리고, 예(禮)를 편애하면 기교를 조장하고, 악(樂)을 편애하면 음란한 소리를 조장하고, 성(聖)을 편애하면 백성들의 수고로운 업적 추구를 조장하고, 지(知)를 편애하면 시비의 병폐를 조장한다.'에서 성은 인, 의, 예, 악, 지와 함께 열거되었다. 『여씨춘추 당무편 呂氏春秋 當務篇』에서 말한 '망령된 생각을 마음 속에 가두어 숨긴 것이 성(聖)이다. 앞서 들어가는 것이 용(勇)이고, 뒤에 나오는 것이 의(義)이다. 때를 아는 것이 지(智)이다. 고르게 나누는 것이 인(仁)이다.'에서 성은 용, 의, 지, 인과 함께 열거되었다.

본 장에서는 성(聖)과 지(智), 인(仁), 의(義), 교(巧), 리(利)가 함께 열거되었는데 사용된 뜻은 꼭 같으므로 '재능을 끊고 絶聖'의 재능이지 '성인 聖人'의 성명(聖明:성인의 고명한 덕)과는 다르다." (역자 주: 초간본에는 絶智棄辯이라고 되어있다.)

2) **絶仁棄義 民復孝慈** : 인의(仁義)는 대도(大道)가 버려진 이후의 산물로서 인간이 만들어 낸 것이지 결코 인간의 천성에서 나오는 것은 아니다. 효, 자는 본래 인간의 천성이다. 그러나 인,의가 만들어진 이후 인간은 효, 자의 명성을 얻기 위해 교묘하게 조작한다. 그 결과 인간이 가진 효자(孝慈)의 천성을 해친다. 그래서 반드시 '인을 끊고 의를 버린' 이후에야 사람은 비로소 자효(慈孝)의 본성을 회복할 수 있게 된다.

3) **絶巧棄利 盜賊無有** : '교 巧'는 기교를 가리키고, '이 利'는 재화를 가리킨다. 만약 기교가 안에서 생겨나고, 재화가 밖에서 이끌려 오면 사람은 반드시 도적으로 전락할 것이다. 그래서 반드시 밖에 존재하는 '이 利'와 안에 존재하는 '교 巧'를 버린 이후에야 비로소 도적의 자취를 감추게 할 수 있다.

4) **此三者** : 재능과 지혜(聖智), 인과 의(仁義), 기교와 이익 [巧利] 세 가지를 가리킨다.

5) **以爲文不足** : 하상공(河上公)이 말했다. "문(文)으로는 부족하다고 여긴 것은, 문으로는 백성을 가르치는 데 부족하다는 뜻이다.' 생각컨대 '문 文'은 아래 문장의 '소 素', '박 朴'과는 대립되는 말로서 인위적인 문(文: 인문 人文)이지 결코 '자연 自然'의 '도 道'에서 나온 것이 아니다. 그러므로 천하를 다스리는 데는

부족하다.
6) **屬** : 귀의, 종속이다.
7) **見素抱樸** : '현 見'은 '현 現'과 같다. '소 素'는 염색을 하지 않은 실이고, '박 樸'은 가공하지 않은 나무로서 순진하다는 뜻으로 파생되었다. 이것은 겉으로는 순진함을 드러내고, 내심으로는 질박을 지킨다는 것을 말하고 있다.

우리말 풀이

 잔 재능과 잔 지혜 [聖智] 는 자연을 해치므로 잔 재능을 끊고 잔 지혜를 버리면 백성들은 오히려 백배의 이익을 얻게 된다. 인(仁)과 의(義)는 천성을 속박하므로 인을 끊고 의를 버리면 백성들은 오히려 효도와 자애의 천성을 회복할 수 있게 된다. 기교와 이익〔巧利〕은 사람으로 하여금 훔치려는 마음을 생겨나게 하므로 기교와 이익을 끊어 버리면 도적은 자연히 자취를 감추게 된다.
 잔 재능과 잔 지혜, 인과 의, 기교와 이익, 이 세 가지는 모두 꾸밈이므로 천하를 다스리는 데 부족하다. 그러므로 이 세 가지를 끊어 버리게 되면 백성으로 하여금 달리 귀의할 곳이 있게 한다. 이것이 바로 밖으로는 순진을 드러내고, 안으로는 질박을 지니며, 사심을 줄이고 욕망을 낮추는 것이다.

경 문

絶學無憂.[1]

唯之與阿,[2] 相去幾何?

善之與惡,[3] 相去若何?

人之所畏, 不可不畏.[4]

荒兮其未央哉![5)6)]

衆人熙熙,[7] 如享太牢,[8] 如春登臺.[9]

我獨泊兮其未兆,[10)11)] 如嬰兒之未孩.[12]

儽儽兮若無所歸.[13)14)]

衆人皆有餘,[15] 而我獨若遺.[16]

我愚人之心也哉,[17] 沌沌兮![18]

俗人昭昭,[19] 我獨昏昏.[20]

俗人察察,[21] 我獨悶悶.[22]

澹兮其若海, 飂兮若無止.[23]

衆人皆有以,[24] 而我獨頑且鄙.[25]

我獨異於人, 而貴食母.[26]

●●●
배움을 끊어 버리면 근심이 없을 것이다.[1)]
네와 응이[2)]
서로 얼마나 차이가 나는가?
선과 악이[3)]
서로 얼마나 차이가 나는가?
사람들이 두려워하는 것을
두려워하지 않을 수 없지만[4)]
나의 도는 광대하여[5)] 그 끝이 없음이라![6)]
뭇 사람의 희희낙낙은[7)]
큰 제물을 흠향하는 듯[8)]
봄날 높은 누대에 오른 듯하구나.[9)]
나만이 담백하여[10)] 한 점의 사사로운 정이나 욕심의 조짐도 없음은[11)]
아직 웃지도 못하는 갓난아이와 같구나.[12)]
지친 모습은[13)] 돌아갈 곳이 없는 듯하네.[14)]
모두가 다 넉넉함이 있는데[15)]
나만은 모자란 듯하구나.[16)]
나는 어리석은 사람의 마음인양[17)]
흐리멍텅하구나![18)]
세상 사람들은 밝으나[19)]
나 혼자 어둡고[20)]
세상 사람들은 뚜렷하나[21)]
나만이 희미하구나.[22)]
나의 담담함은 바다와 같고
자유스러움은 바람처럼 그칠 줄 모르는 듯.[23)]
모두들 유능한데[24)]
나만이 우둔하고 변변치 못하구나.[25)]

나 혼자만이 남들과 달리
식모를 귀중히 여기노라.[26]

자구 해석

1) **絶學無憂** : 이것은 후천적으로 배워서 얻은 모든 지식을 버린다면 근심과 걱정이 없을 것이라는 것을 말한다. 대개 '배우면 날로 더하고, 도(道)를 닦으면 날로 줄어든다 爲學日益 爲道日損.'(48장) 배우면 물론 지능(智能)을 날로 더하게 할 수는 있으나, 욕망과 기교(機巧) 등도 또한 동시에 증가된다. 그런데 이러한 욕망·기교 등은 바로 모든 근심과 걱정의 근원이고, 이 근원이 이미 배움에서부터 나온 것이다.

   그렇다면 배움을 끊어 버리면 아직 웃을 줄 모르는 갓난아이 嬰兒之未孩(본 장)와 같이 될 수 있어서 '어리석고 沌沌' '어두우며 昏昏' '분간하지 못하여 悶悶', 부지불식간에 근심도 걱정도 없는 상태로 들어가게 된다. 그러므로 말했다. "배움을 끊어 버리면 근심이 없을 것이다."

2) **唯之與阿** : 하상공(河上公)이 말했다. "다 같은 대답인데 서로 얼마나 다르겠는가? 바탕을 천하게 여기고 문식을 귀중히 여기는 것을 질시한 것이다." 성현영(成玄英)이 말했다. "유(唯)는 공손히 대답하는 것이다. 아(阿)는 소홀히 응답하는 것이다."

   생각하건대 '유'와 '아'는 똑같이 대답하는 소리인데 '유唯 [네]'는 공손하게 대답하는 소리이고, '아阿 [응]'는 건성으로 대답하는 소리이다. 남이 공경히 나에게 대답한다면 나는 반드시 영광으로 여길 것이며, 남이 나에게 건성으로 대답하면 치욕으로 여길 것이다. 그러므로 '유·아'는 본래의 뜻에서 영광과 치욕, 귀함과 천함의 뜻으로 파생되었다.

3) **善之與惡** : 성현영이 말했다. "뜻대로 따라 주면 선(善)이라 하고, 마음에 어긋나면 악(惡)이라 한다." 이것은 세상 사람들이 흔히 일컫는 선악을 말한 것으로, 주관적인 것이지 객관적인 것은 아니고, 상대적인 것이지 절대적인 것은 아니다.

　　이러한 주관적·상대적인 영욕 귀천(榮辱貴賤)과 시비 선악(是非善惡)의 가치 판단은 때때로 시간과 장소에 따라 다르다. 갑 지역에서는 옳다고 여겨진 것이 을 지역에서는 그르다고 될 수 있으며, 전대(前代)에서는 선으로 여겨지던 것이 후대(後代)에는 악으로 생각될 수 있다. 이와 같이 말하자면, 미추 선악(美醜善惡) 사이에는 결국 어떠한 차이가 있겠는가? 그래서 말했다. '서로 얼마나 다르겠는가? 相去幾何, 相去若何?'

4) **人之所畏, 不可不畏** : 왕필(王弼)이 말했다. "그러므로 남들이 두려워하는 것을 나 또한 두려워해서 함부로 무엇을 믿고서 이용할 생각을 하지 못한다." 생각하건대 이것은 곧 '빛을 감추고 세속에 섞인다. 和光同塵'라는 뜻이다.

5) **荒兮** : 광대한 모양.

6) **未央** : 다함이 없다는 뜻. 『광아 석고 廣雅 釋詁』에서 말했다. "앙(央)은 다하다라는 뜻이다."

7) **熙熙** : 함께 모여 사이좋게 즐기는 모양.

8) **太牢** : 소·양·돼지. 제사에 쓰이는 세 가지 짐승.

9) **如春登臺** : 마치 봄철에 누대에 올라 멀리 바라보는 듯하다. 왕필이 말했다. "사람들은 아름다운 것에 헤메이고, 영리(榮利)에 미혹되어 들어가고자 하는 마음이 앞을 다툰다."

10) **泊兮** : 욕심이 없고 깨끗하며, 평온하고 조용한 모양.

11) **未兆** : '조 兆'는 조짐·징조의 뜻. '미조 未兆'는 약간의 조짐도 없다라는 뜻으로, 이것은 마음이 확 트이고, 사정(私情)과 사욕이 없음을 말한다.

12) **兒之未孩** : '해 孩'는 고문(古文)의 '해 咳'로서, 어린아이의 웃

음이라는 뜻이다(「설문 구부 說文 口部」에 보인다). 이것은 마음이 확 트여 털끝만큼의 사정과 사욕도 없어, 마치 아직 웃을 줄 모르는 어린아이와 같음을 말한다.

13) 儽儽兮: 지치고 게으른 모양. 한마디로 나른하고 산만한 모양.
14) 若無所歸: 왕필이 말했다. "안주할 곳이 없는 듯하다. 若無所宅." 이것은 터럭만큼의 목적도 없음을 말한다.
15) 衆人皆有餘: 왕필이 말했다. "세상 사람들은 회포와 뜻을 지녀 가슴에 넘치지 않는 사람이 없다." 생각컨대 이것은 사람들에게 여유가 있으므로 자만하고 교만해지는 것을 가리킨다.
16) 而我獨若遺: 해동(奚侗)이 말했다. "유(遺)는 궤(匱)를 빌려 쓴 글자로서 부족하다는 뜻이다." 자신이 부족한 듯하기 때문에 겸손하게 물러나 숨는 것을 말한다.
17) 愚人之心: 왕필이 말했다. "지극히 어리석은 사람은 마음 속으로 구별하고 분석하는 것이 없고, 뜻으로 좋아하고 욕심내는 것이 없다. 게다가 그 사정은 볼 수도 없어서 나는 이렇듯 낙담하게 된다." 생각컨대 어리석은 사람의 마음은 인식도 못하고 알지도 못하며, 지혜도 욕심도 없어서 일종의 순박하고 혼돈된 것이다. 이것이 바로 수양의 최고의 경지이다.
18) 沌沌兮: 무지(無知)한 모양.
19) 昭昭: 왕필이 말했다. "빛이 번쩍이는 것이다." 생각컨대 '소소 昭昭'는 밝고 환한 모양으로 다음 글에 나오는 '혼혼 昏昏'과 상대적이다.
20) 昏昏: 어두운 모양.
21) 察察: 깨끗하고 밝은 모양.
22) 悶悶: 모든 사물의 구별이 확실하지 않은 모양.
23) 澹兮其若海, 飂兮若無止: 왕필이 말했다. "심정은 볼 수도 없으니 묶어 맬 것도 없다." 생각컨대 '담혜 澹兮'는 평온하고 조용한 모양이고, '요혜 飂兮'는 날아 오르는 모양이다.

24) 以 : 능(能)의 뜻이다. 즉 『노자 老子』에서 '이 以'는 '능 能'으로 많이 해석한다.
25) 頑且鄙 : '완 頑'은 어리석고 둔한 것이고, '비 鄙'는 변변치 못함을 말한다. '차 且'를 『왕필본 王弼本』에서는 '사 似'로 썼으나, 주(註)에서 "완고하고 변변치 못하다. 頑且鄙也"라고 했으니 이것은 『왕필본』에서 원래 '차 且'를 썼다는 것이다. 『부혁본 傅奕本』, 『등기본 鄧錡本』에서는 모두 '차 且'로 되어 있다. 지금은 『부혁본』과 왕필(王弼)의 주에 근거해서 고쳤다.
26) 食母 : 왕필이 말했다. "식모는 생명의 근원이다." 하상공이 말했다. "식(食)은 도(道)의 작용이고, 모(母)는 도의 본체이다." 생각컨대 『예기 내측편 禮記 內則篇』에서 말했다. "대부(大夫)의 아들은 식모가 있다." 주(註)에서 말했다. "식모는 유모(乳母)이다." 본 장의 '식모'는 '도 道'를 가리킨다. '식'은 기른다는 뜻이다. '도'는 만물을 생성하고 기를 수 있으므로, 그것을 일컬어 '식모'라고 한 것이다.

우리말 풀이

지식은 모든 근심 걱정의 근원이므로 일체의 지식을 버린다면 더이상 근심 걱정이 있을 리 없다. 세상 사람들이 흔히 일컫는 영욕귀천(榮辱貴賤)은 결국 서로 어떠한 차이가 있을런지? 이른바 시비선악(是非善惡)이란 것도 서로의 거리가 얼마나 되겠는가.

그러나 나 또한 우뚝 홀로 세상을 나서서 가지 못한다. 재간을 드러내면 남의 질투를 당하게 된다. 다른 사람들이 두려워하는 것을 나 또한 두려워한다. 사람들과 함께 빛을 감추어 세속에 섞이고 싶다.

그러나 나의 도(道)는 그토록 광대하고 끝이 없어서 세속과는 차이가 크게 난다. 뭇사람이 그렇게 즐거워하는 것은 마치 풍부한 연회에서 음식을 먹는 듯하고 봄날에 누대에 올라 멀리 바라보는 듯하다 그러나 오직 나만이 욕심이 없고 깨끗하며 평온하고 조용하여 마음 가운데 한 점의 정욕도 없으니, 마치 아직 웃을 줄 모르는 갓난 아이와 같다. 또한 그렇게 나태하고 산만한 모양은 돌아갈 만한 집이 없는 듯하다.

뭇사람이 스스로 만족함은 마치 다 쓸 수 없는 재능·지혜·능력이 있는 듯하나, 오로지 나만이 모자라고 부족한 듯하여, 진정 어리석은 사람의 마음처럼 그렇게 혼돈될 따름이다.

세상 사람들은 모두 밝고 뚜렷하나, 오직 나만이 어둡고 묵묵하다. 세상 사람들은 모두 분명하고 총명하나, 오직 나만이 순박하고 천진하다. 나는 사리사욕이 없고 평온하여 마치 큰 바다와 같이 고요하고 광활하다. 나는 어떤 것에도 묶이지 않아 마치 큰 바람과 같이 목적도 없고 돌아갈 곳도 없다. 세상 사람들은 모두 능력이 있으나, 오직 나만이 우둔하고 변변치 못하다.

세상 사람들은 모두 겉치레만을 다투어 좇고 꾸미는 것을 숭상하지만, 오로지 나는 뭇사람과 달라 오직 "순진함을 드러내고, 소박함을 지킨다"는 인생의 본원, 즉 만물을 낳아서 자라게 하는 '큰 도 大道'를 지킬 뿐이다.

경문

孔德之容,[1)2)3)] 惟道是從.
道之爲物, 惟恍惟惚.[4)]
惚兮恍兮, 其中有象.[5)]
恍兮惚兮, 其中有物.[6)]
窈兮冥兮,[7)] 其中有精.[8)]
其精甚眞, 其中有信.[9)]
自古及今, 其名不去,[10)] 以閱衆甫.[11)12)]
吾何以知衆甫之狀哉? 以此.[13)]

●●●●

큰[1)] 덕[2)]의 드러난 모습도[3)]
오직 도만을 따른 것이네.
도라는 것은
오직 황홀할 뿐.[4)]
황홀하여
그 속에 형상이 있으며[5)]
황홀하여

그 속에 만물이 있네.[6]
깊고 어두워[7]
그 속에 생명의 본질이 있네.[8]
생명의 본질은 너무도 참되어
그 속에 징험이 있네.[9]
예로부터 지금까지
그 이름 사라진 적 없었고[10]
만물의 창조를 통괄하였네.[11] [12]
내가 어떻게 만물 창조의 실상을 알리오?
바로 이 도를 통해서일세.[13]

자구 해석

1) **孔** : '크다'라는 뜻이다.
2) **德** : 소철(蘇轍)이 말했다. "도(道)는 원래 형체가 없지만 운행하여 덕(德)이 되면 모습을 지닌다. 그러므로 덕은 도가 드러나는 것이다." 생각컨대 덕은 도의 분화이고, 만물은 도의 본체로부터 체득된 것이다. 형이상(形而上)의 도가 경험 세계로 실현된 것이 바로 덕이다. 그 전체로써 말한다면 도라고 일컫고, 그 부분으로써 말한다면 덕이라고 일컫는다. 그러므로 도와 덕은 전체와 부분, 본체와 작용이라는 분별이 있을 뿐 본질상의 차이는 없다. 이것이 바로 왜 '큰 덕의 모습 孔德之容'이 '오직 도만을 따라야 惟道是從' 하는가의 원인이 된다. '공덕 孔德'은 큰 덕이다.
3) **容** : 겉으로 드러난다는 뜻이다. 왕필은 '동작 動作'이라고 해석했고, 고형(高亨)은 '동 動'으로 해석했다. '동작'과 '동'은 모두 '표현 表現'이란 뜻이다.

4) 恍惚 : 있는 듯 없는 듯하여 식별할 수 없다. 14장의 '홀황 惚恍'과 같은 뜻으로, 14장 주석 8)을 참조할 것.
5) 其中有象 : '상 象'은 형상(形象)이다. 도는 비록 형체가 없어서 있는 듯 없는 듯하지만 우주 만물은 모두 그 가운데서 생겨나기 때문에 '그 속에 형상이 있다. 其中有象'라고 한 것이다.
6) 其中有物 : '그 속에 형상이 있다. 其中有象'와 뜻이 같다. '물 物'은 천지 만물을 가리킨다.
7) 窈冥 : 깊고, 멀고, 어둡다는 뜻.
8) 其中有精 : '정 精'에 대해서 주청원(朱晴園)은 말했다. "『관자 내업편 管子 內業篇』에서 말하기를, '정(精)은 기(氣)의 지극함이고, 정이란 것은 또한 기의 표함이다. 무릇 사람이 태어나면 하늘이 그 정(精)을 내보낸다.'고 했는데 이 장의 '정 精'의 뜻과 서로 부합된다." 생각컨대 '정 精'은 곧 모든 생명 물질의 원리와 본질로서 절대적인 진실이며 공허하지 않은 것이다.
9) 信 : 증거, 진실.
10) 自古及今, 其名不去 : 왕필이 말했다. "참됨이 극에 이르면 이름을 얻을 수 없는데, 무명(無名)이 곧 그 이름이다. 옛부터 지금에 이르도록, 이것을 말미암지 않고 이루어진 것이 없다." 하상공이 말했다. "옛부터 지금에 이르도록 도는 항상 존재하여 떠나지 않는다."
11) 閱 : 겪어 지내오다. 경험.
12) 衆甫 : 왕필이 말했다. "만물의 시원이다." 생각하건대 '보 甫'는 처음이란 뜻이다. '중보 衆甫'는 바로 만물의 기원이다.
13) 此 : '도 道'를 가리킨다.

우리말 풀이

　도는 덕의 본체이고, 덕은 도의 작용이다. 큰 덕의 모든 표현은 완전히 도에 따라 변화한다. 도라는 물성은 없기도 하고 있기도 하다고 말할 수 있으며, 가득 차 있다고도 텅 비어 있다고도 말할 수 있어 매우 황홀하다. 그러나 황홀한 가운데 우주의 형상을 갖추었고, 황홀한 가운데 천지만물을 감추었다.
　그것은 그토록 심원(深遠)하고 희미하나 그 가운데 도리어 모든 생명물질의 원리와 본질이 있다.
　이 원리와 본질은 매우 진실하고, 또한 확실히 믿을 만하다. 옛부터 지금까지 도는 줄곧 존재해 왔고, 또 만물을 창조하는 활동에 끊임없이 종사해 왔다. 내가 어떻게 만물본원의 상황을 알겠는가? 바로 도에서 말미암은 것이다.

경문

曲則全, 枉則直,
窪則盈, 敝則新,[1)]
少則得,[2)] 多則惑.[3)]
是以聖人抱一爲天下式.[4)5)]
不自見,[6)] 故明.
不自是,[7)] 故彰.
不自伐,[8)] 故有功.
不自矜,[9)] 故長.[10)]
故天下莫能與之爭,
古之所謂曲則全者,[11)] 豈虛言哉!
誠全而歸之.[12)]

굽으면 온전할 수 있고
구부리면 곧게 펼 수 있으며
움푹하면 채울 수 있고

낡으면 새로워질 수 있으며[1]
적으면 얻을 수 있고[2]
많으면 미혹된다.[3]
그러므로 성인은 하나를 껴안아[4] 천하의 법칙[5]으로 삼는다.
스스로 나타내지[6] 않아서
그래서 밝고
스스로 옳다[7] 하지 않아서
그래서 드러나고
스스로 자랑하지[8] 않아서
그래서 공이 있고
스스로 뽐내지[9] 않아서
그래서 오래간다.[10]
그러므로 천하에 아무도 그와 다툴 수 없다.
옛날의 이른바[11] 굽으면 온전할 수 있다는 말이
어찌 빈말이겠는가!
진실로 그 이치를 보전하여 그곳으로 돌아가야 한다.[12]

자구 해석

1) **曲則全, 枉則直, 窪則盈, 敝則新**: '굽다 曲', '구부리다 枉', '움 푹하다 窪', '낡다 敝'는 모두 부드럽고 약하고 물러서고 사양하는 쪽에 속한다. '온전하다 全', '곧다 直', '차다 盈', '새롭다 新'는 모두 굳세고 강하고 앞서고 나아가는 쪽에 속한다. 노자는 우주 사이의 모든 사물은 모두 대립되는 상황 속에서 반복해서 변화하므로 영원히 고요하게 머물러 있는 것은 없다고 여겼다. 변화의 과정에서 단단하고 강한 물건은 모두 훼손되고, 부드럽고 약한 물건은 반대로 보존될 수 있다. 이것이 곧 '굽고, 구부

리고, 움푹하고, 낡으면', '온전하고, 곧고, 차고, 새로워진다.'는 이치이다.
2) '적다 少'는 양적으로 말하면 많지 않은 물건이고, 질적으로 말하면 간박한 것이다. '하나 一'는 가장 적고 '도 道'는 가장 간단하다. 그래서 성인은 하나를 품는 것으로 천하의 법칙을 삼을 수 있는 것이다.
3) **多則惑** : 12장에서 "오색(五色)은 사람의 눈을 멀게 하고, 오음(五音)은 사람의 귀를 먹게 하고, 오미(五味)는 사람의 입을 버리게 한다."고 말한 것이 바로 많으면 미혹하게 된다는 뜻이다.
4) **抱一** : '하나 一'는 도를 비유한 것이다. 39장의 왕필(王弼) 주(註)에서 말했다. "하나는 수의 시작이다 一數之始", '하나 一'는 수의 처음이 되고, '도 道'는 사물의 근본이 된다. 그래서 '하나 一'로써 '도 道'를 비유했다. '하나를 마음에 품다 抱一'는 곧 진리를 지킨다는 뜻이다.
5) **式** : 법칙
6) **自見** : '현 見'은 '현 現'과 같다. '자현 自見'은 스스로 나타낸다는 것이다.
7) **自是** : 스스로 옳다고 여기다.
8) **自伐** : 스스로 그 공을 자랑하다.
9) **自矜** : 스스로 그 능력을 으시대다.
10) **長** : 오래간다는 뜻이다. 24장에서 말했다. "스스로 나타내는 사람은 밝지 못하고, 스스로 옳다 하는 사람은 드러나지 못하고, 스스로 자랑하는 사람은 공을 이루지 못하고, 스스로 뽐내는 사람은 오래가지 못한다 自見者不明, 自是者不彰, 自伐者無功, 自矜者不長" 글의 뜻이 이와 서로 잘 어울린다.
11) **古之所謂曲則全者** : '굽으면 온전할 수 있다. 曲則全'는 '구부리면 곧게 펼 수 있다 枉則直' 등의 여러 말을 총괄한다. 그리고 '옛 사람이 말한 바 古之所謂'라는 것은 곧 이 몇 구의 말이 노

자의 말이 아니라는 것을 알 수 있다.

12) **誠全而歸之** : '誠'은 '실재로'라는 뜻이다. '온전케 하여 돌아간다. 全而歸之'에 대해서는 『예기 제의 禮記 祭義』에서 말했다. "부모는 온전히 하여 낳았으니, 자식은 온전히 하여 돌아가야 효(孝)라 할 수 있다. 그 몸을 훼손하지 않고, 그 몸을 욕되게 하지 않는 것을 온전하게 한다고 말할 수 있다." 소(疏)에서 말했다. "그 몸을 훼손하지 않고 그 몸을 욕되게 하지 않으면 온전하다고 할 수 있지만, 몸이 온전할 뿐만 아니라 반드시 훌륭한 이름으로 지켜야 한다."

생각컨대 '전 全'은 보전한다는 뜻이고, '귀 歸'는 ~으로 돌아간다라는 뜻이다. 이 구절은 진실로 그것 [굽으면 온전할 수 있다. 曲則全] 을 보존하여 귀착점으로 삼아야 한다는 말이다. 『예기』의 뜻과 비슷하다.

우리말 풀이

굽으면 오히려 유지할 수 있고, 구부리면 오히려 똑바로 펼 수 있으며, 낮으면 오히려 이익을 얻을 수 있고, 낡으면 오히려 새로워질 수 있으며, 적으면 오히려 얻을 수 있고, 많으면 오히려 미혹하게 된다. 그래서 성인은 도(道)를 엄격히 지키는 것을 천하의 모범으로 삼았다. 스스로 자신을 나타내지 않아 오히려 밝아지고, 스스로 옳다 하지 않아 오히려 뚜렷해지며, 스스로 자랑하고 뽐내지 않아 오히려 솜씨가 드러났고, 스스로 으시대고 교만하지 않아 오히려 오래간다.

바로 다른 사람과 다투지 않는 까닭에 온 천하의 어떤 사람도 그와 맞설 수 없다. 옛날에 말한 '굽으면 오히려 유지할 수 있다.'는 이 말이 설마 거짓이겠는가? 참으로 그것을 지켜 귀착점으로 삼는 것이 마땅하다.

경 문

希言自然.[1]
故飄風不終朝,[2] 驟雨不終日.
孰爲此者? 天地.
天地尙不能久, 而況於人乎?
故從事於道者, 同於道.[3]
德者, 同於德.
失者,[4] 同於失.
同於道者, 道亦樂得之.
同於德者, 德亦樂得之.
同於失者, 失亦樂得之.
信不足焉, 有不信焉.[5]

●●●
말이 없는 것이[1] 자연이다.
그러므로 폭풍은[2] 아침을 넘기지 못하고
소나기는 하루를 넘기지 못한다.

누가 그렇게 만드는가?
하늘과 땅이다.
하늘과 땅조차도 오래가지 못하거늘
하물며 사람에게서야?
그러므로 도에 종사하는 사람은[3]
도와 같게 되고
덕에 종사하는 사람은
덕과 같게 되고
잃어버림에[4] 종사하는 사람은
잃어버림과 같게 된다.
도와 함께 하면
도 또한 그것을 얻는 데 즐거워하고
덕과 함께 하면
덕 또한 그것을 얻는 데 즐거워하고
잃어버림과 함께 하면
잃어버림 또한 그것을 얻는 데 즐거워 한다.
신뢰가 부족하면[5]
믿기지 않게 된다.

자구 해석

1) 希言 : 승려 감산(憨山)이 말했다. "희(希)는 적은 것이다. 희언(希言)은 말이 적다는 것과 같다." 41장에서 말했다. "위대한 소리는 소리가 희미하고, 위대한 모습은 형체가 없다." '적은 소리 希聲'는 '소리가 없는 것 無聲'과 같다. 따라서 '적은 말 希言'은 '말이 없는 것 無言'과 같다. 2장의 "말하지 않는 가르침을 실행한다."의 '말하지 않다'와 의미가 같다. '언 言'은 임금의 교화나

    법령을 가리킨다.
2) **飄風** : 폭풍, 질풍. 아랫 구의 '소나기 驟雨'와 함께 포악한 정치를 비유한다.
3) **故從事於道者同於道** : 『왕필본 王弼本』에는 '도와 같게 하다 同於道'의 앞에 원래 '도자 道者'라는 두 글자가 겹쳐서 그 구가 "종사어도자, 도자동어도 從事於道者, 道者同於道"라고 되었다.
    유월(兪樾)이 말했다. "아래의 '도자 道者' 두 글자는 불필요하게 들어간 글자다. 본래는 '도에 종사하면 도와 같게 된다. 從事於道者, 同於道'이다. 그 밑에 있는 '덕자 德者', '실자 失者'는 윗부분에 '종사 從事'라는 글자가 얹혀 있어야 하는데 생략된 것으로 다음과 같이 되어야 한다.
    '도에 종사하는 사람은 도와 같게 되고, 덕에 종사하는 사람은 덕과 같게 되고, 잃어버림에 종사하는 사람은 잃어버림과 같게 된다. 從事於道者, 同於道, 從事於德者, 同於德, 從事於失者, 同於失'「회남자 도응편 淮南子 道應篇」에서 『노자』를 인용하여 말하길, '도에 종사하는 사람은 도와 같게 된다. 從事於道者, 同於道'라고 했다. 따라서 고본(古本)에서는 '도자 道者' 두 글자가 중첩되지 않음을 알 수 있다." 생각컨대 유월의 학설이 지극히 옳다. 이제 여기에 근거하여 삭제한다.
4) **失** : 도를 잃고 덕을 잃는다는 것을 가리킨다. 또한 도가 아니고, 덕이 아니라는 뜻이다. 위의 두 구 '도에 종사하면 도와 같게 되고, 덕에 종사하면 덕과 같게 된다. 從事於道者, 同於道, 從事於德者, 同於德'는 앞 문장의 '말이 적은 것이 자연이다. 希言, 自然'에 이어지고 '잃어버림에 종사하면 잃어버림과 같게 된다. 失者, 同於失'는 구절은 앞 문장의 '폭풍 暴風', '소나기 聚雨'에 이어진다.
5) **信不足焉, 有不信焉** : 17장의 주(註)에 보인다.

우리말 풀이

　정치를 함에 고요하고 무위로 해야 비로소 자연에 부합된다. 그러므로 폭풍은 하루 종일 불지 못하고, 소나기도 온 종일 내리지 못한다.
　누가 이런 상황을 만드는가? 천지다. 천지가 만든 폭풍과 소나기조차 오래 유지할 수 없는데, 하물며 사람이 만든 심한 형벌과 가혹한 정치야말로 더 말할 나위도 없다.
　그러므로 도에 종사하면 도를 얻고, 덕에 종사하면 덕을 얻는다. 도가 아니고 덕이 아닌 것에 종사하면 도가 아니고 덕이 아닌 것을 얻는다. 도를 얻으면 도 또한 그를 얻음에 즐거워한다. 덕을 얻으면 덕 또한 그를 얻음에 즐거워하며, 도가 아니고 덕이 아닌 것을 얻으면 도도 아니고 덕도 아닌 것 역시 그를 얻음에 즐거워한다. 위정자의 성실이 부족하면 백성이 자연히 믿고 맡기지 못한다.

경문

企者不立,[1] 跨者不行.[2]
自見者不明, 自是者不彰,
自伐者無功, 自矜者不長.[3]
其於道也, 曰 : 餘食贅行.[4]
物或惡之,[5] 故有道者不處.

발돋움 하고서는[1] 오래 서지 못하고
가랑이를 벌리고서는[2] 오래 걷지 못한다.
스스로 나타내는 사람은 밝지 못하고
스스로 옳다는 사람은 드러나지 못하고
스스로 자랑하는 사람은 공이 없고
스스로 뽐내는 사람은 오래가지 못한다.[3]
도의 입장에서는
음식 찌꺼기와 군더더기 혹[4] 이라고 말한다.
일반 사람조차도[5] 그것을 싫어할 것이므로
도를 지닌 사람은 그렇게 처신하지 않는다.

자구 해석

1) 企 : '기 跂'와 같은 의미로, 발꿈치를 들고 선다는 뜻이다.
2) 跨 : 가랑이를 벌리고 걸어간다는 뜻이다. 생각하건대 높아지고자 발돋움하고, 빨리 가고자 가랑이를 벌리지만 모두 지나치게 나아가기를 추구하기 때문에 자연스러움에 어긋난다. 그러므로 '발돋움 하는 자는 오래 설 수 없고, 가랑이를 벌리고 걷는 자는 오래 걸을 수 없다. 企者不立, 跨者不行'
3) 自見者不明, 自是者不彰, 自伐者無功, 自矜者不長 : '스스로 나타내다 自見', '스스로 옳다고 하다 自是', '스스로 자랑하다. 自伐', '스스로 뽐내다. 自矜' 등은 모두 스스로 뽐내며 이기기를 좋아하고 힘세기를 다투는 것의 표현이다.

이것은 노자(老子)가 주장한 '물러나 숨고 은거하여 침묵하는 도(道)'와는 취향이 상당히 다르다. 그러므로 결국 반드시 '밝지 못하다. 不明', '드러나지 못한다 不彰', '공적이 없다 無功', '오래가지 못한다 不長'는 지경에 이르게 된다.

22장에서 말한 "스스로 나타내지 않아서 밝고, 스스로 옳다 하지 않아서 드러나고, 스스로 자랑하지 않아서 공이 있고, 스스로 뽐내지 않아서 오래간다. 不自見故明, 不自是故彰, 不自伐故有功, 不自矜故長"는 문장의 뜻이 이와 잘 어울린다.

4) 餘食贅行 : 남아서 버린 음식과 쓸데없이 덧붙은 혹을 가리킨다. 오징(吳澄)이 말했다. "어떤 사람은 행(行)을 형(形)과 같이 읽는데 옛 글자에서는 통용된다. 사마씨(司馬氏)는 말하기를 남아서 버린 음식은 사람으로 하여금 싫어하게 만드는 데 딱 알맞고, 쓸데없이 덧붙은 혹은 사람을 추하게 만들기에 딱 알맞다고 했다."

왕도(王道)가 말했다. "행(行)은 마땅히 형(形)으로 쓰여야 한다. 췌형(贅形)은 형체에 쓸데없이 덧붙은 것으로 군더더기류이다." 생각컨대 왕필의 주(註)에서는 '사마귀 贅'로 해석했으니 '췌행 贅行'은 바로 '췌형 贅形'의 뜻이다.
5) 物 : 사람을 가리킨다.

우리말 풀이

　발끝으로 디디고 서서 남보다 높아지려 하면 오히려 그대로 서 있지 못하고, 과장된 걸음걸이로 남보다 빨리 가려 하면 오히려 제대로 걷지 못한다. 스스로 자신을 나타내서 오히려 밝지 못하고, 스스로 옳다고 해서 오히려 뚜렷해지지 못하며, 스스로 자랑하고 뽐내므로 오히려 솜씨가 드러나지 않고, 스스로 으시대고 자만하므로 오히려 오래가지 못한다.
　이런 것들은 스스로 자기를 뽐내고 이기고자 애쓰는 표현이다. 도의 관점에서 보면 모두 먹다 남은 밥과 사마귀처럼 도움이 안될 뿐 아니라 도리어 해로워서 사람으로 하여금 싫어하게 만든다. 그래서 도를 지닌 사람은 이렇게 하지 않는다.

경문

有物混成,¹⁾²⁾ 先天地生.
寂兮寥兮,³⁾ 獨立而不改,⁴⁾
周行而不殆,⁵⁾ 可以爲天下母.
吾不知其名, 字之曰道,
强爲之名曰大.⁶⁾ 大曰逝,⁷⁾
逝曰遠,⁸⁾ 遠曰反.⁹⁾
故道大, 天大,
地大, 人亦大.¹⁰⁾
域中有四大, 而人敢其一焉.
人法地, 地法天,
天法道, 道法自然.¹¹⁾

●●●
어떤 것이¹⁾ 혼돈되어 이루어졌는데²⁾
하늘과 땅보다 먼저 생겼네.
소리도 없고 형체도 없건만³⁾

홀로 우뚝 서서 영원히 변하지 않으며[4]
두루 운행하여 그치지 않아서[5]
천하의 모태라 할 수 있다.
나는 그 이름을 알지 못해서
글자로 나타내어 그것을 도(道)라 하고
억지로 이름지어 크다라고 한다.[6]
크게 되면 가는 것이요[7]
가게 되면 먼 것이며[8]
멀게 되면 돌아오는 것이다.[9]
그러므로 도는 크고
하늘은 크고
땅은 크고
사람도 크다.[10]
우주 안에는 네 가지 큰 것이 있는데
사람도 그 중의 하나를 차지하네.
사람은 땅을 본받고
땅은 하늘을 본받고
하늘은 도를 본받고
도는 자연(自然)을 본받는다.[11]

자구 해석

1) **物** : 도(道)를 가리킨다. 도는 본래 이름이 없으므로 '물 物'이란 글자를 임시로 사용해 그것[道]을 일컬었다.
2) **混成** : 왕필(王弼)은 말했다. "혼연(混然)은 체득해서 알 수는 없으나 만물이 그것으로 말미암아 이루어지므로 혼성(混成)이라 한다." 하상공(河上公)은 말했다. "도는 형체가 없고, 혼돈(混

沌)되어 이루어진 것을 이른다." 생각컨대 도가 하늘과 땅보다 먼저 생겨났고 어디서부터 온 것인지 모르기 때문에 '혼성 混成'이라 한다.

3) 寂兮寥兮 : 소리도 없고 형체도 없음을 이른다. 하상공은 말했다. "적(寂)은 소리가 없는 것이고, 요(寥)는 텅 비어서 형체가 없는 것이다."

4) 獨立而不改 : 왕필은 말했다. "짝할 만한 어떤 사물도 없기 때문에 독립이라 하고, 변화로 되돌아가더라도 시종 그 일정함[常]을 잃지 않음으로 불개(不改)라 한다."

　　생각컨대 '독립'은 유일한 존재를 이른다. 도는 만물을 생성하고, 영원히 그치지 않으며 항구토록 변하지 않기 때문에 '독립이불개 獨立而不改'라 한다. 또한 생각컨대 『왕필본 王弼本』에는 원래 '이 而'자가 없고, 『하상공본 河上公本』 및 기타 『고본 古本』에 있는데, 여기서는 『하상공본』 및 기타 『고본』에 근거해서 보충했다.

5) 周行而不殆 : 도의 본체의 운행은 이르지 않는 곳이 없으며, 또한 영원히 그치거나 쉼이 없음을 이른다. '태 殆'는 '태 怠'로 통하는데, 그치거나 쉬다는 뜻이다. 윗 구 [獨立而不改]는 도체의 절대성과 항구성을 형용하고, 이 구 [周行而不殆]는 도의 작용이 광대하고 무궁함을 형용한다.

6) 強爲之名曰大 : '명 名'은 형용한다는 뜻으로, 15장의 '강위지용 強爲之容'의 '용 容'자와 뜻이 같다. 도는 본래 형상이 없기 때문에 '억지로라도 형용한다면 強爲之容'이라고 말했다. '대 大'는 높아서 그보다 더 위가 없고, 총망라해서 그보다 더 밖이 없어서 포용하지 않음이 없다는 뜻이다.

7) 大曰逝 : '왈 曰'은 '곧 則', '이에 乃'와 같다. 아래의 두 구 '서왈원. 원왈반 逝曰遠, 遠曰反' 중 2개의 '왈'자도 이와 같이 해석한다. '서 逝'는 왕필이 "가는 것이다."라고 했다.

8) 遠 : 궁극(窮極)의 뜻인데, 도체가 흘러가서 이르지 않는 곳이 없음으로 '원 遠'이라 말한다.
9) 反 : '복 復'과 같다. 즉 16장의 '근본으로 돌아옴 歸根', '본성으로 돌아옴 復命'의 뜻이다. 도는 어디를 가도 돌아오지 않음이 없음을 이른다.
10) 人亦大 : '인 人'은 원래는 '왕 王'으로 썼으나, 『부혁본 傅奕本』과 『범응원본 范應元本』은 모두 '인 人'자로 되어 있다. 범응원(范應元)이 말했다. " '인 人'자는 『부혁본』이 고본과 같고, 하상공은 '왕 王'자로 썼다. … 그러나 생각컨대 뒷 문장이 '인법지 人法地'로 되어 있는 것을 보면 곧 『고본』의 문장 뜻이 더 충실하다.

더구나 사람은 만물의 영장이 되고, 천지(天地)와 병립(竝立)하여 3재(三才)를 이루며, 스스로 이 도를 떠맡으니 사람도 진실로 크다고 하겠다."

생각컨대 『설문 대부 說文 大部』에서 '하늘이 크고, 땅이 크고, 사람도 크다. 天大, 地大, 人亦大'라고 말한 것은, 바로 허신(許愼)이 본 『고본』의 '인역대 人亦大'인 것이다.

다시 아래의 문장 '인법지, 지법천, 천법도 人法地, 地法天, 天法道'로 증명해 보면 '인 人'을 쓴 것이 옳다는 것을 알 수 있다. 아래의 구 '이왕거기일언 而王敢其一焉'의 '왕 王'자도 마땅히 같이 '인 人'으로 써야 한다. 여기서는 『부혁본』에 근거해서 고쳤다.
11) 道法自然 : 오징(吳澄)은 말했다. "도가 큰 까닭은 그 자연(自然)스러움 때문이다. 그래서 '자연을 본받는다 法自然'라고 한 것이지 도의 밖에 별도로 자연이 있어서 그러는 게 아니다."

장기균(張起鈞) 선생이 말했다. " '도'는 인격도 없고 의지도 없는 것이어서 주관적인 의도나 어떠한 편애도 가지고 있지 않다. 그래서 도가 주재를 일으키는 작용은 완전히 자연에 순응하고 만물의 자연스런 변화에 내맡길 따름이다. 이른바 자연이라는 것은 정확히 지적해서 말하자면 바로 이렇게 저절로 그러해서 그러한 것이며 저절로 변화하는 상황에 내맡겨 두는 것이다. 결코 도 위에 별도로 '자연'이라고 부르는 물건이 있는 것은 아니다. 그래서 '도'에 의해 따르고 본받게 되는 것이다."

생각컨대 '도'는 우주 만물의 본원이며, '자연'은 '도'의 성질일 뿐이다. 결코 '도'보다 훨씬 높은 또 하나의 '자연'이라 부르는 물건이 있는 것은 아니다.

우리말 풀이

혼돈되어 이루어진 것이 있는데, 하늘과 땅에 아직 아무 것도 창조되기 전에 형성되었다. 그것은 소리도 없고 형체도 없지만, 오히려 모든 만물의 위에 홀로 서서 영원히 변하지 않고 우주를 두루 운행하여 영원히 그치지 않는다. 그것은 천지 만물을 창조했으므로 천지 만물의 근원이라 할 수 있다. 나는 그것의 이름을 알지 못해서 우선 그것을 도(道)라고 부른다.

억지로 그것의 형상을 묘사하자면 광대하고 끝이 없다고 할 수 있다. 광대하고 끝이 없으면 널리 퍼져 그치지 않는다. 널리 퍼져 그치지 않으면 오래도록 멀리 전해진다. 오래도록 멀리 전해지면 근본으로 돌아오고 [歸根], 본성으로 돌아와 [復命] 적막과 허무로 되돌아오는 것이다. 그러므로 도는 크고, 하늘도 크며, 땅도 크고, 사람 역시 크다라고 말한다. 우주 안에는 네 가지 큰 것이 있는데, 사람도 그 중 하나를 차지한다.

사람은 땅의 사심 없는 수용을 본받고, 땅은 하늘의 사심 없는 포용을 본받는다. 하늘은 도의 '만물을 자라게 하고도 주인으로 자처하지 않음 衣養萬物而不爲主'을 본받고, 도는 완전히 본성의 자연으로 부터 나오는 것이다.

경문

重爲輕根, 靜爲躁君.[1)]
是以聖人終日行不離輜重,[2)]
雖有榮觀,[3)] 燕處超然.[4)]
奈何萬乘之主, 而以身輕天下?[5)]
輕則失根,[6)] 躁則失君.

●●●

무거움은 가벼움의 근본이 되고
안정됨은 조급함의 주인이 된다.[1)]
그러므로 성인은 종일을 걸어도 짐수레를 떠나지 않고[2)]
영화롭게 보이는 것이 있더라도[3)]
편안하게 처신하여 초연(超然)한다.[4)]
어찌 만승의 군주로서
천하에 몸을 가벼이 움직일 수 있겠는가?[5)]
가벼우면 근본을 잃고[6)]
조급하면 마음의 주인을 잃는다.

자구 해석

1) **重爲輕根 靜爲躁君** : 왕필이 말했다. "무릇 물(物)은 가벼우면 무거운 것을 실을 수 없고, 작으면 큰 것을 누를 수 없으며, 행하지 않는 것이 행하는 것을 부리고, 움직이지 않는 것이 움직이는 것을 부린다. 이런 까닭으로 무거움은 반드시 가벼움의 근본이 되고, 안정됨은 반드시 조급함의 왕이 된다."

   생각컨대 '무거움 重', '안정됨 靜'은 근본 [本]과 일정함 [常]이되, '가벼움 輕', '조급함 躁'은 말단 [末]과 변동 [變]이 된다. 또한 '무거움'은 '가벼움'을 이길 수 있고, '안정됨'은 '조급함'을 이길 수 있다. 도를 닦는 인사는 근본을 잡고 일정함에 처하며, 말단을 버리고 변동을 떠나서, 무거움을 유지함으로써 가벼움을 이기고, 안정됨을 지킴으로써 조급함을 이긴다.

2) **行不離輜重** : '행 行'은 걷는 것으로서 아래 문장의 '처 處'와 상대되는 말이다. '치중 輜重'은 옷과 일상 용품과 식량을 싣는 수레로, 무거운 짐을 쌓기 때문에 '짐수레'라고 일컫는다.

3) **榮觀** : 화려하고 풍부한 물질적 향유를 말한다.

4) **燕處超然** : 안정되고 편안하게 거처하며 물욕의 밖으로 초연함을 이른다.

5) **以身輕天下** : 오징(吳澄)이 말했다. "자신을 천하에 가볍게 행동하는 것을 이른다." 생각컨대 만승(萬乘)의 군주는, 그 한 몸이 천하의 안위(安危)를 책임지고 있으니, 당연히 '무거움'을 유지하고 '안정됨'을 지킴으로써, 천하의 군주가 되어야 한다. 만약 몸이 가볍거나 행동이 조급하면 천하를 떠맡기에 부족하다.

6) **根** : 『왕필본』에는 원래 '본 本'자로 되어 있고, 『하상공본』에는 '신 臣'자로 되어 있다. 유월(兪樾)이 말했다. "왕필은 '본 本'으로 하상공은 '신 臣'으로 썼는데 모두 틀린다. 『대전 大典』에 '근 根'이라고 되어 있는데, 당연히 이를 따라야 한다.

이 장 첫 머리에 '중위경근, 정위조군 重爲輕根, 靜爲躁君'이라 했으므로 이것을 마무리 하기를 '경즉실근, 조즉실군 輕則失根, 躁則失君'이라고 했다." 생각컨대 유월의 설(說)이 가장 옳으므로 여기서는 유월의 설에 근거하여 고쳤다.

우리말 풀이

 신중함은 경솔함의 근본이 되고, 안정됨은 조급함의 주인이 된다. 그러므로 성인은 종일을 걸어도 짐수레 곁을 떠나지 않고, 비록 화려하고 풍요로운 물질적 향유가 있더라도 태연하게 대처하여 그것에 구애받지 않는다. 그런데 만 대의 수레가 있는 나라의 군주가 경솔하고 조급하게 행동해서 어떻게 천하를 다스릴 수 있겠는가? 경솔하면 신중할 수 없고, 조급하면 안정될 수 없다.

경문

善行無轍迹,[1)2)] 善言無瑕謫,[3)4)]
善數不用籌策,[5)6)] 善閉無關楗而不可開,[7)8)]
善結無繩約而不可解.[9)10)]
是以聖人常善救人, 故無棄人.
常善救物, 故無棄物.
是謂襲明.[11)]
故善人者, 不善人之師.
不善人者, 善人之資.
不貴其師, 不愛其資,[12)]
雖智大迷.[13)] 是謂要妙.[14)]

●●●

실행을 잘 하는 사람은[1)] 흔적을 남기지 않고[2)]
말을 잘 하는 사람은[3)] 허물을 남기지 않고[4)]
셈을 잘 하는 사람은[5)] 주판을 튕기지 않고[6)]
닫기를 잘 하는 사람은[7)] 빗장이 없어도[8)] 열 수 없게 하고
묶기를 잘 하는 사람은[9)] 밧줄이 없어도[10)] 풀 수 없게 한다.

그러므로 성인(聖人)은 항상 사람을 잘 구제하기에
버릴 사람이 없고
항상 물건을 구제하기 때문에
버릴 물건이 없다.
이것을 일러 밝은 지혜를 따른다고 해 두자.[11]
그러므로 선한 사람은
선하지 않은 사람의 스승이 되고
선하지 않은 사람은
선한 사람의 귀감이 된다.[12]
스승을 귀하게 여기지 않고
귀감을 사랑하지 않으면
비록 지혜롭다고 해도 크게 미혹하게 된다.[13]
이것을 일러 정미하고 현묘한 것이라고 한다.[14]

자구 해석

1) **善行**: 실행 가운데 좋은 것으로 '무위 無爲'보다 더 나은 게 없다. '선행 善行'은 곧 '무위'를 가리킨다. 왕필이 말했다. "자연에 순응해서 실행하고, 인위적으로 조작하거나 시작하지 않는다."
2) **轍迹**: '철 轍'은 수레 바퀴가 굴러간 흔적(痕迹)이다. '철적 轍迹'은 흔적과 같은 뜻이다.
3) **善言**: 말 가운데 좋은 것으로 '불언 不言'보다 더 나은게 없다. '선언 善言'은 곧 '말하지 않는 것'을 가리킨다. 왕필이 말했다. "사물의 본성에 따르고, 인위적으로 분별하거나 나누지 않는다."
4) **瑕謫**: '적 謫'과 '적 讁'은 같고, 잘못이란 뜻이다. '하적 瑕謫'도 잘못을 뜻한다.
5) **善數**: '인위적인 지혜가 없음 無智', '인위적인 집착이 없음 無

執'을 이른다.
6) 籌策 : '주 籌'와 '책 策'은 모두 옛날에 숫자를 계산하던 도구이다.
7) 善閉 : 즉 '순진함을 드러내고 순박함을 지닌다. 見素抱樸'라는 뜻이다.
8) 關楗 : 문을 닫는 가로, 세로 2개의 나무를 말한다. 『설문 문부 說文 文部』에서 "관(關)은 나무로 문을 가로로 지르는 것이다."고 했고, [목부 木部] 에서 "건(楗)은 문을 막는 것" 이라고 했으며, 범응원은 "가로는 관이라 하고, 세로는 건이라 한다."고 했다.
9) 善結 : '텅 빈 것을 이룩함 致虛'과, '텅 빈 것을 지킴 守沖'을 이른다.
10) 繩約 : 밧줄이다.
11) 襲明 : 16장 및 55장에서 모두 "상(常)을 아는 것을 명(明)이라 한다."라고 했다. '습 襲'은 답습하고 보유한다는 뜻이다. '습명 襲明'은 덕(德)을 답습하고 보유한다 [襲德]는 것과 같은데, 도를 얻었다는 뜻을 이른다.
12) 資 : 거울로 삼는다는 뜻이다.
13) 雖智大迷 : 왕필이 말했다. "비록 지혜가 있고 스스로 지혜를 자임한다고 해도 사물이 도에서 기인하지 않는다면 반드시 지혜를 잃어 버릴 것이다. 그래서 '비록 지혜가 있더라도 크게 미혹할 것이다. 雖智大迷' 라고 했다."
14) 要妙 : 정미하고 현묘한 것을 말한다.

우리말 풀이

일 처리를 잘 하는 사람은 자연에 순응해서 행할 수 있기 때문에 흔적을 남기지 않는다. 말을 잘 하는 사람은 과묵할 줄 알기 때문에 실수가 없다. 셈을 잘 하는 사람은 세상 만물에 순응하여 사심이 없고〔無心〕꾀가 없기〔無智〕때문에 주판을 퉁기지 않는다. 사람들을 잘 구슬리는 사람은 정성껏 사람을 대하기 때문에 대문으로 막아두지 않더라도 사람들은 등을 돌려 떠나갈 수가 없다. 인심을 잘 화합시키는 사람은 겸허하게 자신을 다스리므로 밧줄로 사람들을 묶지 않아도 사람들은 역시 떠나갈 수가 없다.

그래서 도를 체득한 성인은 항상 사람들을 교화시켜 사람들이 그 재능을 다 발휘하도록 해 주어 버려지는 사람이 없다. 또 항상 만물을 보배처럼 아껴 만물이 그 작용을 다 발휘하도록 해 주어 버려지는 사물이 없다. 이것을 바로 덕을 답습하고 보유한다〔襲明〕고 한다.

그러므로 선한 사람은 선하지 않은 사람의 스승이 되어 선하지 않은 사람이 잘못을 고치고 향상될 수 있도록 교화시킬 수 있고, 선하지 않은 사람은 선한 사람의 귀감이 되어 선한 사람이 타락하여 나쁜 곳으로 빠지는 것을 경계할 수 있다.

만약 선하지 않은 사람이 선한 사람을 존중하지 않고, 선한 사람이 선하지 않은 사람을 아끼지 않는다면 비록 자신을 총명하다고 여겨도, 사실은 아직도 크게 어리석은 것이다. 이러한 이치는 진실로 정미하고 현묘한 것이다.

경문

知其雄, 守其雌,¹⁾
爲天下谿.²⁾ 爲天下谿,
常德不離,³⁾ 復歸於嬰兒.⁴⁾
知其白, <守其黑, 爲天下式.
爲天下式, 常德不忒,
復歸於無極. 知其榮,>⁵⁾
　守其辱,⁶⁾ 爲天下谷.
爲天下谷, 常德乃足,
復歸於樸.⁷⁾ 樸散則爲器,⁸⁾
聖人用之,⁹⁾ 則爲官長.¹⁰⁾
故大制不割.¹¹⁾

●●●

　수컷을 알고 암컷을 지키면¹⁾
천하의 골짜기가 된다.²⁾
　천하의 골짜기가 되면

상덕(常德)³⁾이 떠나지 않아
다시 갓난아이로 돌아 간다.⁴⁾
밝음을 알고 〈검은 것을 지키면〉
천하의 법칙이 된다.
천하의 법칙이 되면 상덕(常德)이 어긋나지 않아
다시 무극(無極)으로 돌아간다.
영화로움을 알고⁵⁾〉 어둠을 지키면⁶⁾
천하의 골짜기가 된다.
천하의 골짜기가 되면
상덕(常德)이 넉넉하여
원목의 상태로 되돌아간다.⁷⁾
원목이 흩어져 그릇이 되지만⁸⁾
성인은 그것을 그대로 써서,⁹⁾ 관장(官長)이 된다.¹⁰⁾
무릇 위대한 재단은¹¹⁾ 자르지 않는다.

자구 해석

1) **知其雄,守其雌**: 왕필(王弼)이 말했다. "수컷은 앞에 속하고, 암컷은 뒤에 속한다. 천하의 앞이 되고자 하면 반드시 뒤가 된다. 그러므로 성인은 그 자신을 뒤로 돌리기 때문에 자신이 앞이 된다." 생각컨대 수컷은 존귀하나 암컷은 비천하고, 수컷은 강하나 암컷은 유약하고, 수컷은 동적이나 암컷은 정적이다. 그러므로 수컷을 알고 암컷을 지키는 것은 존귀한 것을 알고 비천함을 지키고, 동적인 것을 알고 정적인 것을 지키는 것이다. 이것이 바로 작용을 알고 본체를 지키는 것이다.

2) **谿**: '계 溪'와 같은 글자이고, 산골짜기이다. 아래 문장인 '천하의 골짜기가 된다. 爲天下谷'의 '곡 谷'자와 함께 텅 비고 낮은

것을 비유한다.
3) 常德 : 오래 지속되어도 변하지 않는 덕이다. '상도 常道' '상명 常名' '상덕 常德'은 모두 노자의 상용어구이다.
4) 樸兒 : 순박하고 자연스러움을 뜻한다.
5) 守其黑, 爲天下式, 爲天下式, 常德不忒, 復歸於無極, 知其榮 : 이 23자를 역순정(易順鼎), 마서륜(馬敍倫), 고형(高亨)등은 모두 후세 사람이 덧붙인 것이라고 했다. 이제 고형의 학설을 들어 말하겠다.

"23글자는 후세 사람이 덧붙인 것이다. 6개의 증거를 나열하여 그것을 증명하겠다.

노자는 본래 암컷 [雌]으로써 수컷 [雄]에 대립시키고, 어두운 것 [辱]으로써 밝음 [白]과 대립시켰다. 41장에서 말하길 '큰 밝음은 어두움과 같다.'고 했고, 또한 밝음 [白]과 어두움 [辱]이 서로 상대적이므로 명백히 징험이 된다. 그런데 여기서는 밝음 [白]으로써 검은 것 [黑]에 대비했으니 결코 노자의 옛 글이 아닌 첫번째 증거이다.

영욕(榮辱)은 『노자 老子』에서 총욕(寵辱)으로 쓰인다. 13장에서 말하길 '총애나 치욕을 놀란 듯이 한다'는 것이 바로 그 명확한 증거이다. 여기서는 영(榮)으로 욕(辱)에 대비시켰으므로 결코 노자의 문언문이 아니라는 두번째 증거이다.

'천하의 골짜기 [谿]가 되고, 천하의 골짜기 [谷]가 된다.'에서 '계 谿' '곡 谷'은 같은 뜻이나, '천하의 법칙이 된다. 爲天下式'는 구절을 끼워 넣으면 계곡(谿谷)과는 동류가 아니므로 세번째 증거가 된다.

'다시 어린아이로 돌아가고, 다시 순박함 [樸]으로 돌아간다'에서는 서로 취지가 같다. 인성이 더러움에 물들지 않은 것이 어린아이이고, 목질(木質)이 아직 산실되지 않은 것이 순박함 [樸] 이다. 그런데 '다시 끝없는 곳으로 돌아간다. 復歸於無極'는 구절을 중간에 끼웠으니 어린아이 및 순박함과는 동류가 아니므로 네번째 증거가 된다.

『회남자 도응 淮南子 道應』에서 노자를 인용하여 말하길 '수컷을 알고 암컷을 지키면 천하의 골짜기가 된다.'라고 했고, 또 노자를 인용하여 말하길, '영화로움을 알고 욕됨을 지키면 천하의 골짜기가 된다.'라고 했다. 그러나 '밝은 것을 알고 검은 것을 지키면 천하의 법칙이 된다'라는 구절은 인용하지 않았으니, 이는 아마도 회남자(淮南子)가 보았던 『노자 老子』본에는 이 구절이 없었을 것이다. 이것이 다섯번째 증거이다.

『장자 천하 莊子 天下』에서 『노자 老子』를 인용하여 말했다. '수컷을 알고 암컷을 지키면 천하의 골짜기가 되고, 밝은 것을 알고 어두운 것을 지키면 천하의 골짜기가 된다.' 그 문장에 비록 생략된 것이 있으나, 장자(莊子)가 보았던 『노자 老子』본에는 '검은 것을 지킨다.' 이하 23자는 없음이 더욱 확실하므로 이것이 여섯번째 증거이다."

그 학설이 이미 상세하고 또 정확하니 '밝음을 안다' 아래의 23자는 응당 삭제해야 한다. 이제 여기에 근거하여 삭제 했다.(< >로 표시한 부분을 말한다. : 역자 주)

6) **知其白,守其辱** : '백 白'은 깨끗하고 밝음을 말하고, '욕 辱'은 더럽고 어리석음을 말한다. '백 白'은 밝고 세밀하며, '욕 辱'은 어둡고 흐리멍텅함을 말한다.
7) **樸** : 19장 주에 나온다.
8) **器** : 형태가 있는 도구로서 만물을 가리킨다.
9) **之** : 박(樸)을 가리킨다.
10) **官長** : 백관의 우두머리를 말한다.
11) **大制** : 장석창(蔣錫昌)이 말했다. "대제(大制)는 위대한 다스림을 말한다."

우리말 풀이

 강한 수컷을 알고 차라리 유약한 암컷에 처하면 천하의 계곡이 될 수 있다.
 이와 같다면 천하의 계곡이 되어서 모든 흐르는 물을 돌아와 들어오게 할 수 있다. 천하의 계곡이 될 수 있으면 상덕(常德)이 흩어져 사라지지 않아서 다시 어린아이 상태의 자연스러움으로 돌아간다. 밝음의 장점을 알고 어두움에 처하면 천하의 산골짜기가 되어 천하의 더러움을 포용할 수 있다. 천하의 산골짜기가 되면 상덕(常德)이 영원토록 충족되고 다시 순박한 상태로 돌아간다.
 순진하고 질박한 도가 분산되면 만물을 이루고, 성인의 체험이 도의 순박함에 이르면 마침내 백관의 우두머리가 된다. 그래서 완전히 선한 정치는 자연스러움을 따라 행하여 무위로 다스리는 것이지, 인위적으로 베풀고 조작하여 지리멸렬하게 되는 것이 아니다.

경문

將欲取天下而爲之,[1)2)] 吾見其不得已.[3)]
天下神器,[4)]
不可爲也, 不可執也.[5)6)]
爲者敗之, 執者失之.
故物或行或隨,[7)8)] 或歔或吹,[9)]
或强或羸, 或載或隳.[10)]
是以聖人去甚, 去奢, 去泰.[11)]

●●●

장차 천하를 다스리는 데[1)] 작위로 한다면[2)]
나는 그것이 될 수 없음을 볼 뿐이네.[3)]
천하는 신비스런 그릇이라[4)]
작위로 할 수 없고
집착할[5)] 수도 없다.[6)]
작위로 하면 무너뜨리고
집착하면 잃는다.
무릇[7)] 인간은[8)] 앞서가기도 하고 뒤따르기도 하며
들여쉬기도 하고 내뿜기도 하며[9)]

강하기도 하고 약하기도 하며
올라타기도 하고 떨어지기도 한다.[10]
그러므로 성인은 극심한 것을 버리고
사치를 버리며
교만을 버린다.[11]

자구 해석

1) **取天下**: '취 取'는 다스린다는 의미이다. 48장에서 말했다. "천하를 취하려면 항상 무사(無事)로써 해야 한다. 유사(有事)로써 하면 천하를 다스리기에 부족하다." 57장에서 말했다. "무사(無事)로써 천하를 다스린다." '취 取'는 모두 다스린다 [治]로 해석한다.
2) **爲之**: '위 爲'는 작위적으로 하는 것이다. '지 之'는 천하를 가리킨다. 아래 문장의 '위자패지, 집자실지 爲者敗之 執者失之'의 두 '之'자도 이와 같이 해석한다.
3) **不得已**: '부득 不得'은 불가능을 말한다. '이 已'는 '야 也'와 같다. 이것은 구말(句末) 어조사이다. 생각컨대 성인이 천하를 다스림에 모두 자연스러움을 따른다. 무위(無爲)로 교화하는 것은 마치 천지가 만물을 생장시키면서도 사사로운 조작을 하지 않는 것과 같다. 이제 '유위 有爲'로써 천하를 다스리고자 하기 때문에 노자는 그렇게 해서는 '불가능 不可能'하다고 여겼다.
4) **神器**: 신성하고 귀중한 기물이다. 왕필(王弼)이 말했다. "신(神)은 형태도 없고 방향도 없다. 기(器)는 합쳐서 이루어진 것이다. 형체 없이 합해지기 때문에 이것을 신기(神器)라고 한다."
5) **執**: 자기 견해를 고집하다.
6) **不可執也**: 『왕필본 王弼本』에서는 원래 이 구(句)가 없다. 유

사배(劉師培)가 말했다.

"왕필의 주에서 말했다. '만물은 자연으로써 본성을 삼는다. 그러므로 기인할 수는 있으나 인위적으로 할 수는 없고, 소통할 수는 있어도 고집할 수는 없다. 만물은 불변의 본성 [常性] 이 있는데도 그것을 조작하기 때문에 반드시 무너진다. 만물은 왕래함이 있는데도 그것을 고집하기 때문에 반드시 잃어버린다'

생각컨대 왕필의 주를 근거로 보자면 본문의 '불가위야 不可爲也' 아래에는 마땅히 '불가집야 不可執也'라는 한 구절이 있어야 한다.

『문자 文子』에서 『노자 老子』를 인용하여 말했다.

'천하는 큰 그릇이다. 고집할 수 없고 조작할 수 없다. 조작하면 무너지고 고집하면 잃어 버린다.'"

생각컨대 유씨의 학술이 가장 옳다. 이제 그것에 근거하여 증보했다.

7) 故 : 구수(句首) 어조사이고, '무릇 夫'과 같다. 『노자 老子』에서 '고 故'자는 '부 夫'자로 해석한다. 이 장을 제외하고도, 38장 "무릇 도를 잃어버린 후에 덕이 생기고, 덕을 잃어버린 후에 인이 생겼다. 故失道而後德, 失德而後仁" 39장 "무릇 귀함은 천함을 근본으로 여기고 높음은 낮음을 기본으로 삼는다. 故貴以賤爲本, 高以下爲基", 56장 "무릇 친할 방도가 없고 소원할 방도가 없다. 故不可得而親, 不可得而疏" 등이 있다. '고 故'는 모두 '부 夫'로 해석한다.

8) 物 : 사람을 가리킨다. 24장 '사람들은 아마도 그것을 싫어할 것이다. 物或惡之'의 '물 物'자와 의미가 같다.

9) 或歔或吹 : 하상공(河上公)이 말했다. "구(呴)는 따뜻함이고, 취(吹)는 차가움이다." 생각컨대 기(氣)를 토할 때 따뜻하게 하는 것을 허(歔)라 말하고, 차갑게 하는 것을 취(吹)라 말한다.

10) 或載或隳 : 하상공이 말했다. "재(載)는 편안함이고, 휴(隳)는

위급함이다."생각컨대 수레에 올라타는 것을 '재 載'라고 한다. 그래서 '편안하다 安'는 뜻으로 파생되었다. 수레에서 떨어지는 것을 '휴 隳'(타 墮와 같다.)라고 말한다. 그래서 '위태롭다 危'는 뜻으로 파생되었다.

또한 생각컨대 '재 載'는 『왕필본 王弼本』에서 원래 '좌 挫'로 쓰였는데 의미가 통하지 않는다. 이제 하상공(河上公)본과 여러 종류의 고본(古本)에 근거하여 고쳤다.

11) 去甚, 去奢, 去泰 : '심 甚', '사 奢', '태 泰'는 모두 지나치다는 의미이다. '지나침을 버리고, 사치를 버리고, 교만을 버리는 去甚, 去奢, 去泰' 것은 텅 비워 극히 공평한 것을 추구하고, 자연에 순응하여 실행하기 위한 것이다.

우리말 풀이

천하를 다스릴 때는 마땅히 무위(無爲)를 근본으로 삼아야 하는데, 유위(有爲)로써 천하를 다스리려고 한다면 나는 그것이 이루어질 수 없다는 것을 안다. 천하는 매우 신비스러운 것으로, 그것을 다스릴 때 유위(有爲)로는 할 수 없고, 고집을 부려서도 안 된다. 유위는 반드시 천하를 어지럽히고, 고집은 반드시 천하를 잃어버린다.

인간 성품의 모습이 각각 달라서 어떤 이는 적극적이나 어떤 이는 소극적이고, 어떤 이는 따뜻하나 어떤 이는 차가우며, 어떤 이는 강직하나 어떤 이는 유약하고, 어떤 이는 안정되고 어떤 이는 위태롭다. 이 때문에 성인이 천하를 다스리면 인정을 따르고, 사물의 형세에 의지하여, 무위자연(無爲自然)으로 다스리고, 일체의 극단적이고 과분한 조치를 제거한다.

제30장

경문

以道佐人主者, 不以兵强天下. 其事好還.[1]
師之所處, 荊棘生焉.
大軍之後, 必有凶年.
善者果而已,[2][3] 不敢以取强.
果而勿矜, 果而勿伐,
果而勿驕. 果而不得已,
果而勿强. 物壯則老,[4]
是謂不道.[5] 不道早已.[6]

● ● ●

도로써 임금을 보좌하는 사람은
군대로 천하를 위협하지 않는다.
그 일은 쉽게 보복을 부르기 마련이다.[1]
군사가 머물던 곳은
가시밭이 생긴다.
큰 전쟁 뒤에는
반드시 흉년이 든다.

선전하는 사람은[2] 승패만을[3] 이룩할 뿐
감히 강성함을 취하지 않는다.
이루고도 잘난 체 함이 없고
이루고도 자랑함이 없으며
이루고도 교만함이 없다.
이루고도 마지못해 한 것으로 여겨
이루고도 강함이 없다.
만물은 도에 넘치게 강성할수록[4] 바로 노쇠해지는 법이니
이것을 도가 아니라고 한다.[5]
도가 아니면 금방 시들고 만다.[6]

자구 해석

1) **其事好還** : 군사를 사용하는 일은 매우 쉽게 보복으로 바뀌게 됨을 말한다. 이가모(李嘉謀)가 말했다. "남의 아버지를 죽이면 남도 그의 아비를 죽이고, 남의 형제를 죽이면 남도 그의 형제를 죽인다. 이것을 가리켜 '보복을 일으키기 쉽다. 好還'라 한다."

2) **者** : 왕필본에는 '유 有'라고 되어 있다. 그러나 주에서 "말하자면 군대를 잘 사용하는 사람은 급히 달려가서 어려움을 구제할 뿐이다. 言善用師者 趣以濟難而已矣"라고 되어 있으므로 『왕필본 王弼本』에서도 원래 '자 者'로 되어 있음을 알 수 있다. 『하상공본』과 기타 각 본에서도 대부분 '자 者'라고 되어 있으므로, 이제 『하상공본』과 왕필의 주에 있는 글에 의거하여 고쳤다.

3) **果** : 효과, 목적이다. 왕필은 '구제한다 濟'라는 뜻으로 해석했고, 사마광(司馬光)은 '이룬다 成'라는 뜻으로 해석했는데 모두 '효과'의 의미이다.

4) **壯** : 강하다는 뜻이다.

5) **不道** : 도에 합하지 않는다. 도는 유약(柔弱)을 위주로 한다. 젊어서 힘을 강하게 쓰면 반드시 늙어서 죽는 길을 재촉한다. 그러므로 도에 어긋난다.
6) 已 : 숨을 멈추다. 사망하다.

우리말 풀이

   도를 사용하여 군주를 보좌하는 사람은 천하에 위세를 자랑하기 위해 병력을 쓰지 않는다. 병력으로써 남을 굴복시키려 하기 때문에 매우 쉽게 보복을 불러 일으킨다. 군대가 있었던 곳은 경작지가 어지럽혀지고 곳곳에 고난이 있다. 큰 전쟁이 지난 후에는 논과 밭에 병충해가 생기고 반드시 흉년을 낳는다.
   그래서 병력을 훌륭하게 사용하는 사람은 병력을 사용하여 목적에 도달하면 곧 그만두고, 감히 위세를 부리거나, 무력을 남용하지 않는다. 목적을 달성하고도 스스로를 대단히 여기지 않고, 자랑하지 않으며, 교만하지도 않다. 목적을 달성하고도, 병력을 쓴 것은 부득이함에서 나온 것이라 여기고, 위세를 부리지 않는다.
   만사만물이 강하고 크게 성장하면 노쇠함으로 급속히 나아가기 시작한다. 그러므로 무력을 남용하고 위세를 부리는 것은 도에 어긋난다. 도에 어긋나는 일은 마치 갑작스런 바람과 소나기처럼 매우 빠르게 사라져버린다.

경문

夫佳兵者不祥之器,¹⁾ 物或惡之,
故有道者不處.²⁾
君子敢則貴左, 用兵則貴右.³⁾
兵者不祥之器, 非君子之器,
不得已而用之, 恬淡爲上.⁴⁾
勝而不美,⁵⁾ 而美之者, 是樂殺人.
夫樂殺人者, 則不可得志於天下矣.
吉事尙左, 凶事尙右.
偏將軍敢左, 上將軍敢右.
言以喪禮處之.⁶⁾ 殺人之衆,
以悲哀泣之,⁷⁾ 戰勝以喪禮處之.⁸⁾

●●●

〈좋은¹⁾ 무기란 상서롭지 못한 기물이라서
사람이라면 그것을 싫어하고
도를 지닌 이는 그런 것에 처신하지 않는다.²⁾

군자는 평상시 왼쪽을 귀하게 여기고
전쟁시엔 오른쪽을 귀하게 여긴다.[3]
〈무기란 상서롭지 못한 기물이니〉
군자의 기물이 아니다.
부득이 사용한다 해도
담담한 마음을 상책으로 여긴다.[4]
승리하고도 뽐낼 것 없으니[5]
승리를 뽐낸다면
사람 죽이기를 즐기는 것.
무릇 살인을 좋아하는 자는
천하에 뜻을 얻을 수 없다.
〈경사에는 왼쪽을 높이고
흉사에는 오른쪽을 높인다.
부장군이 좌측에 있으며
대장군이 우측에 있음은
전쟁을 상례처럼 여기라는 뜻이네.[6]
사람을 많이 죽였으니
슬픈 마음으로 임하여[7]
승전식도 상례로써 대처하라.[8]〉

자구 해석

1) 佳 : 왕념손(王念孫)이 말했다. "'가 佳'는 마땅히 '추 隹'로 써야 하는데 글자가 잘못 되었다. '추'는 옛날의 '유 唯'자이다. '부유병위불상지기 고유도자불처 夫唯兵爲不祥之器, 故有道者不處' 가운데 앞에 언급된 '바로~ 때문에 夫唯'와 뒤에 언급된 '그러므로 故'는 문장의 뜻을 서로 이어준다."(『독서잡지지여상 讀書

雜志志餘上』)

노문초(盧文弨)가 그것을 논박하여 말했다.

"혹자는 말한다. "'가 佳'는 곧 '유 唯'자에서 탈락되었을 뿐이다. '유 唯'자는 옛글에서 '추 隹'로 썼는데 옛날에 '가 佳'자로 잘못 썼다.'

나는 그렇지 않다고 여긴다. 『노자』에서 '부유 夫唯'라고 한 것이 여러번인데 말의 고저와 억양이 모두 이와 같지는 않다. 이제 일일이 살펴서 말하겠다.

'자처하지 않기 때문에 사라지지 않는다. 夫唯不敢, 是以不去', '다투지 않기 때문에 허물이 없다. 夫唯不爭, 故無尤', '자만하지 않기 때문에 낡았더라도 새 것으로 바꾸지 않을 수 있다. 夫唯不盈, 故能敝不新成', '다투지 않으므로 천하에 아무도 그와 다투지 않네. 夫唯不爭, 故天下莫能與之爭', '오직 도는 훌륭하게 만물을 창생하고 성장시킨다. 夫唯道, 善貨且成', '오직 아끼기 때문에 도를 따를 수 있다. 夫唯嗇, 是謂早服'(제 70장에 '오직 나의 말을 알 수 없기에 나를 이해할 수 없다. 夫唯無知, 是以不我知': 노씨가 기록을 빠뜨렸다.)

'흠을 흠으로 간주하기 때문에 흠이 없다. 夫唯病病, 是以不病', '압박하지 않기 때문에 싫어하지 않는다. 夫唯不厭, 是以不厭', '삶에 매달리지 않는 자가 삶에 가치를 두는 자 보다 현명하다. 夫唯無以生爲者, 是賢於貴生' 등과 같이 모두 9번이나 보인다.(제 70장을 빠뜨렸기 때문에 10번이나 보인다고 해야 한다.)

이제 본장에서 말하고 있는 '부유병자, 불상지기 夫唯兵者, 不祥之器'와 비슷한가? 비슷하지 않은가?

만약 '가 佳'자가 고문(古文)에서 '유 唯'자라고 한다면 어찌 아홉 가지가 모두 금문(今文)을 따르고 이 한 자만이 유독 고문이라고 하는가?"(『포경당문집 抱經堂文集』)

생각컨대 노자가 글자를 사용한 관례를 따라서 보자면 노문

초(盧文弨)의 학설은 상당히 일리가 있다.

『부혁본 傅奕本』에는 "좋은 병기는 상서롭지 못한 도구이다. 美兵者, 不祥之器"라고 되어 있다.『사기 편작창공열전 史記 扁鵲倉公列傳』에 "아름다운 것은 상서롭지 못한 그릇이다. 美好者, 不祥之器"로 되어 있다. 여기서 '가 佳'와 '미 美'는 뜻이 같다. 이 글자는 마땅히 '가 佳'로 되어야 맞다.

2) **物或惡之, 故有道者不處** : 마서륜(馬敍倫)이 말했다. "이 10자는 24장에서 순서가 잘못 뒤섞여 반복되어 나온 것이다. 이 두 구(句)에 대한 소(疏) [주(註)에 가한 주]가 없는데, 이것은 이미 이 문장이 없었기 때문이다. 석전양일랑(石田羊一郞)은 이 두 구를 쓸데없이 끼인 글이라 여겼다."

3) **君子敢則貴左, 用兵則貴右** : 왼쪽은 양(陽)이고 오른쪽은 음(陰)이며, 양은 살리고 음은 죽인다. 따라서 군자는 평상시에 거처할 때는 왼쪽을 크게 여긴다. 무기를 사용할 때에는 오른쪽을 크게 여기는데, 이것은 무기를 사용하는 것은 살륙을 위주로 하는 것과 관련 되기 때문이다. 또한 이 두 구(句) 역시 글 가운데 쓸 데 없이 끼인 글이므로 마땅히 삭제해야 한다.

4) **恬淡** : 마음이 평원하고 기운이 온화한 것이다.

5) **美** : 뽐내고 오만한 것이다.

6) **言以喪禮處之** : 이 구는 '언 言'자로 실마리를 열어 완전히 주석(註釋)의 어기가 되어 주석한 문구가 섞여 들어갔다는 것이 충분히 증명된다.

7) **涖** : 고형(高亨)은 마땅히 '립 立'자로 써야 한다고 했는데 지극히 옳다. 옛날에 '립 立'은 '리 莅'와 통용되었다.『사기 범수전 史記 范雎傳』에서 말했다. "현명한 군자가 정치에 임한다."『색은 索隱』에서 말했다. "『전국책 戰國策』에는 립(立)이 리(莅)로 되어 있다." 여기서도 '립 立'자는 마땅히 '리 莅'자로 해석하여야 한다.

8) 이 장은 본래의 문장에 주석한 문구가 상당수 섞여 들어간 것이 있어서 문구가 뒤섞여 어수선하고 글의 뜻이 분명하지 않다.

왕회(王淮)는 이 장의 첫머리인 '부가병자 夫佳兵者'로부터 시작하여 '용병즉귀우 用兵則貴右'까지의 5구와 '길사상좌 吉事尙左'부터 '전승이상례처지 戰勝以喪禮處之'까지의 8구가 모두 불필요한 글이므로 마땅히 전부 삭제해야 한다고 하였다. 이에 삭제하여 확정한 문구를 가려 뽑아 기록하면 아래와 같다.

"兵者不祥之器, 不得已而用之. 恬淡爲上. 勝而不美, 而美之者, 是樂殺人. 夫樂殺人者, 則不可以得志於天下矣"

우리말 풀이

예리한 무기는 상서롭지 못한 기물이어서 사람들이 모두 그것을 싫어한다. 그러므로 도를 지닌 사람은 사용하지 않는다. 군자는 평상시에는 왼쪽을 크게 여기고 전쟁시에는 오른쪽을 크게 여기는데, 이것은 전쟁이 사람을 죽이는 흉사(凶事)에 관계되기 때문이다. 무기는 상서롭지 못한 기물이다. 군자의 마음은 어질고 자애로우며 살생을 싫어하기 때문에 무기는 군자에게 사용되는 기물이 아니다.

만약 실로 어쩔 수 없이 그것을 사용할 때에는 마음을 평정하고 기운을 온화하게 하여 목적을 이루는 것만을 추구해야 한다. 전쟁에서 승리하여도 스스로 뛰어나다고 인정해서는 안 된다.

만약 스스로 뛰어나다고 인정하는 것은 곧 사람 죽이기를 좋아하는 것이다. 사람 죽이기를 좋아하는 사람은 사람들이 그를 싫어하며, 그는 절대로 천하를 다스릴 수 없다.

경사스러운 일은 왼쪽을 크게 여기고 흉한 일에는 오른쪽을 크게 여긴다. 전쟁시에 부장군은 왼쪽에 있고 상장군은 오른쪽에 있게 되는데, 이것은 전쟁을 상례(喪禮)로 여겨 취급하기 때문이다.

사람을 많이 죽이기 때문에 슬픈 마음으로 임하며, 전쟁에서 이겨도 상례로써 처분해야 한다.

경문

道常無名,¹⁾
樸,²⁾ 雖小,³⁾ 天下莫能臣也.
侯王若能守之,⁴⁾ 萬物將自賓.⁵⁾
天地相合, 以降甘露,
民莫之令而自均.⁶⁾
始制有名,⁷⁾ 名亦旣有,
夫亦將知止, 知止所以不殆.⁸⁾
譬道之在天下, 猶川谷之與江海.⁹⁾

●●●

도(道)는 영원히 이름이 없다.¹⁾
박(樸)처럼²⁾ 작다고 해도³⁾
천하도 신하로 부릴 수 없다.
임금이 이것을 지킬 수 있다면⁴⁾
만물이 스스로 복종하게 되리라.⁵⁾
하늘과 땅이 서로 화합하여
단 이슬을 내리는데

新譯 老子 讀本 | 179

백성들이 부리지 않아도[6] 저절로 조화롭게 내리게 된다.
만물은 만들어져 이름이 생겼고[7]
이름이 있게 되었으므로
그칠 때를 알아야 하고
그칠 때를 알아야[8] 위태롭지 않네.
도의 천하에 대한 존재를 비유해 보면
마치 내와 골짜기가 흘러드는 강과 바다일세.[9]

자구 해석

1) **道常無名** : 왕필(王弼)이 말했다. "도(道)는 형태가 없고 얽매이지 않아서 항상 이름을 붙일 수 없으며 이름이 없는 것을 떳떳함으로 삼는다. 그러므로 도는 항상 이름이 없다고 말한다." 생각컨대 첫장에서 말했다. "도(道)를 말로 할 수 있다면 영원불변한 도가 아니요, 이름을 지울 수 있다면 영원불변한 이름이 아니다." 노자의 도는 영원한 도로서 형체가 없으므로 이름도 없다.
2) **樸** : 아직 가공을 거치지 않은 원목이다. 여기서는 도체를 형용하는 데 사용되어, 꾸밈이 없는 자연으로 해석할 수 있다.
　'도상무명박 道常無名樸' 다섯 글자에 대해 보통 2가지의 구두법(중국의 고서를 읽을 때 문자의 뜻에 따라 쉬거나 또는 쉼표의 점을 찍는 것)이 있다. 하나는 '도상무명박 道常無名樸' 5자를 한 구(句)로 하는 것이고 또 하나는 '명 名'에서 쉼표를 찍고 '박 樸'을 아래에 속하게 읽어서 '道常無名, 樸雖小'가 되게 하는 것이다.
　이 두 가지의 구두법은 모두 타당하지 않은 점이 있다. 왜냐하면 아래 문장인 '시제유명 始制有名'은 바로 '도상무명 道常無

名'과 상응되기 때문이다. 만약 이 구(句)들에서 '박 樸'자로부터 끊어 읽는다면 뜻이 순조롭지 못할 뿐만 아니라 뒤에 있는 '시제유명 始制有名'과도 상응할 수 없다.

고형(高亨)은 37장의 '무명지박(無名之樸)'에 근거하여 '명 名'의 아래에 '지 之'자가 빠졌다고 의심한다. 그러나 '무명지박 無名之樸'은 중심이 '박 樸'에 있고 '도상무명 道常無名'은 중심이 '도 道'에 있음을 모르고 있다. 또한 '무명지박 無名之樸'은 바로 도(道)를 가리키는데 만약 '명 名'아래에 '지 之'를 더한다면 '도상무명지박 道常無名之樸'으로 되어 글이 이해하기 어렵고 읽기 어려워지며 뜻도 모호하여 확실하지 않다. 그래서 첫번째 구두법은 따를 수 없다.

이 장의 전체에서는 '도 道'자를 말하고 있다. '무명 無名'·'박 樸'·'수소 雖小'는 모두 도를 형용한 것이다. 만약 '박 樸'자를 아래에 속하게 읽는다면 '박 樸'자가 이 장 전체의 중심이 되어 '도상무명 道常無名'의 구(句)가 도리어 나머지가 된다. 따라서 두번째의 구두법도 따를 수 없다.

본문에서는 '도상무명박 道常無名樸' 5자를 두 구로 나누었는데 결코 특별하게 다른 견해를 새로 내세운 것은 아니고 문장의 뜻을 분명히 드러내고자 한 것이다.

3) 小 : 41장에서 말했다. "도(道)는 숨어서 이름이 없다. 道隱無名"이라고 했는데 '소 小'는 바로 도의 은미함을 형용한 것이다. 『예기 중용 禮記 中庸』에서 말했다. "군자의 도는 넓으면서도 은미하다. 그 크기로 말한다면 천하에 아무 것도 그것을 실을 수 없고 그 작기로 말한다면 천하에 아무것도 그것을 쪼갤 수 없다. 君子之道, 費而隱. 語大, 天下莫能載焉. 語小, 天下莫能破焉." '소 小'는 '은 隱'을 가리킨다.

4) 之 : 도(道)를 가리킨다.

5) 自賓 : '빈 賓'은 복종을 말하고 '자빈 自賓'은 저절로 복종하는

것을 말한다.
6) 之 : '감로 甘露'를 가리킨다.
7) **始制有名** : '제 制'는 '제 製'와 같으며 창조의 뜻이다. 이 구(句)는 만물이 처음 생겨나기 시작하여 마침내 이름이 있게 되는 것을 말한다.
8) **所** : 『왕필본』에서는 '가 可'로 되어 있으며, 『하상공본』 및 그 밖의 고본에는 모두 '소 所'라고 되어 있다. 왕필주에서 말했다. "그러므로 그칠 줄 알기에 위태롭지 않다. 故知止所以不殆" 이처럼 『왕필본』에도 원래는 '소 所'라고 되어 있다. 지금은 『하상공본』과 왕필주에 근거하여 고쳤다.
9) **與** : 『왕필본』에는 '어 於'라고 되어 있으며 『하상공본』에는 '여 與'라고 되어 있다. 『어람 御覽』 659권에서도 이 어구를 끌어다가 역시 '여 與'라고 썼다. 왕필의 주에서 말했다. "마치 내와 골짜기가 강과 바다 함께 한 것과 같다. 猶川谷之與江海也" 이렇게 『왕필본』에도 원래는 '여 與'라고 되어 있다. 지금은 『하상공본』과 왕필주에 근거하여 고쳐 쓴다.

우리말 풀이

　도(道)는 형체가 없고 영원토록 이름이 없으며 영원히 질박하다. 그것이 비록 은미하여도 천하의 어떤 사람도 그것을 가벼이 볼 수 없고 그것을 지시하고 부릴 수 없다. 제후와 왕이 그것을 지킬 수 있다면 만물이 모두 스스로 움직여서 복종한다. 하늘과 땅의 음양의 기운이 서로 합하면 단 이슬을 내리므로 사람들이 요구하고 시키지 않아도 저절로 조화를 이룬다. 도 역시 이와 같다.
　도는 만물을 창조하며 만물은 이름이 있게 된다. 이름이 생긴 후에 분쟁 또한 잇따라 생겨난다. 그러므로 적당한 정도에서 그침을 알아야 하고 적당한 정도에서 그칠 줄 알게 되면 위험이 발생할 수 없다. 도와 천하 사람들과의 관계를 말하자면 마치 강·바다와 내·골짜기와의 관계와 같다.

강과 바다는 모든 하천의 귀결점이다. 도 또한 천하 사람들의 귀착점이다.

경문

知人者智, 自知者明.[1)]
勝人者有力, 自勝者强.[2)]
知足者富,[3)] 强行者有志.[4)]
不失其所者久, 死而不亡者壽.[5)]

남을 아는 것은 지혜이지만
자신을 아는 것은 명철함이다.[1)]
남을 이기는 것은 힘이 있는 것이요
자신을 이기는 것은 강한 것이다.[2)]
만족할 줄 아는 것은[3)] 부유함이요
힘써 행하는 것은[4)] 뜻이 있는 것이다.
제자리를 잃지 않으면 오래가며
죽어도 없어지지 않으면 영원한 것이다.[5)]

자구 해석

1) 노자(老子)는 지극히 '명 明'을 중시했다. 16장에서 말했다. "불

변의 규율 [常]을 아는 것을 명(明)이라 한다." 52장에서 말했다. "작은 것을 보는 것을 명(明)이라 한다." "명(明)으로 되돌아 간다." 그리고 '지 智'를 지극히 배척했다.

19장에서 말했다. "성(聖)을 끊고 지(智)를 버리면 백성의 이익이 백 배가 된다." 65장에서 말했다. "그러므로 지(智)로써 나라를 다스리는 것은 나라의 적이다."

'지 智'와 '명 明'의 구분은 지극히 미묘하다. '지'는 밖으로 발산하는 것이고 '명'은 안에서 빛나는 것이다. 바꾸어 말하면 '지'는 남을 관찰하는 것 [觀人] 이고 '명'은 자기를 성찰하는 것 [省己] 이다. 엄복(嚴復)이 "지(智)는 촛불과 같고, 명(明)은 거울과 같다."고 했으니 절묘한 비유라고 할 만하다.

남을 관찰하는 것은 단지 남을 알아보는 능력만을 구비하면 가능하다. 자기를 성찰하는 것은 더욱 정(情)을 줄이고 욕심을 버리며 사욕을 극복하고 사사로움을 제거할 수 있어야 한다. 그러므로 '자신을 아는 것 自知'이 '남을 아는 것 知人'에 비해 더욱 어렵다.

정을 줄이고 욕심을 버리며 사욕을 극복하고 사사로움을 없애면 '근본으로 돌아가고 歸根', '근본을 회복 復命'하여 도에 가까워진다. 이것이 바로 노자가 지극히 '명 明'을 중시하고 '지 智'를 배척한 이치이다.

2) 强 : 이것은 52장의 "부드러움을 지키는 것을 강하다고 말한다."의 '강 强'이고, 76장의 "굳세고 강한 것은 죽음의 무리다"의 '강 强'은 아니다.

사람은 모두 사유욕이 있다. '자신을 이기는 것 自勝'은 곧 사사로움과 욕심을 버리는 것이다. 다만 사사로움을 버리고 욕심을 버리는 데에 힘을 사용해서는 안되고 반드시 '허 虛'와 '정 靜'을 사용해야 한다. 이 '허 虛'와 '정 靜'이 바로 부드러움의 표현이다. 그러므로 이 구의 '강 强'자는 '부드러움을 지키는 것을 강(强)이라고 한다. 守柔曰强'의 '강 强'이다.

3) **知足者富** : 이것은 재화를 가리켜서 한 말이다. (노자에서 도(道)는 바로 부족한 듯이 항상 마음을 비워 두는 것이다.) 사람의 욕심은 골짜기나 구덩이보다도 깊기 때문에 비록 하루에 천만 번을 나아가도 또한 만족하기 어렵다.

반대로 담박하고 욕심이 적으면, 즉 도시락 밥 하나, 표주박 맹물 한 그릇이라도 즐거움이 그 가운데에 있다. 그래서 노자는 사람들에게 '지족 知足'을 가르쳤으니, 즉 마음이 여유가 있고 부유한 것이라 하겠다.

4) **强行** : 왕필(王弼)이 말했다. "힘써서 勤能(생각컨대 '능 能'과 '이 而'는 통용된다.) 행하다 行之" 생각컨대 41장에서 말했다. "힘써서 행하다. 勤而行之" 왕필의 주(註)에서 '뜻이 있다.'는 것은 '힘써서 행한다.'라고 했는데 이것은 즉 '근이행지 勤而行之'의 뜻이다."

5) **死而不亡** : 『좌전 양공 左傳 襄公』 24년의 "죽어도 썩지 않는다."의 뜻과 같다. '불망 不亡'은 덕(德)이 생겨나고 도(道)가 생겨나는 이치가 없어지지 않는 것이다.

우리말 풀이

다른 사람의 장점과 단점, 선함과 악함을 헤아릴 수 있는 것을 지혜롭다고 하며, 자신의 본성을 알아서 인식하는 것을 명철하다고 한다. 다른 사람과의 싸움에서 이기는 것을 힘이 있다고 말하며, 자신을 극복할 수 있는 것을 강하다고 한다.

재화에 욕심이 없어 만족할 수 있는 것을 바로 부유하다고 하며, 대도(大道)를 계속하여 쉬지 않고 부지런히 행할 수 있는 것을 바로 뜻이 있다고 한다.

항상 도가 처해야 할 곳을 잃어버리지 않으면 오래가며, 비록 몸은 죽어도 도가 여전히 존재하면 장수(長壽)한다고 한다.

경문

大道氾兮,[1] 其可左右.[2]
萬物恃之而生而不辭,[3] 功成而不有,[4] 衣養萬物而不爲主.[5]
常無欲,[6] 可名於小.
萬物歸焉而不爲主, 可名爲大.
以其終不自爲大, 故能成其大.

큰 도는 넘쳐 흘러[1]
[2]왼쪽에 오른 쪽에.
만물이 여기에 의지하여 생겨나되 관여하지 않고[3]
공을 이루고도 차지하지 않고[4]
만물을 키우고도[5] 주인이 되지 않는다.
언제고 허무의 상태에 있으므로[6]
작다고 부를 수 있지만
만물이 그에게 돌아가되 주인이 되지 않으니
크다고 부를 만하다.
끝내 스스로 크다고 여기지 않으니

위대함을 이루었구나.

자구 해석

1) 氾 : 범람하여 흐르다.
2) 其 : 도를 가리킨다.
3) 不辭 : 마땅히 '무위에 내맡겨 不爲始'라고 되어야 한다. 설명이 제 2장 주(註) 9)번에 보인다.
4) 功成而不有 : 『왕필본 王弼本』에는 원래 '공성불명유 功成不名有'라 되어 있다. 역순정(易順鼎)이 말했다. "『문선 변명론 文選辨命論』주에서 인용하기를, '공을 이루었으나 소유하지 않고, 만물을 사랑하여 길렀으나 주인이 되지 않는다. 功成而不有, 愛養萬物不爲主'라 하였다. 생각컨대 그 아래 문장도 왕필의 주를 계속 인용하였으니 인용한 것이 『왕필본 王弼本』이라는 점은 의심할 여지가 없다. 지금 『왕필본 王弼本』에 '공성불명유 功成不名有'는 마땅히 '공성이불유 功成而不有'로 되어야 한다. '명 名'자는 쓸데없는 글자다."

마서륜(馬敍倫)이 말했다. "각 본을 참고하여 교정해 보면 『노자』본문이 '공성이불유 功成而不有'로 되어 있는 것을 알 수 있다. '명 名'과 '유 有' 두 자는 형태가 비슷해 '유 有'자를 '명 名'자로 잘못 썼다. 교정한 사람이 다른 판본에 '유 有'라고 되어 있는 것을 '명 名'자의 아래에 방주(旁注)를 달았는데 옮겨 베낄 때 경문(經文)으로 잘못 들어갔다."

생각컨대 2장, 10장, 51장에는 모두 '있지 않다. 不有'라는 단어가 있는데 '있지 않다. 不有' 두 자는 노자의 습관적인 용어이다. 본 장의 '불명유 不名有'는 뜻이 통하지 않고, 이제 역(易), 마(馬) 두 사람의 학설에 따라 '명 名'자를 삭제했다.

5) **衣養** : 『하상공본 河上公本』에는 '사랑하여 기름 愛養'이라 했는데 『부혁본 傅奕本』, 『영락대전본 永樂大典本』에는 본래 '감싸고 보호하다 衣被'라 했다. 생각컨대 '의양 衣養' '애양 愛養' '의피 衣被'는, 글자는 비록 다르나 뜻은 다르지 않다.
6) **常無欲** : 고형(高亨)이 말했다. "'욕 欲'자는 불필요한 글자가 아닌가 의심스럽다. '항상 없다 常無'는, 도의 본체가 진실로 무(無)의 상태라는 것을 말한 것이다. 오직 항상 없기 때문에 작다고 이름지을 만하다. '욕 欲'자 한 자를 보태면 뜻이 통하지 않는다."

생각컨대 그 학설은 지극히 옳다. 도의 본체는 은미하고 허무한 것이므로 아래 구(句)에 '작은 것이라 이름 할만하다 可名於小'라 하였다. 그 작용이 끝이 없고 굴절됨이 없으므로 아래 구에 '큰 것이라 이름 할만하다. 可名於大'라 하였다.

우리말 풀이

큰 도는 범람하여 오른쪽과 왼쪽으로 흘러 끝이 없고 굴절됨이 없으며 미치지 않는 곳이 없다. 만물이 모두 그를 의지하여 생장 하나 오히려 관여하지 않고, 만물을 이루었으나 오히려 그 공을 차지하지 않고, 만물을 키우고도 오히려 만물을 주재하지 않는다.

도의 본체는 은미하고 허무하여 매우 작다고 말할 수 있다. 그러나 그 작용은 무궁하고 만물을 만들고 길러 만물을 귀속시키면서도 그렇게 되는 이유를 알지 못하게 한다. 그래서 위대하다고 말할 수 있다. 바로 스스로 위대하다고 여기지 않기 때문에 위대함을 이룰 수 있는 것이다.

제35장

경 문

執大象,[1)2)] 天下往.
往而不害, 安平太.[3)4)]
樂與餌,[5)] 過客止.
道之出口, 淡乎其無味,
視之不足見, 聽之不足聞,
用之不足旣.[6)]

● ● ●

대도(大道)를 잡고[1)2)]
천하로 나서니
어디를 가도 해롭지 않아
이에[3)] 태평하다.[4)]
달콤한 음악과 맛있는 음식은[5)]
지나가는 나그네도 멈추게 한다.
도(道)가 드러내어 나오면
담박하여 맛이 없고
보아도 보이지 않고
들어도 들리지 않고

아무리 사용해도 다함이 없다네.[6]

자구 해석

1) **執** : 잡아 지키다.
2) **大象** : '상 象'으로써 도를 비유했다. 14장에서 "사물이 없는 형상 無物之象"이라 했고, 21장에서 "그 가운데 형상이 있다 其中有象"라고 했는데 모두 옳다. '대상 大象'은 즉 대도(大道)이다.
3) **安** : 왕인지(王引之)가 말했다. "안(安)은 그래서 [於是], 이에 [乃], 즉(則)과 같다."(『경전석사 經傳釋詞』에 보인다.)
4) **平太** : 즉 태평이다. 협운(協韻)을 위해 문장을 도치했다.
5) **樂與餌** : 음악과 맛있는 음식을 이른다. 음악에는 소리가 있고 음식에는 맛이 있는데 두 가지는 모두 사람을 유혹할 만하다. 이것으로 도에는 '맛없고', '볼만한 것이 없고', '들을만한 것이 없다.'는 것을 반대로 비유하였다.
6) **旣** : 끝나다, 다하다.

우리말 풀이

한 나라의 군주가 국정을 다스릴 때, 대도를 지키고 말하지 않는 가르침〔不言之敎〕을 행하고 무위의 일〔無爲之事〕로 처리한다면 천하의 사람들이 모두 돌아와 그를 따를 것이다. 돌아와 그를 따라도 조금도 침해를 당하지 않는다면 천하는 태평하고 안락해진다.

듣기 좋은 음악과 맛있는 음식은 지나가는 나그네의 걸음을 멈추게 한다. 그러나 도는 드러나게 되면 오히려 담박하여 맛이 없고, 형체가 없어 보아도 보이지 않고, 소리가 없어 들어도 들리지 않는다.

그러나 오히려 아무리 취해도 다함이 없고 아무리 사용해도 다함이 없다.
　그래서 억지로 베풂이 있고 인위가 있게 되면 듣기 좋은 음악과 맛있는 음식처럼 단지 사람의 귀와 눈과 입과 배의 욕심을 만족시킬 뿐이다.
　그러나 청정하고 무위하면 비록 형체도 없고 자취도 없으나 오히려 사람을 오래도록 편안하게 한다.

경문

將欲歙之,¹⁾ 必固張之.²⁾

將欲弱之, 必固强之.

將欲廢之, 必固擧之.³⁾

將欲奪之, 必固與之.

是謂微明.⁴⁾ 柔弱勝剛强.

魚不可脫於淵,⁵⁾ 國之利器不可以示人.⁶⁾⁷⁾

●●●

접으려면¹⁾
반드시²⁾ 먼저 펴 주고
약하게 하려면
반드시 먼저 강하게 해 준다.
무너뜨리려면
반드시 먼저 일으켜 준다.³⁾
빼앗으려면
반드시 먼저 준다.
이것을 일러 미명(微明)이라 한다.⁴⁾
부드럽고 약함이 억세고 강함을 이긴다.
물고기는 연못을 벗어나서는 안 되듯이⁵⁾

나라의 권모술수와 형벌을[6] 남에게 과시해서는 안 된다.

자구 해석

1) **歙**:『설문 說文』에 '코를 찡그리다'라고 말했다. '흡 歙'은 수축하다의 뜻이다. 『하상공본』에는 '흡 噏'이라 되어 있고,『석문본 釋文本』에는 '흡 儠'이라 되어 있으며,『한비자 韓非子』에는 '흡 翕'이라고 인용되어 있다. 모두 '흡 歙'과 더불어 음이 같아서 통용된다.
2) **固**: '마땅히 定'와 같다. 마서륜은 '잠시 姑且'의 '고 姑'로 읽어야 한다고 했는데 틀렸다.
3) **擧**:『왕필본』및 각본(各本)에는 모두 '흥 興'으로 되어 있다. 고형이 말했다. "'흥 興'은 마땅히 '거 擧'로 되어야 한다. 형태가 비슷하여 잘못된 것이다. 이 문장에 '장 張'과 '강 强'은 압운이 되고 '거 擧'와 '여 與'도 압운이 된다." 생각컨대 고형의 말은 대단히 옳아서 이제 여기에 의거하여 고쳤다.
4) **微明**: 하상공이 말했다. "도는 은미하지만 효용은 밝다." 생각컨대 '미 微'는 은미한 것이고, '명 明'은 드러나 밝은 것이다. 소멸하고 번식하며 차고 비는 운수는 기미가 비록 지극히 은미하나 그 이치는 지극히 명백하다는 것을 말하고 있다.
5) **魚不可脫於淵**:『한비자 내저설 하 韓非子 內儲設 下』에서 말했다. "권세의 막중함은 군주의 깊은 연못이다. 신하는 막중한 권세의 물고기이다. 물고기가 연못을 잃으면 다시 얻을 수 없고, 군주가 막중한 권세를 신하로부터 상실하면 다시 거두어 들일 수 없다."
　생각컨대 '연못'은 고기가 생존하는 근본이듯이 겸허와 유약 이야말로 군주가 나라를 다스리는 근본이 됨을 비유했다. 한비자가 막중한 권세를 깊은 연못에 비유하고 신하를 고기에 비유한 것은 그 취지를 체득하지 못한 것 같다.
6) 利器 : 하상공이 말했다. "예리한 그릇이란 권모술수와 형벌을 말한다. 나라를 다스리는 자는 일을 맡아보는 신하에게 권모와 형벌로써 강하게 보여서는 안 된다." 생각컨대 57장에서 "조정에 예리한 그릇이 많으면."이라고 한 것에 대해 하상공이 말했다. "예리한 그릇이라는 권(權)이다." 하상공은 예리한 그릇을 권(權)으로 해석했는데 한비자가 상벌로 해석한 것과 비교해 보면 더 나은 것 같다.(「내저설 하 內儲說 下」)
7) 示 : 보이다. 과시하다.

우리말 풀이

사물의 발전이 극에 달하면 반드시 반전하고 세력이 강하면 반드시 약해진다. 이것은 자연의 현상으로 불변의 이치이다. 이같은 이치를 분명히 알고 운용을 더한다면 모든 것이 다 순조롭게 될 것이다. 어떤 사물에 대해서 수축하려면 반드시 먼저 확장시키고, 약하게 하려면 먼저 강화시키고, 폐기하려면 먼저 추대해야 하고, 빼앗으려면 먼저 주어야 한다.

이같은 이치는 은미한 것처럼 보이나 사실은 매우 분명하다. 그것은 단지 부드럽고 약함이 억세고 강한 것을 이기는 것일 뿐이다. 연못은 고기가 생존하는 근본이고 고기는 연못을 떠날 수 없으며 연못을 떠나면 반드시 말라 죽는다. 유약은 나라를 다스리는 근본이다. 나라를 다스리면서 유약함을 사용하지 않으면 반드시 나라가 망하고 자신도 죽게 된다. 권모술수 형벌에 이르면 모두 흉악하고 예리하며 강한 것들이다. 그것을 남에게 보여서도 안 되거늘 어찌 백성들에게 사용할 수 있겠는가?

경문

道常無爲而無不爲,[1]
侯王若能守之,[2] 萬物將自化.[3]
化而欲作,[4] 吾將鎭之以無名之樸.[5][6]
(無名之樸)夫亦將無欲.[7][8]
不欲以靜,[9] 天下將自定.

도는 언제고 인위가 없으나 하지 않는 것이 없다.[1]
군주가[2] 이를 지킬 수 있다면
만물은 저절로 생장한다.[3]
생장하다 사욕이 싹틀 때[4]
내가 이름 지을 수 없는 질박함으로 진정시키면,[5] [6]
(이름 지을 수 없는 질박함)[7]
만물도[8] 욕심이 없게 될 것이다.
욕심을 내지 않고[9] 고요해지면
천하가 저절로 안정되리라.

자구 해석

1) **道常無爲而無不爲**: 도의 본체는 허정(虛靜)이다. 자연을 따라 조화를 이루므로 "인위적인 것이 없다 無爲"라고 말한다. 그러나 만물이 그것에 의지하여 생성하고 그것에 의해 성장하므로 또 "하지 않는 것도 없다. 無不爲"라고 말한다. '무위 無爲'는 도의 작용 방식을 말하는 것이고, '무불위 無不爲'는 도의 작용 효과를 말하는 것이다.
2) **侯王**: 집권자를 가리킨다.
3) **自化**: 본성을 따라 발전하다.
4) **欲作**: 사욕이 싹트기 시작한다.
5) **鎭**: 막아내다.
6) **無名之樸**: 전목 선생(錢穆先生)이 말했다. "박(樸)이라는 것은 실(實)하지도 않고 허(虛)하지도 않은 것으로 실(實)의 본질이다. 실(實)은 이름 지을 수 있으나 실(實)의 본질은 이름 지을 수 없다 그러므로 '이름 지을 수 없는 박(樸)'이라 했다."

    생각컨대 '박 樸'은 도의 본질이며 도는 이미 이름 지을 수 없다. (32장에 말하길 "도는 언제고 이름 지을 수 없다."라 하였다.) 따라서 박(樸)도 이름 지을 수 없다.
7) **(無名之樸)**: 나진옥(羅振玉)이 말했다. "『석문』에 의하면 『왕본』에는 이 구(句)가 없는 것 같다."

    역순정이 말했다. "『석문 대서 釋文 大書』에 '나는 무명의 도를 가지고 욕구를 누르고자 한다. 만물도 장차 무욕하게 된다. 吾將鎭之以無名之樸, 夫亦將無欲' 14자는 요즘 판본에 '무명지박 無名之樸' 4자가 보태졌는데 이것은 윗 문장을 이어받아 쓸데없이 늘어난 것이다."

    생각컨대 나(羅), 역(易) 두 사람의 학설이 지극히 옳다. 이 4자를 보태면 문장의 뜻이 가로막혀 통하기가 어렵다. 마땅히 두 사람의 학설에 의해 삭제해야 한다.
8) **夫** : 만물을 가리킨다.
9) **以** : 이(而)와 같다.

우리말 풀이

　도의 본체는 자연에 순응하여 만들지도 않고 설치하지도 않아 마치 하는 것이 없는 것 같다. 그러나 만물이 모두 도로 말미암아 생겨나고 도를 의지해서 성장하므로 실제로 하지 않는 것이 없다. 나라를 다스리는 사람이 만약 그것을 지키고 무위로써 운용을 삼을 수 있다면 만물이 모두 각각 그 성질대로 스스로 생겨나고 스스로 성장할 것이다. 그러나 만물이 생장하고 번영하는 과정 중에 욕심과 사악한 생각이 일어나서 사회의 자연 질서를 훼손하는 것을 면하기 어렵다.
　그때에 나는 도의 본질인 '이름 지을 수 없는 질박함'을 가지고 이러한 현상을 극복하고 타파할 것이다. 욕망과 사악한 마음이 없어지고 게다가 고요하고 어지럽지 않게 되면 천하는 자연히 안정될 것이다.

경문

上德不德,[1] 是以有德.
下德不失德,[2] 是以無德.
上德無爲而無以爲,[3] 下德無爲而有以爲.[4]
上仁爲之而無以爲,[5] 上義爲之而有以爲.[6]
上禮爲之而莫之應, 則攘臂而扔之.[7]
故失道而後德, 失德而後仁,
失仁而後義, 失義而後禮,
夫禮者忠信之薄,[8] 而亂之首.[9]
前識者,[10] 道之華,[11] 而愚之始.[12]
是以大丈夫處其厚,[13][14] 不敢其薄,[15]
處其實,[16] 不敢其華.[17]

故去彼取此.[18]

●●●

최상의 덕은 인위의 덕이 아니기에[1]
그래서 덕이 있으며

최하의 덕은 덕을 잃으려 하지 않기에[2]
그래서 덕이 없다.
최상의 덕은 인위가 없고 그럴 마음도 없으며[3]
최하의 덕은 인위가 없으나 그럴 마음은 있다.[4]
최상의 인은 인위를 하지만 그럴 마음은 없으며[5]
최상의 의는 인위를 하면서 그럴 마음도 있다.[6]
최상의 예는 인위를 하면서 아무도 호응하지 않으면
팔을 걷어 올리며 잡아 끈다.[7]
그러므로 도를 잃은 뒤에 덕이 있고
덕을 잃은 뒤에 인이 있고
인을 잃은 뒤에 의가 있고
의를 잃은 뒤에 예가 있다.
예란 성실과 소박이 엷어진 것이요[8]
어지러움의 시작이다.[9]
먼저 안다는 것은[10]
도의 꽃이고[11]
어리석음의 시작이다.[12]
그러므로 대장부는[13] 두터움에 처하고[14]
엷음에 머물지 않으며[15]
열매에 처하고[16]
꽃에 머물지 않는다.[17]
그러므로 저것을 버리고 이것을 취한다.[18]

자구 해석

1) **上德不德**: '최상의 덕 上德'은 최상의 덕을 가진 임금을 가리키는데, 다음 글의 '최하의 덕 下德' '최상의 어짊 上仁' '최상의

의로움 上義' '최상의 예 上禮'도 모두 이와 비슷하다. '덕이라 하지 않는다. 不德'는 말하자면 도를 체득(體得)해서 실행하고 자연을 따르며 무심하게 덕을 구하는 것이다.

2) **下德不失德**: 최하의 덕을 가진 임금은 유심하게 덕을 구하는 것을 말한다.

3) **上德無爲而無以爲**: '인위가 없다. 無爲'는 베풀어 행함이 없는 것을 말하는데, 겉으로 드러난 것을 가리켜 한 말이다. '인위를 할 생각도 없다. 無以爲'는 하려고 하는 것도 없음을 말하는데, 마음 속에 두고 있는 것을 가리켜 한 말이다.

4) **下德無爲而有以爲**: '인위가 없다. 無爲'는 『왕필본 王弼本』에서 원래 '인위를 하다. 爲之'라고 되어 있고, 마기창(馬其昶)은 마땅히 '인위가 없다. 無爲'로 되어야 한다고 주장하면서 그 글에서 말했다.

　　"'무위 無爲'는 옛날에 '위지 爲之'라고 되었는데 착오로 '상의 上義' 구절과 같게 되어 있고, 『부혁본 傅奕本』에서도 착오로 '상인 上仁' 구절과 같게 되어 있다. 주석가들이 억지로 학설을 만들었으나 모두 틀렸으므로 지금 그것을 바로잡는다. 덕은 상하가 있으나 하는 게 없다는 측면에서는 똑같다. 그 덕을 잃지 않으려 하기 때문에 비록 '무위 無爲' 가운데에 처해서도 여전히 '하고자 함 以爲'이 있다."

　　생각컨대 '무위 無爲'는 '상덕 上德'과 '하덕 下德'에서 서로 똑같은 점이지만, '무이위 無以爲'와 '유이위 有以爲' 양자는 서로 다른 점이다. '상덕 上德'은 덕에 마음을 두지 않기 때문에 '인위가 없고 그럴 마음도 없다'. '하덕 下德'은 덕에 마음을 두고 있기 때문에 '인위가 없지만 그럴 마음은 있다.'

　　『왕필본』에는 '위지이유이위 爲之而有以爲'라고 되어 있는데, 이 문장은 '상의 上義' 구절과 서로 같으나, '하덕 下德'의 조예(造詣)는 도리어 '상인 上仁'과 같지 않으므로, '상의 上義'와의 사이에서 어찌할 도리가 없다. 이렇게 본다면 원문에 틀림없이 착오가 있다. 이제 마씨의 학설을 따라 고쳤다.

5) **上仁爲之而無以爲** : 어진이는 어짊을 편안하게 여기고, 몸을 성실히 하여 실행한다. 비록 인위적으로 피하지 않아도 적중하고, 생각하지 않아도 체득할 수 있으며, 순전히 천리(天理)에 맡겨 조금도 사심이 없다. 그래서 '인위를 하지만 그럴 마음은 없다. 爲之而無以爲'고 한 것이다.

6) **上義爲之而有以爲** : 의(義)는 마땅함 [宜] 이다. 마땅히 실행해야 할 것을 실행하고, 마땅히 할 바를 하는 것을 일컬어 의(宜)라고 한다. 그러나 온당함과 온당치 않음은 반드시 자기로부터 살펴야 한다. 이렇게 말하자면 상의(上義)는 실행하기 이전에 있어서 이미 덕을 구하고자 하는 마음이 있다. 그러므로 '인위를 하면서 그럴 마음도 있다. 爲之而有以爲'고 한 것이다.

7) **攘臂而仍之** : '양비 攘臂'는 팔을 들어 올리고, '잉 仍'은 잡아당기는 것이다. 손을 내밀어 사람을 끌어 당겨 그로 하여금 예(禮)에 나아가도록 하는 것을 말한다.

8) **夫禮者忠信之薄** : '충신 忠信'은 성실하고 소박한 것과 같은 뜻인데, 유가(儒家)의 충신과는 차이가 있다. '박 薄'은 쇠퇴하고 엷어진다는 뜻이다. 예(禮)는 꾸미고 가장하고 허황된 것으로, 진실을 멀리하고 도를 이탈하여 충신(성실하고 소박함)이 나날이 쇠퇴하고 엷어짐을 말한다.

9) **亂之首** : '수 首'는 시작으로 해석한다. 거짓과 재앙이 날마다 점점 불어나는 것을 말한다.

10) **前識者** : 미리 알고 먼저 깨닫는 것을 가리킨다. 앞의 글에서는 '예 禮'를, 여기서는 '지 智'를 말했다.

11) **華** : '열매 實'와 대립적으로 말한 것으로 겉이나 끝과 같다.

12) **愚之始** : 미리 알고 먼저 깨닫는 사람은 지혜를 도맡고 교활함을 취하여 도의 근본을 위배하므로 실로 어리석음의 근원이다.

13) **大丈夫** : 도를 체득한 사람을 말하는데, 맹자가 말한 대장부와는 다르다.
14) **厚** : '충신 忠信'을 가리킨다.
15) **薄** : '예 禮'를 가리킨다.
16) **實** : '도 道'를 가리킨다.
17) **華** : '미리 아는 것 先識'을 가리킨다.
18) **故去彼取此** : '저것 彼'은 '박 薄'과 '화 華'를 가리키고, '이것 此'은 '후 厚'와 '실 實'을 가리킨다.

우리말 풀이

 최상의 덕을 가진 사람은 일체를 도에 의존하여 행하고 덕을 구하는 데 마음을 두지 않으므로 도리어 덕이 있다. 최하의 덕을 가진 사람은 덕을 구하는 데 마음을 두기에 도리어 덕이 없다. 최상의 덕을 가진 사람은 자연에 순종하고 작위적인 것이 없으며, 또한 작위에 마음을 두지 않는다. 최하의 덕을 가진 사람은 비록 자연에 순종하고 무위를 표현한다 해도, 도리어 작위에 마음을 둔다.
 최상의 인을 가진 사람은 몸을 성실히 하여 행하며, 비록 작위가 있지만 모두 사랑하는 마음에서 생겨나서, 인위를 하려는 것이 없지만 하게 된다.
 최상의 의를 가진 사람은 모든 일에 옳고 그름을 계산하여 일체의 작위가 모두 인위를 하려는 것이 있어서 하게 된다.
 최상의 예를 가진 사람은 각종 예의 절도를 만들어 몸을 가지런히 하여 행하고, 만약 호응을 얻지 못한다면, 팔뚝을 펴서 사람을 끌어들여 강제로 실행한다.
 그래서 도를 잃은 뒤에 비로소 덕이 있게 되고, 덕을 잃은 뒤에 비로소 인이 있게 되고, 인을 잃은 뒤에 비로소 의가 있게 되고, 의를 잃은 뒤에 비로소 예가 있게 된다. 덕에서부터 예까지, 더욱더 그 진실을 잃어가고, 도를 떠나면 떠날수록 멀어지게 된다. 예란 인성이 성실하고 후덕한 것으로부터 경박으로 나아가는 표현이며, 사회는 평온함으로부터 혼란으로 향하는 시작이다.

그래서 미리 알고 먼저 깨닫는 지혜로운 사람은 지혜를 도맡고 교활함을 취하며, 소박함을 버리고 진실을 잃어버려 도의 근본과 떨어지니, 이것이 대도의 말류이고 우매의 근원이다.

그러므로 대장부는 몸을 세워 세상에 처하는 데 성실과 소박을 주로 삼으며, 예절을 중시하지 않는다. 도덕을 지키는 것을 의무로 삼아, 지혜롭고 교활함을 도맡아 쓰지 않는다. 야박하고 겉만 화려한 것을 버리고, 돈후하고 질박한 것을 취하여 쓰게 된다.

경문

昔之得一者,[1]
天得一以淸, 地得一以寧,
神得一以靈, 谷得一以盈,[2]
萬物得一以生, 侯王得一以爲天下貞.[3]
其致之.[4]
天無以淸將恐裂, 地無以寧將恐發,[5]
神無以靈將恐歇,[6] 谷無以盈將恐竭,
萬物無以生將恐滅, 侯王無以貴高將恐蹶.[7]
故貴以賤爲本,[8] 高以下爲基.
是以侯王自謂孤, 寡, 不穀,[9]
此非以賤爲本邪? 非歟?[10]
故至譽無譽.[11]
不欲琭琭如玉, 珞珞如石.[12]

●●●

옛날 하나를 얻은 것들이 있다. [1]
하늘은 하나를 얻어서 맑고
땅은 하나를 얻어서 편안하고
신은 하나를 얻어서 영험하고
계곡은 하나를 얻어서 가득차고 [2]
만물은 하나를 얻어서 생겨나고
군주는 하나를 얻어서 천하를 곧게 하였다. [3]
이들은 모두 하나로써 그렇게 될 뿐이다. [4]
하늘이 맑지 못하면 갈라질 것이고
땅이 편안하지 못하면 무너질 것이고 [5]
신이 영험하지 못하면 사라질 것이고 [6]
계곡이 가득차지 못하면 마를 것이고
만물이 생장하지 못하면 없어질 것이고
군주가 고귀하지 못하면 쓰러질 것이다. [7]
그러므로 귀함은 천함을 뿌리로 삼고 [8]
높음은 낮음을 터로 삼는다.
그러므로 군주가 자칭 외롭다, 부족하다, 착하지 못하다고 하는 것은 [9]
천함을 뿌리로 삼은 게 아니겠는가?
그렇지 않은가? [10]
그러므로 지극한 명예는 명예라고 일컬음이 없다. [11]
아름다운 옥처럼 빛나려 하지 말고
단단한 돌처럼 평담하여라. [12]

자구 해석

1) 一 : 왕필(王弼)이 말했다. "하나 [一]는 수의 처음이고, 사물의 궁극점이다." 생각컨대 '하나'는 수많은 숫자의 시작이고, '도 道'는 만물의 근본이므로 수 많은 숫자의 시작인 '하나'는 만물의 근본인 '도'를 비유한다.(22장의 주를 참조할 것)
2) 谷 : 하천이다.
3) 貞 : 바르다 [正]. 모범·본보기나 준칙의 뜻이다. '정 貞'자를 왕념손(王念孫)은 마땅히 '정 正'자라야 한다고 여겼다(독서잡지지여상 讀書雜志志餘上』에 보인다).

　　생각컨대 한강백(韓康佰)의 『역주 易主』·왕필의 『역략례 易略例』·『진서 배해전 晉書 裵楷傳』·손성(孫盛)의 『노자의문반신 老子疑問反訊』에서 이 구절을 인용하여 모두 '정 貞'으로 썼다. '정 貞'이 본래 글자이고 '정 正'으로 쓴 것은 아마 묘휘(廟諱)를 피하려 했기 때문일 것이다.
4) 其致之 : 엄영봉(嚴靈峯) 선생이 말했다. "치(致)는 도달하다, 어떤 결과를 초래하다는 뜻이다. 하늘, 땅, 신, 계곡, 만물, 군주 이 여섯 가지가 맑고, 편안하고, 영험하고, 가득 차고, 생겨나고, 모범이 될 수 있는 까닭은 모두 하나를 얻은 도 때문에 도달될 수 있음을 말한다." 생각컨대 이 세 글자는 마땅히 마서륜(馬敍倫)의 학설에 따라 옛 주석이 본문에 섞여 들어간 것으로 본다.
5) 發 : 유사배(劉師培)가 말했다. "'발 發'은 '폐 廢'로 읽는다. … '아마도 무너질 것이다 恐發'는 장차 흙으로 쌓은 다리가 무너지는 것이라고 말하는 것과 같은데 곧 땅이 기울어진다는 뜻이다. 발(發)은 폐(廢)의 생략 형태이다."

　　생각컨대 이 글자는 당연히 '폐 廢'로 써야 하는데, 각 책에서 '발 發'이라고 쓴 것은 폐(廢)를 가차(假借)한 글자로서 통용되기 때문이다.

6) 歇 : 사라져 없어지다.
7) 蹶 : 걸려 넘어지는 것으로 지위를 잃어버리는 것을 가리킨다.
8) 故 : 발어사로서 '부 夫'와 같다.
9) 不穀 : 착하지 않은 것이다. '외로움 孤', '부족함 寡', '착하지 않음 不穀'은 모두 왕이 스스로를 겸손하게 일컫는 것이다.
10) 此非以賤爲本邪? 非歟 : 『전국책 제책 戰國策 齊策』에서 이 부분의 문장을 인용해서 말했다. "노자는 말했다. 비록 귀하다고 해도 반드시 천함으로써 근본을 삼고, 비록 높다고 하되 반드시 낮음으로써 기초를 삼아야만 한다. 이 때문에 왕이 고독함, 부족함, 착하지 못함이라고 일컬으니 이것이 바로 천함을 근본으로 하는 것인가?"
11) 故至譽無譽 : 『왕필본 王弼本』에는 원래 '지극히 많은 수레는 수레가 없다 故至數輿無輿'라고 되어 있다. 범응원(范應元)은 말했다. "'예 譽'는 아름다움을 일컫는데, 왕필본과 고본이 같다." 진벽허(陳碧虛)가 말했다. "고본에 의거해서 예(譽)라고 쓴다."

고연제(高延第)가 말했다. "'지극한 명예에는 명예가 없다. 至譽無譽'는 『하상본 河上本』에서 '지극히 많은 수레에는 수레가 없다. 致數車無車'라고 썼고, 『왕필본』과 『회남자 도응편 淮南子 道應篇』에서 '지극히 많은 수레에는 수레가 없다. 致數輿無輿'라고 썼는데 각기 왜곡된 학설로서 본문의 뜻과 서로 일치하지 않는다.

육씨(陸氏)의 『석문 釋文』에 '예 譽'자가 나오는데 주에 '비방과 칭찬'이라고 되었다. 이것은 원본에는 '예 譽'라고 되어 있다. '예 譽'에서 '여 輿'로 잘못 되었고, '여 輿'에서 '거 車'로 잘못 되었다. 후세 사람들은 오히려 『석문』이 잘못된 것이라고 말했는데 옳지 않다."

고형(高亨)이 말했다. '예 譽'라고 쓰는 것이 옳다. '수 數'자는 남는 글자이기에 마땅히 삭제해야만 한다. 치(致)는 '지 至'로 읽는데 옛 글자에서는 통용된다.

생각컨대 『장자 지락편 莊子 至樂篇』에서 말했다. "그러므로 말했다. 지극한 즐거움에는 즐거움이 없고, 지극한 명예에는 명예가 없다. 至樂無樂, 至譽無譽." 아래 글에서 또 말했다. "하늘은 무위함으로 맑고, 땅은 무위함으로 평안하다."라 했으니 '지극한 명예에는 명예가 없다. 至譽無譽'는 이 글에서 인용한 문장으로 볼 수 있다.

이것으로부터 범응원과 고연제 등 제가(諸家)의 학설이 잘못되지 않았음을 증명할 수 있다. 이제 여기에 근거하여 고친다.

12) **琭琭如玉, 珞珞如石** : 하상공(河上公)이 말했다. "녹록(琭琭)은 적음을 비유했고, 낙락(珞珞)은 많음을 비유했다. 옥은 적기 때문에 귀하고, 돌은 많기 때문에 천하다. 말하자면 옥과 같이 사람들에게 귀하게 여겨지는 것을 원하지 않고, 돌과 같이 사람들에게 천하게 여겨지는 것도 원하지 않는다. 마땅히 그 중간에 있어야 한다."

생각컨대 '녹록 琭琭'은 옥의 아름다운 모양이고, '낙락 珞珞'은 돌의 단단한 모습이다. 노자는 '천함 賤'을 귀하게 여기고, '아래됨 下'을 귀하게 여기는데, 실제로 옥은 귀하고 돌은 천하다. 그래서 '아름다운 옥처럼 琭琭如玉' 사람들에게 귀하게 여겨지는 것을 원하지 않고, '단단한 돌처럼 珞珞如石' 사람들에게 천하게 여겨지는 것을 원한다.

우리말 풀이

'도'는 천지만물 생성의 총체적인 원리이고, '하나'는 '도'의 대표이다. 옛부터 무릇 하나를 얻은 것들이 있다. 하늘은 하나를 얻어 비로소 맑고, 땅은 하나를 얻어서 비로소 평안하며, 신은 하나를 얻어서 비로소 영험하고, 계곡은 하나를 얻어서 가득 차며, 만물은 하나를 얻어서 비로소 생겨나고, 군주는 하나를 얻어서 비로소 천하의 준칙이 된다. 이 모든 것이 하나로부터 얻은 것이다.

하늘이 맑지 못하면 무너질까 두렵다. 땅이 편안하지 못하면 뒤집힐까 두렵다. 신이 영험하지 못하면 사라져 없어질까 두렵다. 계곡이 가득 차지 못하면 고갈될까 두렵다. 만물이 생장하지 못하면 완전히 제거될까 두렵다. 군주가 천하의 준칙이 되지 못하면 전복되어 지위를 잃을까 두렵다.

귀함은 천함을 근본으로 삼고, 높음은 낮음을 기초로 삼는다. 이로 인해 군주들은 스스로 '외롭다', '부족하다', '착하지 못하다' 하여 겸손하게 표현하는데, 이것은 천함을 근본으로 삼음이 아닌가? 설마 아니겠는가?

그래서 세상에서 가장 높은 명예는 명예라고 일컬음이 없다. 왜냐하면 명예라고 일컬음이 있으면 비방 역시 이에 따라 오기 때문이다. 아름다운 옥과 같이 반짝반짝 빛나서 숭상받는 사람이 되지 말고, 마치 단단한 돌처럼 어둡고 빛이 없는 천시받는 사람이 되라.

경문

反者道之動.¹⁾ 弱者道之用.²⁾
天下萬物生於有,³⁾ 有生於無.⁴⁾

돌아오는 것은 도의 운행이요¹⁾
약한 것은 도의 작용이다.²⁾
천하만물은 유(有)에서 나오고³⁾
유(有)는 무(無)에서 나온다.⁴⁾

자구 해석

1) **反者道之動** : '반 反'은 '반 返'과 같고, 반복 순환의 뜻이다. 장기균(張起鈞) 선생이 말했다.
   "반(反)은 3가지 뜻이 있다. 첫 번째는 돌아오다, 두 번째는 다른 일면으로 발전하다, 세 번째는 상반되는 것도 서로 같은 점이 있다." '동 動'은 운행하다.

2) **弱者道之用** : 도(道)의 본체는 허무(虛無)이다. 그러므로 유약(柔弱)을 도의 작용으로 삼는다.
   36장에서 말했다. "부드럽고 약한 것은 굳세고 강한 것을 이긴다. 柔弱勝剛强"

　　43장에서 말했다. "천하의 가장 부드러운 것은, 천하의 가장 단단한 것을 부린다. 天下之至柔, 馳騁天下之至堅"

　　52장에서 말했다. "부드러움을 지키는 것을 강함이라고 한다. 守柔曰强"

　　78장에 말했다. "물보다 더 부드럽고 약한 것이 없지만, 단단하고 강한 것을 공격하는 데는 물보다 더 나은 것이 없다. 天下莫柔弱於水, 而攻堅强者莫之能勝" 모두 도의 작용은 온전히 유약에 있음을 설명했다.

3) **天下萬物生於有**: 첫 장에서 말했다. "유(有)는 만물의 어머니라고 이른다. 有, 名萬物之母" 그러므로 천하의 만물은 모두 '유 有'로부터 나온다.

4) **有生於無**: 첫 장에서 말했다. "무(無)는 천지(天地)의 시초라고 이른다 無, 名天地之始" '무 無'는 도의 본체, '유 有'는 도의 작용이다. 본체는 반드시 작용보다 앞선다. 그래서 '유(有)는 무(無)에서 나온다.'

우리말 풀이

　　도의 운행은 반복 순환이고, 도의 작용은 유약 겸손한 것이다. '무 無'는 도의 본체요, '유 有'는 도의 작용으로, 천하 만물은 '유 有'에서 나오고, '유 有'는 '무 無'에서 나온다.

경문

上士聞道, 勤而行之.[1]
中士聞道, 若存若亡.[2]
下士聞道, 大笑之.[3]
不笑不足以爲道. 故建言有之[4]:
明道若昧,[5] 進道若退,[6]
夷道若纇,[7] 上德若谷,[8]
大白若辱,[9] 廣德若不足,[10]
建德若偸,[11] 質德若渝,[12]
大方無隅, 大器晚成,[13]
大音希聲,[14] 大象無形,[15]
道隱無名.
夫唯道, 善貸且成.[16]

●●●

상류 인사는 도를 들으면
부지런히 실행하고[1]

중류 인사는 도를 들으면
있을까 없을까 반신반의하고[2]
하류 인사는 도를 들으면
크게 비웃는다.[3]
비웃지 않는다면 도라고 하기에 부족하다.
그러므로 전하는 말에 이런 것이 있네.[4]
밝은 길은 어두운 것 같고[5]
나아가는 길은 물러서는 것 같고[6]
평탄한 길은 울퉁불퉁한 것 같고[7]
높은 덕은 빈 골짜기 같고[8]
대단한 결백은 더러운 것 같고[9]
넓은 덕은 부족한 것 같고[10]
강건한 덕은 나태한 것 같고[11]
질박한 덕은 텅 빈 것 같고[12]
큰 네모는 모퉁이가 없고
큰 그릇은 완성형이 없고[13]
큰 음악은 소리가 없고[14]
큰 형상은 형태가 없고[15]
도는 숨어 있어 이름이 없다.
도이기에
잘 베풀어 주고 잘 이루어 준다.[16]

자구 해석

1) **上士聞道, 勤而行之** : 말하자면 상사(上士)는, 도가 진실되고 망령되지 않다는 것을 알아서 '도 道'를 힘써 실행한다는 것이다.

2) **若存若亡** : 말하자면 마치 있는 것도 같고 없는 것도 같다. 중사(中士)는 '도 道'를 보고도 분명치 않아서, '도 道'를 들은 뒤에도 마음에 의심이 있으며, '도 道'를 깨달을 때에도 있는 듯 없는 듯 여긴다는 것이다.
3) **大笑之** : '지 之'는 '도 道'를 가리킨다. 말하자면 하사(下士)가 도를 듣고서도 절대로 '도 道'가 진실하다고 믿지 않기 때문에, 크게 비웃는다는 것이다.
4) **建言有之** : '건 建'은 세우다. '지 之'는 '명도약매 明道若昧'에서부터 '도은무명 道隱無名'까지 13구(句)를 가리키는데, 말하자면 옛날에 입언(立言)한 사람들이 이러한 의견을 지녔다는 것이다.
5) **明道若昧** : 도(道)를 터득한 사람은 안으로는 빛을 머금지만 밖으로는 우매한 듯 보인다는 것을 이른다.
6) **進道若退** : 도를 터득한 사람은 겸손하게 물러나 스스로 지켜, 세상과 다투지 않음을 이른다. 다만 '다투지 않기 때문에 천하에 아무도 그와 다툴 수 없다.'
7) **夷道若纇** : '이 夷'는 평탄하다. '뢰 纇'는 평탄하지 않다. 『좌전 소공 16년 左傳 昭公 16年』에서 말했다. "형벌이 꽤 공평하지 못하다. 刑之頗類" 공소(孔疏)에서 말했다. "복건(服虔)은 류(類)를 뢰(纇)로 읽고, 뢰(纇)는 평탄하지 않다는 뜻이라고 해석했다." 노자의 도는 본래 매우 평이하나, 도를 행하는 사람은 자주 장애가 생겨 실행하기 어렵다고 여긴다. 그러므로 말했다. "평탄한 도는 평탄하지 않은 것 같다."
8) **上德若谷** : 말하자면 최상의 덕을 지닌 사람은 비루한 곳에 처하고 낮은 곳에 머물러 겸허한 마음이 산골짜기만큼 깊다는 것이다.
9) **大白若辱** : 하상공(河上公)이 말했다. "가장 결백한 사람은 오욕(汚辱)된 것처럼 스스로 드러내지 않는다."
10) **廣德若不足** : 성대한 덕이 둥글게 가득한 사람은 마치 부족한

것과 같음을 이른다.

11) **建德若偸**: 유월(兪樾)이 말했다. "'건 建'은 당연히 '건 健'으로 읽는다.『석명 석언어 釋名 釋言語』에서 말했다. '건(建)은 건(健)이다. 능히 강건하게 하는 바가 있다.' '건 建'과 '건 健'은 음이 같고, 뜻도 통한다. '건덕약투 建德若偸'는 말하자면 강건한 덕은 도리어 게으른 것과 같다는 것이다." 생각컨대 '건 建'과 '건 健'이 음이 같다. 그러므로 '건 建'은 '건 健'과 통할 수 있다. 강건한 덕이 있는 사람은 도리어 나태하여 부진한 것과 같음을 이른다.

12) **質德若渝**: '덕 德'은『왕필본 王弼本』에 원래 '진 眞'으로 되었다. 유사배(劉師培)가 말했다. "앞 문장에서 말한 '광대한 덕은 부족한 것 같고, 강건한 덕은 나태한 것 같다. 廣德若不足, 建德若偸'는 이것과 병문(竝文)이므로 아마도 '진 眞' 역시 당연히 '덕 德'으로 되어야 할 것이다. 아마 '덕 德'자가 본문에서 '덕 悳'으로 되어 있어서, '진 眞'자와 모양이 비슷했을 것이다."

생각컨대 유사배의 학설이 지극히 옳기에 이제 이에 따라 고친다. 고형(高亨)이 말했다. "'투 渝'는 '유 窬'를 빌려 쓴 글자이다.『설문 說文』에서 말했다. '유(窬)는 텅 빈 것이다.'『회남자 범론편 淮南子 氾論篇』에서 말했다. '나무에 구멍을 뚫고 널빤지에 붙여서 배와 배다리를 만든다. 乃爲窬木方版, 以爲舟航' 고형의 주(注)에서 말했다. '유(窬)는 텅 빈 것이다.' '질덕약투 質德若渝'는 진실한 덕은 빈 것과 같다는 말이다."

13) **大器晩成**: 진주(陳柱)가 말했다. "'만 晩'은 '면 免'의 가차(假借)자이다. '면성 免成'은 이룸이 없다 [無成]와 같고, 상문(上文)의 '무우 無隅', 하문(下文)의 '희성 希聲' '무형 無形'과 같은 예로 '무우 無隅'와 '대방 大方'이 서로 상반되고, '무형 無形'과 '대상 大象'이 상반된다. 그러므로 '면 免'과 '대기 大器'가 서로 상반됨을 알 수 있다. '만 晩'은 '면 免'을 빌려 썼고, 뜻이 무(無)와

통한다. 마치 '막 莫'이 본래 조모(朝暮)의 모(暮)자가 본자(本字)인데, 훈(訓)이 무(無)가 되는 것과 같다.

생각컨대 '만 晚'자는 역대 주석가들이 모두 일찍과 늦음 [早晚]의 늦음 [晚]으로 해석하여, 상하구(上下句)와 뜻이 일률적이지 못했다. 진주(陳柱)에서 '면 免'으로 해석하고, 뜻은 '무 無'와 같다고 함으로써, 이 구의 뜻이 곧 분명하게 드러났고 노자의 정신도 매우 명백하게 되었다.

'대기만성 大器晚成'은 바로 '대기무성 大器無成'이다. 세상에서 가장 큰 그릇은 고정된 형태가 없고, 또한 고정된 용도가 없음을 이른다. '대기 大器'는 '도 道'를 비유한다. 아래 문장의 '대음 大音' '대상 大象'도 이와 같다.

14) **希聲** : '희 希'는 23장에 나온 '희언 希言'의 '희 希'로서 없다[無]의 뜻이다. '희성 希聲'은 바로 소리가 없다는 뜻과 같다.
15) **大象** : 가장 큰 형상으로서, '도 道'를 가리킨다. 35장에서 말했다. "큰 형상을 잡고 있으니 천하가 그에게로 간다."
16) **貸** : 베풀어 주다. 『설문 說文』에서 말했다. "대(貸)는 베풀다."

우리말 풀이

상류 인사는 도를 들으면, 도가 위대하며 진실함을 깨달아서 더욱 노력하고 태만하지 않고 실행해 간다.

중류 인사는 도를 들으면, 식견이 부족함으로 말미암아 도를 인식하는 데 분명하지 않아서 도를 깨닫는 데에 있을까 없을까 진실할까 헛된 것일까 반신반의 한다.

하류 인사는 도를 들으면, 식견이 얕음으로 말미암아 근본적으로 도가 어떠한 것인지를 깨닫지 못해서 더욱 크게 비웃어 황당하게 여긴다. 사실 바로 하류 인사가 크게 비웃기 때문에 비로소 도의 높고 깊음이 드러나는 것이다. 만약 비웃지 않는다면 이 도는 또한 도라고 할 수가 없다.

그래서 옛날 입언(立言)한 사람들의 말이 좋다. 즉 도를 터득한 사람은 안으로는 밝고 깨끗함을 머금고 있지만 밖으로는 마치 매우 우매한 것과 같다. 도를 터득한 사람은 겸손하게 물러나 스스로 다스려 마치 후퇴하는 것처럼 보인다. 도는 매우 평탄해서 알기 쉽고 행하기가 쉬우나 밖에서 보면 마치 울퉁불퉁 평탄하지 않은 것과 같다.

최상의 덕을 지닌 사람은 겸허해서 마치 낮은 곳에 머물러 깊은 계곡과 같다. 품행이 가장 결백한 사람은 스스로 구해 드러내지 않아서 마치 치욕을 참는 것과 같다. 성대한 도덕을 갖춘 사람은 자랑하거나 뽐내지 않아서 마치 덕이 오히려 부족한 것과 같다. 강건한 덕을 갖춘 사람은 일에 부닥쳤을 때 몸을 숨겨서 마치 나태하고 분발하지 않는 것과 같다. 진실한 덕을 갖춘 사람은 조금도 드러내지 않아서 마치 빈 것과 같다.

가장 큰 네모는 모퉁이가 없다. 가장 큰 그릇은 고정된 형태가 없다. 가장 큰 소리는 들을 수 없고, 가장 큰 형상은 볼 수 없고, 큰 도는 은미하여 말할 수 없고 설명할 수 없어 명칭이 없다. 다만 도이기에 훌륭히 만물을 창생시키고 또 만물을 성장시킨다.

경문

道生一,[1] 一生二,[2]
二生三,[3] 三生萬物.
萬物負陰而抱陽,[4] 冲氣以爲和.[5]
人之所惡, 唯孤, 寡, 不穀,
而王公以爲稱.[6]
故物或損之而益, 或益之而損.[7]
人之所教, 我亦教之,[8]
强梁者不得其死,[9] 吾將以爲教父.[10]

●●●
도는 하나를 낳고[1]
하나는 둘을 낳고[2]
둘은 셋을 낳고[3]
셋은 만물을 낳는다.
만물은 음을 등지고 양을 껴안아[4]
기를 격동시켜 화기를 이룬다.[5]
사람이 싫어하는 것은

고독함 부족함 착하지 못함인데
군주들은 이것들로 칭호를 삼는다.[6]
그러므로 사물이란 손해가 이익이 되기도 하고
이익이 손해가 되기도 한다.[7]
남들이 가르치는 것처럼
나도 이렇게 가르치네.[8]
강포한 사람은 제명에 죽지 못한다.[9]
내 장차 이 말을 가르치는 근본으로 삼으리라.[10]

자구 해석

1) **道生一**: 왕필(王弼)이 말했다. "온갖 사물, 온갖 형상은 하나로 귀결된다. 어떻게 하나로 이르게 되는가? 무(無)에서 비롯되었다. 무(無)로부터 하나가 되었으니, 하나를 무(無)라고 말할 수 있다."

생각컨대 도의 본체는 무(無)이므로, '도는 하나를 낳는다. 道生一'에서, '하나 一'는 유(有)가 된다. 40장에서 '유가 무에서 나온다. 有生於無'고 한 것은 '도가 하나를 낳는다.'는 것이니 바로 무가 유를 낳는다는 것이다.

이기(理氣), 두 기로 말한다면 하나 [一] 는 바로 기(氣)이고, '도 道'는 바로 이(理)이다. '도생일 道生一'은 바로 이(理)에서 기(氣)를 낳는다는 것이다. 이때의 기(氣)는 음양이 아직 나뉘어지기 이전의 '하나의 기 一氣'이다.

2) **一生二**: 왕필(王弼)이 말했다. "이미 하나라고 말했는데, 어찌 말이 없을 수 있겠는가? 말이 있고 하나가 있으니, 둘이 아니고 무엇이겠는가?" 하상공(河上公)이 말했다. "하나가 음(陰)과 양(陽)을 낳는다."

생각컨대 왕필이 『장자 제물론 莊子 齊物論』의 말을 인용하여 해석했는데, 어리석고 졸렬하여 뜻이 통하기가 어렵다. 비교적 명백한 하상공의 해석만 같지 못하다. '하나에서 둘이 생긴다. 一生二'는 하나의 기(氣)가 음양의 두 기로 변화한다는 것을 이른다. '이 二'는 음양의 두 기를 이른다.

3) 二生三 : 음양 두 기가 서로 합하여 화기(和氣)를 만든다는 것을 이른다. '삼 三'은 음기(陰氣) 양기(陽氣) 화기(和氣)를 이른다.

4) 負陰而抱陽 : 음을 등에 지고 양을 향하는 것을 이른다. 양은 생(生)을 위주로 하고 음은 살(殺)을 위주로 한다. 만물은 음을 등지고 양을 향한다. 그래서 삶을 구하고 죽음을 피한다.

5) 冲氣而爲和 : '충 冲'은 『설문 說文』에서 말했다. "용솟음치고 흔들리다." 원의(原義)로부터 파생되어 격렬히 요동친다 [激盪] 의 뜻이 있다. '화 和'는 즉 화기(和氣)이다. 음양 두 기가 서로 솟구치고 흔들려서 화기를 생성하는 것을 이른다.

6) 39장에서 말했다. "이 때문에 제후와 제왕은 늘 스스로 고독함, 부족함, 착하지 못함이라고 이른다."

7) 或損之而益, 或益之而損 : 겉으로는 손해를 당하는 것 같으나 실제로는 이익을 얻고, 겉으로는 이익을 얻는 것 같으나 실제로는 손해를 당하는 것을 이른다. 58장에서 "화(禍)여! 복(福)이 기대어 있는 곳이요, 복이여! 화가 숨어 있는 곳이다."라고 했으니 바로 이 뜻이다. 제후와 제왕이 스스로 고독하고, 부족하고, 착하지 못하다고 하는 것은 겉으로는 손해를 당하는 것 같으나 실제로는 큰 이익을 얻는 것이다.

8) 人之所敎, 我亦敎之 : '소교 所敎' '교지 敎之'는 모두 다음 구의 '강포한 사람은 제명에 죽지 못한다. 强梁者不得其死'를 가리킨다.

9) 强梁者不得其死 : 마기창(馬其昶)이 말했다. "주(周)나라 금인

명(金人銘)에서 말했다. '강포한 사람은 제명에 죽지 못한다.' 이 말은 고인(古人)이 남을 가르치기 위한 것인데, 나 역시 그 말을 인용하여 가르친다. 그러므로 그 말을 들어 올려 칭찬하며 말했다. '나는 장차 이 말을 가르치는 기본으로 삼겠다.' 이 말은 당연히 이 『금인명』을 황태자의 스승처럼 받들겠다는 뜻이다." 생각컨대 '강량 強梁'은 강포한다는 뜻이다. '부득기사 不得其死'는 임종을 잘 마무리 할 수 없음을 이른다.

10) 教父 : 시교(施敎)의 바탕. 가르치는 기본.

 우리말 풀이

도는 만물 화생의 총 원리이고, 만물 화생의 순서는 이 총 원리인 도를 말미암아, 일종의 기를 낳는다. 이 기는 또 음양의 두 기로 나누어지고, 음양 두 기가 서로 합하여 화기를 생산한다. 음양 두 기는 이와 같이 끊임없이 서로 합하고 끊임없이 창생하여 바로 번창하게 만물을 이룬다. 만물은 선천적으로 음양을 받아서 생기고 이 음양 두 기가 서로 격렬히 요동쳐서 새로운 화기를 낳고 조화를 이룸으로써 만물을 양생한다.

사람이 싫어하는 것은 바로 '고독함' '부족함' '착하지 못함'이나, 왕공(王公)은 도리어 자신의 호칭으로 삼는다. 그래서 어떠한 사물은 표면상으로 보면 손해를 당하는 것 같으나 실제상으로는 오히려 이익을 얻고, 표면상으로 보면 이익을 얻는 것 같으나 실제상으로는 오히려 손해를 당한다. 왕공은 이러한 이치를 알기 때문에 차라리 스스로 손해를 바라고, 스스로 '고독함' '부족함' '착하지 못함'이라고 칭한다.

주(周)나라 금인명(金人銘)에서 말했다. '강포한 사람은 제명에 죽지 못한다.' 고인들은 이 말로 남을 가르쳤고, 나도 이 말을 남에게 가르치는 데 쏜다. 동시에 나는 이같은 이치로써 남을 가르치는 기본 요의로 삼겠다.

경문

天下之至柔, 馳騁天下之至堅,[1]
無有入無間.[2] 吾是以知無爲之有益.
不言之敎, 無爲之益, 天下希及之.[3]

●●●

천하에 가장 부드러운 것이
천하에 가장 강한 것을 부린다.[1]
형체가 없으니 틈이 없는 곳도 들어간다.[2]
그래서 나는 무위의 유익함을 안다.
말 없는 가르침과 하지 않음의 유익함을
알아서 행할 수 있는 자는 천하에 드물다.[3]

자구 해석

1) 馳騁 : 몰아서 부린다. 극복하다.
2) 無有入無間 : '무유 無有'는 '기 氣'나 '물'처럼 형태가 없고 유약한 것을 가리킨다. '무간 無間'이라는 것은 틈새가 없다는 것으로 쇠와 돌처럼 견고하고 단단한 것을 가리킨다. 기(氣)는 수

레를 움직일 수 있고, 물은 돌을 뚫을 수 있다. 이것이 곧 '형체가 없고 유약한 것은 틈 사이가 없는 곳도 들어간다.'는 실제 사례이다.
3) 希 : 적다.

> 우리말 풀이

  천하에 가장 부드러운 것이 천하에 가장 견고한 것을 부릴 수 있으며 '형체가 없는 것'은 제일 약하나 오히려 털끝만큼의 틈새도 없는 견고한 실체로도 들어간다. 마치 물방울이 떨어져 큰 바위를 뚫는 것과 같고, 기(氣)가 전환되어 기계를 움직이게 하는 것과 같으니 이는 곧 가장 좋은 예가 될 것이다.
  도 또한 공허하지만 만물을 지배한다. 나는 이로 인하여 무위의 이익이 있음을 안다. 불언의 가르침, 무위의 이익을, 천하 사람들 가운데 이해할 수 있는 자는 매우 드물고 실행할 수 있는 사람도 매우 적다.

경문

名與身孰親?[1] 身與貨孰多?[2] 得與亡孰病?[3] 是故 甚愛必大費, 多藏必厚亡. 知足不辱, 知止不殆,[4] 可以長久.

명성과 생명, 어느 것이 더 절실한가?[1]
생명과 재물, 어느 것이 더 중요한가?[2]
얻음과 잃음, 어느 것이 더 해로운가?[3]
그래서 너무 애착하면 반드시 크게 허비하고
많이 간직하면 반드시 크게 잃게 된다.
만족할 줄 알면 욕되지 않고
그칠 줄 알면 위태롭지 않아[4]
길이 안존하게 될 것이다.

자구 해석

1) **名與身孰親** : '명 名'은 명성을 말하고, '신 身'은 신체, 생명을 말한다.

2) **身與貨孰多**: '화 貨'는 재화를 말하고, '다 多'는 중요하다는 의미이다. '중 重'을 쓰지 않고 '다 多'를 쓴 것은 '화 貨'와 협운이기 때문이다. 본 장에서 '신 身'과 '친 親', '화 貨'와 '다 多', '망 亡'과 '병 病', '장 藏'과 '망 亡', '족 足'과 '욕 辱', '지 止'와 '태 殆'와 '구 久'가 운이 된다.

또한 이 장은 노자의 재물을 경시하고 생명을 중시하는 [輕物貴生] 사상을 서술한 것으로, 후에 양주(楊朱)의 '위아 爲我'의 주장이 실제로 여기에 근원을 두고 있다.

3) **得與亡孰病**: '득'은 명예와 재화를 얻는 것을 말하고 '망'은 생명을 잃는 것을 말하며, '병'은 해롭다는 의미이다.

4) **知足不辱, 知止不殆**: '지족 知足'은 마음 속에서 절제하는 것이며, '지지 知止'는 행위에서 절제하는 것이다. '지족'은 윗 문장의 '너무 애착하다 甚愛'를 이어서 한 말이며, '지지'는 '많이 간직하다 多藏'를 이어서 한 말이다. ('매우 애착하다'는 마음이 위주가 되고, '많이 간직하다'는 행위가 위주가 된다.) '불욕 不辱'과 '불태 不殆'도 윗 문장의 '크게 허비하다 大費'와 '크게 잃는다 厚亡'를 이어서 한 말이다.

우리말 풀이

명예와 자신의 생명을 비교하여 어느 것이 더 절실한가? 재화와 자신의 생명을 비교하여 어느 것이 더 중요한가? 명리를 얻는 것과 생명을 잃는 것 중에 어느 것이 나에게 해가 되는가? 그래서 명예에 너무 애착하면 반드시 많은 손실이 있을 것이다. 재화를 많이 축적하면 반드시 크게 잃어 버리게 된다.

만족할 줄 알면 모욕을 당하지 않고, 적당히 그칠 줄 알면 위태로운 상황이 발생되지 않는다. 이렇게 하면 몸이 오랫동안 편안해지고 생명이 오랫동안 보존되리라.

경문

大成若缺, 其用不弊.[1]
大盈若冲,[2] 其用不窮.
大直若屈,[3] 大巧若拙,
大辯若訥.
靜勝躁, 寒勝熱,[4]
淸靜爲天下正.[5]

위대한 완성은 이지러진 듯하나
그 쓰임은 끝이 없다.[1]
가장 충만된 것은 빈 듯하나[2]
그 쓰임은 다함이 없다.
아주 곧음은 굽은 듯하고[3]
매우 공교함은 서투른 듯하고
뛰어난 언변은 어눌한 듯하네.
고요함은 시끄러움을 이기고
추위는 더위를 이기니[4]
맑고 고요함이 천하의 모범이라네.[5]

자구 해석

1) **大成若缺, 其用不弊** : '대성 大成'은 완전한 물체를 말하며, 여기서는 도의 본체를 가리켜서 말했다. 아래 문장의 '대영 大盈' '대직 大直' '대교 大巧' '대변 大辯'도 이와 같다. '약결 若缺'에 대해 왕필(王弼)이 말했다. "사물을 따라 완성되었기 때문에, 똑같은 형상이 되지 않는다. 그래서 '약결'이라고 하였다." 이것은 도의 형상을 가리켜 말한 것이다. 아래 문장의 '약충 若冲', '약굴 若屈', '약졸 若拙', '약눌 若訥'도 이와 같다. '폐 弊'와 '폐 蔽'는 같고, 다 고갈되었다는 뜻이다. '고갈되지 않는다 不弊'는 도의 작용을 가리켜서 한 말로 아래 문장의 '다함이 없다 不窮'는 것과 같다.
2) **冲** : 공허하다.
3) **屈** : 굽었다.
4) **靜勝躁, 寒勝熱** : 다른 판본에는 원래 '조급한 것이 추위를 이기고, 조용한 것이 더위를 이긴다. 躁勝寒, 靜勝熱'이라고 되어 있다. 장석창(蔣錫昌)이 말했다. "이 문장은 아마도 '고요한 것이 시끄러운 것을 이기고, 추위가 더위를 이긴다.'라고 해야 할 것이다." '정 靜'과 '조 躁'는 대자가 되는 말이므로, 이것이 첫째 증거이다.

    61장의 왕필의 주석에 '시끄러우면 손해가 많고 조용하면 진실이 보전된다.' 61장의 왕필의 주석에 '수컷은 조급히 움직여 탐욕하고, 암컷은 항상 조용하기에 수컷을 이길 수 있다.' 72장의 왕필의 주석에 '맑고 조용함을 떠나 떠들고 탐욕함을 실행한다.'라고 되어 있다. 여기서 모두 '정'과 '조'가 대자가 되는 말이니 두번째 증거이다.

    『관자 심술 상 管子 心術 上』에 '조 躁는 고요하지 않은 것이다.'라고 했고, 『회남 주술 淮南 主術』에 '군주는 조용히 있어야

지 떠들면 안 된다. 人主靜漠而不躁'고 했다. 여기서 '정'과 '조'가 서로 대가되는 말이니, 이것은 셋째 증거이다.

『광아 석고 3 廣雅 釋詁三』에서 "조(躁)는 어지러운 것 [擾]이다." 『일체음의 14 一切音義 十四』에서 『국어 國語』 가의(賈誼)의 주를 인용하여 " '조'는 어지러운 것이며, 또한 움직이는 것 [動] 이다."라고 했다. '조'는 요동한다는 뜻으로 바로 '정 靜' 자와 상반되는 것이다. '정승조·한승열 靜勝躁·寒勝熱'은 조용한 것이 움직이는 것을 이기고, 추위가 더위를 이긴다는 말이다. 두 구가 글자는 다르나 뜻은 같다.

그래서 모두 청정(淸淨)과 무위(無爲)가 요동(擾動)과 유위(有爲)보다 낫다는 것을 비유하기 위한 것이다. 생각컨대 이 학설이 대단히 옳으므로 이제 여기에 근거하여 고쳤다.

5) 正 : 준칙, 모범

우리말 풀이

가장 완벽한 것은 부족한 것처럼 보이지만 그 쓰임은 끝이 없다. 가장 충만한 것은 공허한 것처럼 보이지만 그 쓰임은 다함이 없다. 가장 곧은 것은 굽은 것처럼 보인다. 가장 공교한 것은 서투른 것처럼 보인다. 말을 매우 잘하는 것은 어눌한 것처럼 보인다. 고요한 것이 움직이는 것을 이기고, 추위는 더위를 이기니, 맑고 고요한 무위의 도를 지키는 사람은 세상 사람들의 모범이 될 만하다.

경 문

天下有道,[1] 却走馬以糞.[2][3][4]
天下無道,[5] 戎馬生於郊.[6][7][8]
禍莫大於不知足. 咎莫大於欲得.
故知足之足, 常足矣.

천하에 도가 있으면[1]
천리마라도 똥수레를 끌지만[2][3][4]
천하에 도가 없으면[5]
병마가 되어 전장터에서 새끼를 낳는다.[6][7][8]
화는 만족할 줄 모르는 것보다 더 큰 것이 없고
허물은 얻으려는 욕심보다 더 큰 것이 없다.
그러므로 만족할 줄 아는 만족이
언제나 만족한 것이다.

자구 해석

1) **天下有道** : 왕필(王弼)이 말했다. "천하에 도가 있으면 만족할

줄 알고 그칠 줄 알아서 밖에서 구함이 없고 각기 내면을 닦을 뿐이다."
2) **却** : 멈추다라는 뜻이다.
3) **走馬** : 잘 달리는 말.
4) **糞** : 논밭에 거름을 주고, 밭갈고 씨뿌린다는 뜻이다.
5) **天下無道** : 왕필(王弼)이 말했다. "탐욕하여 만족함이 없으면 그 내면을 닦지 않고 각기 밖에서 구하게 된다."
6) **戎馬** : 즉 전쟁말이다. '주마'는 능력을 가지고 말한 것이고, '융마'는 그 용도를 가지고 한 말이다.
7) **生** : 생산하다.
8) **郊** : 교외의 들판, 집과 대조적인 말로서 전장터의 뜻으로 확대되었다.(원 原, 교 郊, 야 野는 모두 전장터의 뜻이다.) 말은 본래 집에서 낳아야만 하는데, 요즘에는 전장터에서 낳기 때문에 천하에 도가 없음을 알 수 있다.

우리말 풀이

　천하에 도가 있을 때에는 사람들이 만족함과 그침을 알아 나라와 나라 사이에 전쟁이 없으니, 전마가 쓸모 없어져 밭을 가는 데 사용하게 된다. 천하에 도가 없을 때에는 사람마다 욕심이 끝이 없어 나라와 나라 사이에 전쟁이 끊이지 않아, 가지고 있던 말이 모두 병마로 쓰여져 어미말이 모두 전장터에서 새끼를 낳게 될 것이다.
　이것으로 볼 때에 천하의 재앙은 만족함을 알지 못하는 것 보다 더 큰 것은 없다.
　천하의 허물은 더 얻고자 하는 것 보다 큰 것은 없다. 그래서 만족함을 아는 것, 이러한 만족이라야 영원한 만족일 것이다.

> 경 문
>
> 不出戶, 知天下.
> 不窺牖, 見天道.[1]
> 其出彌遠, 其知彌少.[2]
> 是以聖人不行而知,[3]
> 不見而名,[4] 無爲而成.

문밖을 나서지 않아도
천하를 알며
창밖을 보지 않아도
천도를 안다.[1]
멀리 나갈수록
아는 것은 더욱 적어진다.[2]
그러므로 성인은 나가지 않고도 알고[3]
보지 않고도 알며[4]
하지 않아도 이룩하네.

자구 해석

1) **不出戶, 知天下, 不窺牖, 見天道** : 천하가 비록 크지만 문밖을 나가지 않고도 알 수 있고, 천도(天道)가 비록 광대하지만 창밖을 보지 않고도 알 수 있다. 만사(萬事)에는 법칙이 있고 만물(萬物)에는 이치가 있기 때문에 그 법칙을 알고 그 이치를 인식하면 만사만물은 벼리 [綱]에 있는 그물과도 같아 분명하지 않은 것이 없다.

   이것이 바로 장자(莊子)가 "천도(天道)에 통달하면 만사(萬事)가 완성된다."(「천지편 天地篇」)라고 말한 이치이다.

   더구나 온갖 사물의 모든 원리로서의 도(道)는 보아도 볼 수 없고, 들어도 들을 수 없고, 잡아도 잡을 수 없으며, 우리 인간의 심성(心性) 가운데 존재할 뿐이다. 우리 인간이 단지 안으로 관찰하고 돌이켜 비추어서, 사사로움을 없애고 욕심을 제거하면 도는 저절로 알 수 있다.

   그러므로 '문밖을 나가는 일'과 '창밖을 보는 일'이 필요가 없다는 것이다. 만약 반드시 지식과 경험 속에서 도를 구하려고 한다면, 구하면 구할수록 미혹에 빠지게 될 것이다.

2) **其出彌遠, 其知彌少** : '도(道)는 가까이 있는데 먼 곳에서 구하고, 일은 쉬운 곳에 있는데도 어려운 곳에서 구하기 때문이다.'

3) **不行而知** : 위의 문장 '문밖을 나가지 않고도 천하를 안다.'와 호응한다.

4) **不見而名** : '명 名'은 분명하게 알다 [明]의 뜻이다. 『석명 석언어 釋名 釋言語』에서는 "명(名)은 명(明)의 뜻이다."고 했다. 이 구(句)는 윗 문장인 '창 밖을 보지 않고도, 천도를 볼 수 있다'와 호응한다.

우리말 풀이

　온갖 사물의 모든 원리로서의 도는 우리의 마음 속에 존재하기에, 만약 우리가 충분히 안으로 관찰하고 돌이켜 비추어서 사사로움을 없애고 욕심을 제거하면 자연히 분명해진다. 따라서 문밖을 나가지 않고도 천하의 사리를 알 수 있으며, 창밖을 보지 않고도 자연의 법칙을 이해할 수 있다. 문을 나서는 것이 멀면 멀수록 더욱 미혹되어, 알 수 있는 이치는 더욱 적어진다. 그래서 성인은 나가서 멀리 구하지 않아도 천하의 사리를 알 수 있고, 바깥 세계를 관찰하지 않아도 자연의 법칙을 이해할 수 있는 것이다. 조작하거나 수완 따위를 부리지 않으면 만물은 덕화되어 도를 이룩할 수 있을 것이다.

경문

爲學日益,¹⁾ 爲道日損.²⁾
損之又損, 以至於無爲.
無爲而無不爲.³⁾ 取天下常以無事,⁴⁾⁵⁾⁶⁾
及其有事,⁷⁾⁸⁾ 不足以取天下.

배움을 추구하면 날로 늘어가고¹⁾
도를 실천하면 날로 줄어든다.²⁾
그것이 줄고 또 줄어
무위에 이르게 된다.
무위에 이르게 되면 되지 않는 일이 없다.³⁾
천하를 다스리는 데⁴⁾ 마땅히⁵⁾ 무위로써 해야한다.⁶⁾
만약⁷⁾ 유위로써 한다면⁸⁾
천하를 다스리기에 부족하다.

자구 해석

1) **爲學日益** : '학 學'은 정교예악(政敎禮樂)을 이르고, '익 益'은

지식과 욕심이 증가하는 것을 이르며, 아래 문장 '손 損'자와 상대적이다. 배움을 추구하면 날로 지식과 욕심이 증가함을 이른다.
2) 爲道日損 : '손 損'은 지식과 욕심이 감소되는 것을 이른다. 위의 문장 '익 益'자와 상대적이다. 도를 실천하면 지식과 욕심이 날로 감소됨을 이른다.
3) 無爲而無不爲 : '무위 無爲'는 '도를 실천하는' 목적이고, '無不爲'는 즉 "무위 無爲"의 효용이다. '무위 無爲'가 되면 만물이 각각 제자리를 얻어서, 각각 그 삶을 이루어 간다는 것이다. 그래서 그 효용이 '무불위 無不爲'다.
4) 取 : 다스린다는 뜻으로 29장의 "천하(天下)를 다스리는 데 인위적으로 한다면 取天下而爲之"의 '취 取'자와 같은 뜻이다.
5) 常 : '당 當'과 통용되며 '마땅히'의 뜻이다.
6) 無事 : 인위적으로 하지 않는다.
7) 及 : 약(若)과 같다. 13장의 "만약 내가 자신을 잊을 수 있다면 及吾無身"의 '급 及'자와 같은 뜻. 13장 주(註) 5)번을 참고해 보라.
8) 유사(有事) : 즉 인위적으로 하는 것으로, 교화와 명령을 발동하고, 형벌을 정하는 것을 가리킨다.

우리말 풀이

배움을 추구하면 날로 지식과 욕심이 증가하고, 도를 실천하면 날로 지식과 욕심이 감소된다. 감소되고 또 감소되어 지식과 욕심이 다 줄어서 '한다고 하는' 동기가 없을 때, 마지막으로 무위(無爲)의 경지에 도달하게 된다.

무위를 사용하면 만물은 각각 제자리를 얻고 각각 그 삶을 이루어가기 때문에 무소불위(無所不爲)라고 말할 수 있다. 천하를 다스리는 데는 마땅히 무위로써 해야 한다. 만약 유위(有爲)로써 한다면 천하를 다스릴 수 없다.

경문

聖人無常心,¹⁾ 以百姓心爲心.
善者吾善之, 不善者吾亦善之, 德善.²⁾
信者吾信之, 不信者吾亦信之, 德信.
聖人在天下, 歙歙焉.³⁾
爲天下,⁴⁾ 渾其心.⁵⁾
百姓皆注其耳目,⁶⁾ 聖人皆孩之.⁷⁾

###

성인은 고착된 마음이 없기에¹⁾
백성의 마음을 자기의 마음으로 삼는다.
선한 사람은 선하게 대하고
선하지 않은 사람도 선하게 대하니
모두가 선하게 될 수 있네.²⁾
미더운 사람은 미덥게 대하고
미덥지 못한 사람도 미덥게 대하니
모두가 미덥게 될 수 있네.
성인은 천하 사람들을 대할 적엔
있는 그대로 받아들이고³⁾

천하를 다스릴 적엔[4]
그 마음을 질박하게 한다.[5]
백성들은 이목을 성인에게 집중하고[6]
성인은 그들을 어린아이처럼 여긴다.[7]

자구 해석

1) **無常心** : '상심 常心'은 『장자 제물론 莊子 齊物論』에서 말한 "고착되어 버린 편견 成心"이다. '무상심 無常心'은 즉 사사로움을 없애고 아집을 없애는 것이다.
2) **德** : '얻다 得'와 같다.
3) **歙歙焉** : '흡 歙'은 36장의 "장차 사물(事物)을 수축(收縮)시키고자 한다면 將欲歙之"의 '흡 歙'과 같은 수축의 뜻이다. '언 焉'은 어미사(語尾詞)로 '연 然'과 같다. 이 구(句)는 『왕필본 王弼本』에서는 "흡흡 歙歙"으로 되어 있는데, 여기에는 '언 焉'자가 없다.

  주에서는 "그러므로 성인은 천하 사람을 대함에, 모두 수렴하여 마음속에 주장하는 것이 없다."라고 말하고 있다. 주문(註文)을 통해 『왕필본』에는 원래 '언 焉'자가 있음을 알 수 있다. 『부혁본 傅奕本』, 『오징본 吳澄本』, 『범응원본 范應元本』에는 모두 '언 焉'자가 있다. 현재는 『부혁본』, 『오징본』 등의 여러 본(本)과 왕필의 주문(注文)에 근거해 증보했다.
4) **爲** : 다스리다 [治].
5) **渾其心** : 왕필이 말했다. "천하를 다스리는 데 그 마음을 소박하게 하면, 마음에 꼭 맞다, 아니다 하는 것이 없다." 생각컨대 '혼 渾'은 질박(質樸)하다는 뜻이고, '기 其'는 성인 자신을 가리킨다. '혼기심 渾其心'은 그 마음을 질박하게 하는 것이며, 또

'무상심 無常心'의 뜻이기도 하다. 각 주석가들이 모두 백성의 마음을 소박하게 하는 것으로 해석했지만, 옳지 않은 것 같다.

　　또 생각컨대 마서륜(馬敍倫)은 이 구(句)를 "노자(老子) 본문(本文)에는 마땅히 혼혼언 渾渾焉으로 쓰여야 한다."라고 여겼는데, 이것은 매우 일리가 있다. 따라서 만약 '혼혼언 渾渾焉'이라고 쓴다면, 원문(原文)은 '聖人在(猶於)天下, 歙歙焉, 爲天下, 渾渾焉'이 되었을 것이다. 문구(文句)도 대칭되고 의미도 역시 명백하다. 그러나 확실한 증거가 없기 때문에 감히 마음대로 고치지는 못하겠다.

6) **百姓皆注其耳目** : '주 注'는 오로지 집중하다는 뜻이다. '주기이목 注其耳目'은 눈길을 한 곳으로 모아 가만히 바라보고 귀를 기울여 주의해 들음을 이른다. 백성의 우둔하고 미련한 것이 영아(嬰兒)의 상태와 같음을 형용(形容)한 것이다.

　　『왕필본』에는 이 구절이 없는데『하상공본 河上公本』과『석문본 釋文本』에는 모두 있다. 왕필이 주(注)에서 말했다. "백성이 모두 귀와 눈을 집중하니, 내가 그들 모두를 어린아이처럼 여길 따름이다." 이것으로 보아『왕필본』에도 원래 이 구절이 있음을 알 수 있다. 이제『하상공본』과 왕필의 주문(註文)에 근거해 증보했다.

7) **孩之** : 백성들을 영아처럼 여김을 말한다.

우리말 풀이

　　성인은 선입견이 없기에 백성의 의견을 자기의 의견으로 삼는다. 백성이 선량하면 그들을 선하게 대하는 것은 물론이고 선량하지 않더라도 역시 그들을 선하게 대한다. 이렇게 하면 사람마다 모두 선량하게 될 수 있다. 백성이 신실하면 그들을 신임하고 신실하지 않더라도 역시 그들을 신임한다. 이렇게 하면 사람마다 모두 신실하게 될 수 있다.

성인은 천하 사람에 대해서는 사욕이 없고, 천하를 다스리는 데는 마음에 꼭 맞다 아니다 하는 것이 없다. 백성이 모두 뚫어지게 바라보고 가만히 듣는〔凝視靜聽〕것이 우둔하고 미련한 것 같지만, 성인은 그들을 대할 때 오히려 갓난아기처럼 여겨 그들을 똑같이 사랑하고 보호한다.

제50장

경문

出生入死.[1]
生之徒十有三,[2][3] 死之徒十有三,[4]
人之生, 動之死地,[5] 亦十有三.
夫何故?[6] 以其生生之厚.[7]
蓋聞善攝生者,[8] 陸行不遇兕虎,
入軍不被甲兵.[9] 兕無所投其角,
虎無所措其爪, 兵無所容其刃,[10]
夫何故? 以其無死地.[11]

●●●
나오면 사는 것이요 들어가면 죽는 것이다.[1]
삶의 무리도 열에 셋[2]
죽음의 무리도 열에 셋[3] [4]
살 수 있는 인간이
죽음으로 가는 자도[5]
열에 셋[6]
이는 무슨 까닭인가?

지나치게 살려고 몸부림치기 때문이지.⁷⁾
듣기에 섭생을 잘하는 사람은⁸⁾
육로를 다녀도 외뿔소나 호랑이를 만나지 않고
군대에 들어가도 무기의 해를 입지 않는다네.⁹⁾
외뿔소가 뿔을 받을 곳이 없고
호랑이가 발톱으로 할퀼 곳이 없고
무기는 칼날을 휘두를 곳이 없으니¹⁰⁾
이는 무슨 까닭인가?
죽을 곳이 없기 때문이다.¹¹⁾

자구 해석

1) **出生入死** : 세상으로 나오는 것을 '생 生'이라 하고, 땅 속으로 들어가는 것을 '사 死'라 한다. 한비자(韓非子)는 말했다. "사람은 태어난 데서 시작하여, 죽는 데서 끝난다. 시작 [始]을 나오는 것 [出]이라 하고, 끝 [卒]을 들어간다 [入]고 한다. 그러므로 '태어남에서 출발하여 죽음으로 들어간다.'고 한다". 장석창(蔣錫昌)은 말했다. "이것은, 사람이 세상에 나와 살고, 땅으로 들어가 죽는다는 것을 말한다."

2) **生之徒** : '도 徒'는 같은 부류 [類], 같은 무리 [屬] 와 같다. '생지도'는 충분히 장수할 수 있는 사람을 말한다. 자연스럽게 장수하는 것을 가리키지, '섭생을 잘하여' 장수한다는 것은 아니다.

3) **十有三** : 왕필 (王弼)이 말했다. "10분의 3이 있다는 말과 같다." 생각컨대 '유 有'는 '지 之'와 같다. '십유삼'은 열의 셋이므로 10분의 3이란 뜻이다.

4) **死之徒** : 수명이 짧은 사람. 자연적으로 수명이 짧은 사람이지, 양생을 과도하게 해서 단명하다는 것은 아니다.

5) 人之生, 動之死地 : 두 개의 '지 之'자는 모두 동사다. 이르다 [至]로 해석된다. '동 動'은 행하다. 사람은 본래부터 장수할 수 있는데도, 사지로 달려간다는 것을 말한다. 인위적인 요소를 가리키며, 천연적인 이유로 그러한 것이 아니다.
6) 夫 : '이것 此'과 비슷하다.
7) 生生之厚 : '생생 生生'은 양생(養生)이다. '생생지후'는 이목구비의 욕망을 지나치게 함부로 하여 그 때문에 생명을 해치게 됨을 말한다.
8) 善攝生者 : '섭생 攝生'은 양생을 말한다. '선섭생자'는 이상 세 가지를 제외한 열 명 중의 한 사람을 가리킨다.
9) 被甲兵 : 무기의 상처를 입다. '갑 甲'자는 뜻이 없으며 '병 兵'으로 이어지는 말이다. 아래 구절을 보면, '병무소용기인 兵無所容其刃'에서도, '병'만을 언급했지 '갑'은 말하지 않았음을 알 수 있다.
10) 容 : 『석명 석자용 釋名 釋姿容』에서 "용(容)은 쓰다 [用] 는 뜻이다."
11) 無死地 : 죽음의 경지로 들어가지 않는 것을 말한다.

우리말 풀이

사람이 이 세상에 나오는 것을 '생'이라 하고, 땅 속으로 들어가는 것을 '사'라고 한다. 사람이 세상에 태어난 후에, 충분히 장수할 수 있는 사람은 열 사람 가운데 세 사람이 있다. 수명이 짧아 요절하는 사람은 열 사람 가운데 세 사람이 있다. 본래 장수할 수 있는데도 스스로 죽음의 길로 걸어가는 사람도 열 사람 중 세 사람이 있다.

이것은 무슨 까닭인가? 봉양하는 것이 너무 넉넉하고, 즐기는 것이 너무 지나치기 때문이다.

일찍이 듣건대, 양생(養生)하는 사람은 육지를 걸어 다녀도 코뿔소나 호랑이의 공격을 만날 리가 없고, 군대에 들어가 전쟁을 해도 무기의 살상(殺傷)을 만날 리도 없다. 코뿔소는 비록 사납지만 그런 사람에게 그의 뿔을 쓸 수가 없고, 호랑이는 비록 사납지만 그런 사람에게 그의 발톱을 쓸 수가 없고, 무기가 비록 날카롭지만 그 칼날을 쓸 수가 없다.

이것은 무슨 까닭인가? 양생을 잘하는 사람은 근본적으로 죽음의 경지로 들어가지 않기 때문이다.

경문

道生之, 德畜之,[1)]
物形之,[2)] 勢成之.[3)]
是以萬物莫不尊道而貴德.[4)]
道之尊, 德之貴,
夫莫之命而常自然.[5)6)]
故道生之, 德畜之,
長之育之, 亭之毒之,[7)] 養之覆之.[8)]
生而不有, 爲而不恃,
長而不宰. 是謂玄德.[9)]

●●●

도는 만물을 낳고
덕은 만물을 기르고[1)]
음양은 만물을 형성하고[2)]
환경은 만물을 성장시킨다.[3)]
그러므로 만물은 도와 덕을 존귀하게 여기지 않음이 없다.[4)]
도가 높고

덕이 귀한 것은
시키지 않아도 저절로 그러한 것.[5] [6]
그러므로 도는 만물을 낳고
덕은 만물을 길러
만물을 키우고 돌보며
자라게 하고 익혀 주며[7]
감싸고 어루만져 준다.[8]
낳고도 소유하지 않고
만들고도 자랑하지 않고
키우고도 지배하지 않는다.
이것을 현덕(玄德)이라고 한다.[9]

자구 해석

1) **德畜之**: '덕 德'은, '도 道'가 만물에 존재하고 있는 것이다. 도는 만물 생성의 총원리이고, 덕은 만물이 총원리로부터 얻은 하나의 이치다. '축 畜'은 『설문 통훈정성 說文 通訓定聲』에 이렇게 되어 있다. "『노자 老子』의 '덕축지 德畜之'의 주에 '축 畜은 유 有이다.'"라고 했는데 '유 有'는 감추고 포용한다는 뜻이다.
   만물은 본래 도에 의해서 창조되지만, 반드시 각각 하나의 덕을 갖추고 있어야 비로소 하나의 사물이 될 수 있다. 그래서 '덕축지 德畜之'라고 하였다.

2) **物**: 음양, 두 기(氣)를 말한다. 기는 유형의 물체이기 때문에 '물 物'자로써 표현했다. 역대 주석가들은 모두 이 '물'자가 만물 자체를 가리킨다고 여겼는데, 아마 맞지 않을 것이다.

3) **勢**: 외재적인 조건을 가리켜 말했는데 예를 들면, 환경 같은 것이다. 장석창(蔣錫昌)이 말했다. "세(勢)는 각 물질이 처해 있는

환경을 가리켜 말한 것이다. 예를 들어 지역의 변천, 기후의 차이, 물과 땅의 다름 같은 것이다."
4) 尊道而貴德: 생성된 만물은 비록 '도', '덕', '물', '세', 이 네 가지를 갖추고는 있지만, '세'와 '물'은 '덕'에서 나오고, '덕'은 또 '도'에서 나온다. '도'와 '덕'은 본(本)이고, '물'과 '세'는 말(末)이다. 본은 높고 말은 낮으며, 본은 귀하고 말은 천하다. 그래서 '만물은 도를 존경하고 덕을 귀하게 여긴다.'
5) 夫: 저것 [彼] 과 같은 뜻이다. '도'와 '덕'을 말한다.
6) 莫之命而常自然: '막 莫'은, 아니다 [不]란 뜻이다. '지 之'는 만물을 가리킨다. '명 命'은 지배, 간섭이다. '상 常'은 언제나, 항상 [恒]의 뜻이다. 도와 덕이 만물을 지배하거나 간섭하지 않고 억지로 마음을 쓰지 않고 일부러 하지 않아 자연에 내맡겨 만물로 하여금 각기 생명을 완수할 수 있도록 하는 것을 말한다.
7) 亭之毒之: 『하상공본 河上公本』과 기타 고본(古本)에는 대부분 '성지숙지 成之熟之'로 되어 있다. 생각컨대, '정 亭'과 '성 成'은 고음(古音)이 같다. (고성(古聲)에 똑같이 정뉴(定紐)에 속했고, 고운(古韻)에 똑같이 단씨 11부(段氏十一部)에 있다.) '독 毒'과 '숙 熟'은 고음이 같다. (고성(古聲)에 똑같이 정뉴(定紐)에 속했고, 고운(古韻)에 똑같이 단씨 3부에 있다.)

그러므로 '정 亭'은 '성 成'과 통하고 '독 毒'과 '숙 熟'은 통할 수 있다. '정지독지 亭之毒之'는 『하상공본』의 '성지숙지 成之熟之'이다.
8) 養之覆之: 그것을 보호한다는 뜻이다. 육희성(陸希聲)이 말했다. "조화된 것을 보호하는 것을 양(養)이라 하고, 상처를 보호하는 것을 복(覆)이라 한다."
9) 玄德: 깊고 오묘한 덕. 이 네 구절은 제 10장에 중복되어 보이는데, 이것은 본 장의 착간이다.

우리말 풀이

　도는 만물을 창조하고, 덕은 만물을 함유하고, 음양 두 기(氣)는 만물을 형성하게 하고, 기후·물·흙은 만물을 성장하게 한다. 하지만 음양, 두 기(氣)와 기후·물·흙도 또한 도와 덕에서 변천하여 나온 것이고, 도와 덕이야말로 만물 생성의 근본이기 때문에, 만물은 도를 존경하고 덕을 귀하게 여기지 않을 수 없다.

　도가 존경을 받는 까닭과 덕이 귀하게 여겨지는 까닭은, 도·덕이 만물을 창생하고도 억지로 마음을 쓰지 않고 일부러 하지 않으며, 자연에 내맡겨 만물이 자연스럽게 성장할 수 있기 때문이다.

　그래서 도는 만물을 창조하고, 덕은 만물을 함유하여, 만물을 기르고, 만물을 성장시키며, 만물을 아끼고 보살핀다. 하지만 만물을 생성하고도 자기가 소유하지 않고, 만들어 돌보면서도 그 능력을 자랑하지 않고, 만물을 키우고도 만물을 지배하지 않는다. 진실로 깊고 오묘한 덕이라 할 수 있다.

경문

天下有始,¹⁾ 以爲天下母.²⁾
旣得其母, 以知其子.³⁾
旣知其子, 復守其母, 沒身不殆.⁴⁾
塞其兌,⁵⁾ 閉其門, 終身不勤.⁶⁾
開其兌, 濟其事,⁷⁾ 終身不救.
見小曰明,⁸⁾ 守柔曰强.⁹⁾
用其光, 復歸其明,¹⁰⁾ 無遺身殃.¹¹⁾
是爲習常.¹²⁾

●●●

천하에는 시원이 있으니¹⁾
천하의 모태가 된다.²⁾
모태를 알고 나면
자식을 알 수 있다.³⁾
자식을 알고 나면
다시 모태를 지킬 수 있어
죽도록 위험하지 않다.⁴⁾

욕망의 구멍을 막고[5]
욕망의 문을 닫으면
평생토록 우환이 없다.[6]
욕망의 구멍을 열고
욕망의 일을 조장하면[7]
평생토록 구제 받지 못한다.
작은 것을 보는 것이 명(明)이요[8]
부드러움을 지키는 것이 강(强)이다.[9]
그 빛을 사용해 다시 명으로 돌아오면[10]
몸에 재앙을 남기는 일이 없다.[11]
이것을 일컬어 습상(習常)이라고 한다.[12]

자구 해석

1) **始** : 도(道)를 가리킨다. 이론상으로 말하면 도는 만물의 근원이므로 반드시 만물보다 앞서 존재한다. 그래서 그것을 일컬어 '시 始'라고 한다.

2) **母** : 도를 가리킨다. 작용상으로 말하면 '도는 하나 [氣]를 낳고, 하나는 둘 [陰, 陽]을 낳고 둘은 셋 [陰, 陽, 和氣]을 낳고 셋은 만물을 낳는다.'(42장) 도는 만물을 창조할 수 있어서 '모태 母'라고 일컫는다.

3) **子** : 만물을 가리킨다.

4) **殆** : 위험이다.

5) **塞其兌** : 『회남자 도응훈 淮南子 道應訓』에 있다. "왕 노릇 하는 자가 오랫동안 유지하고자 하면, 백성을 구멍으로부터 막아 놓아야 한다. 王者欲久持之, 則塞民於兌"고유(高誘)의 주에 "구멍 [兌]은 이목구비를 말한다. 노자는 '그 구멍을 막으라'고 했는

데 바로 이러한 뜻이다." 여기서 파생되어 구멍이란 뜻이 있다. '색기태'는 욕망의 길을 막는 것을 말한다. 욕망의 길을 막으면 안으로 마음이 맑고 고요해지며 나아가 도를 지키고 근본을 잡을 수 있게 된다.

6) 勤 : 뜻은 근심하다 [憂].『여씨춘추 불광편 呂氏春秋 不廣篇』에는 이렇게 나와 있다. "주나라 왕실의 흠을 보충하고, 천자의 어려움을 근심한다." 고유(高誘)의 주에 "근(勤)은 근심하다 [憂]." 라고 하였다.

7) 濟其事 : '제 濟'는 돕다. '제기사 濟其事'는 욕망의 일을 조장하는 것을 말한다.

8) 見小曰明 : '소 小'는 은미하다는 뜻으로 도를 비유한다. 볼 수 없는 도를 볼 수 있으므로 '명 明'이라고 했다.

9) 守柔曰强 : '유 柔'는 약하다. 40장에 있다. "약한 것은 도의 작용이다." 여기서 '약한 것을 지킨다.'는 것은 도를 지킨다는 뜻이다. 약한 것을 지킨다는 것은 단지 '견고하고 강한 것을 공격하는 데 이것보다 더 나은 것이 없다' 동시에 '세상의 가장 견고한 것을 몰아낼' 수 있다. 그래서 그것을 '강하다'고 한다.

10) 用其光, 復歸其明 : '빛 光'은 '밝음 明'의 작용이고 '밝음 明'은 '빛 光'의 본체다. '빛을 사용함 用其光'은 '만물을 아는 것 知子', '도를 보는 것 見小'에 있으니 즉, 도를 인식한다는 데 있다. '밝은 곳으로 돌아가는 復歸其明'것은 '모태를 지키고' 근본을 잡는 데에 있으니, 즉 도를 지키는 데 있다.

11) 殃 : 재해.

12) 爲 : 일컫다 [謂].

13) 習常 : '습 習'은 '습 襲'의 차자(借字)다. '습 習'과 '습 襲'두 글자는 음이 같기 때문에 통용된다. '상 常'은 영원한 도이다. '습상 習常'은 곧 상도(常道)를 인습한다는 뜻이다.

우리말 풀이

　천지 만물은 모두 근원이 있는데 이 근원이 바로 도(道)다. 도는 천지 만물을 창조할 수 있기 때문에, 또한 천지 만물의 모태다. 천지 만물의 모태인 도를 충분히 장악할 수 있으면 천지 만물을 인식할 수가 있다. 천지 만물을 충분히 인식하고, 또 천지 만물을 창조하는 도를 충분히 장악하여 지킬 수 있으면 평생토록 위험이 없을 것이다.
　욕망의 길을 막아 끊고, 욕망의 문을 닫아, 욕망이 생겨날 방도가 없게 만들어 마음 속의 고요함을 지킬 수 있으면, 평생토록 우환이 없을 것이다. 욕망의 길을 열어 놓고 욕망의 생성을 조장하면 평생토록 구제 받지 못한다.
　은미(隱微)함을 충분히 볼 수 있게 되면 '명 明'이고, 유약(柔弱)함을 충분히 지킬 수 있으면 '강 強'이다. 모든 외부 세계의 빛으로 만사 만물을 인식하여, 다시 빛의 근원인 본연의 밝음 [明]을 회복하고, 그 아들을 알아 다시 그 모태를 지킨다. 이렇게 되어야 비로소 스스로 재앙을 불러 일으키지 않을 수 있다. 이것이 바로 상도(常道)를 인습하여 행하는 것으로 '습상 習常'이라고 한다.

경문

使我介然有知,¹⁾²⁾ 行於大道,³⁾ 惟施是畏.⁴⁾
大道甚夷,⁵⁾ 而民好徑.⁶⁾⁷⁾
朝甚除,⁸⁾ 田甚蕪, 倉甚虛.
服文綵,⁹⁾ 帶利劍,
厭飲食,¹⁰⁾ 財貨有餘,
是謂盜夸.¹¹⁾ 非道也哉!

●●●

가령¹⁾ 나에게 잠깐이라도²⁾ 지식이 있다면
큰길로³⁾ 가면서
오직 샛길로 빠질까⁴⁾ 두려울 뿐이다.
큰길은 아주 평탄한데⁵⁾
사람들은⁶⁾ 샛길을 좋아하네.⁷⁾
조정은 아주 부패하고⁸⁾
논밭은 매우 황폐하고
창고는 텅 비어 있는데
수놈은 비단옷을 입고⁹⁾
번득이는 칼을 차고

물리도록 먹고 마시고도[10]
재물이 남았으니
이를 일러 왕도둑이라고 한다.[11]
도가 아니로구나!

자구 해석

1) **使** : 가정하는 말. 노자(老子)는 원래 앎이 없고 욕심이 없는 것을 주장했으나, 이 문장에서 '잠깐 알고 있어서'라고 말한 것은 결코 사실이 아니기 때문에 '사 使'자를 관형사로 내세웠다.
2) **介然** : 갑자기, 별안간. 오징(吳澄)은 말했다. "개연(介然)은 맹자(孟子)의 '갑자기 그것을 이용해서 길을 이루다. 介然用之而成路'에서의 개연과 같으며, 잠깐 동안을 일컫는다."
3) **大道** : 큰길. 실재로는 도덕의 도를 가리킨다.
4) **施** : 왕념손(王念孫)은 말했다. "'이 施'는 이(迆)로 읽는다. 이는 비스듬히라는 뜻이다. 말하자면 큰길을 걸어가는 도중에 샛길로 들어갈까 봐 두려워하는 것이다. 아래 문장에서 '대도심이, 이민호경 大道甚夷, 而民好徑'에 대해 하상공(河上公)이 주를 달기를 '경 徑은 비뚤어지고 바르지 못함이다.'고 했다. 이것이 그 증거이다.

『설문 說文』에서 말한다. '이(迆)는 비스듬히 가다.'는 「우공 禹貢」의 '동쪽으로 흐른 뒤 비스듬히 북쪽으로 방향을 잡아 회수(匯水)에서 만난다.'에서 인용하였다.

『맹자 이루편 孟子 離婁篇』에서 말했다. '남편이 가는 곳을 비스듬히 따라가 보았다.' 조기(趙岐)의 주에서 '이(施)라는 것은 비스듬히 미행하는 것이다. 정공(丁公)은 음을 '이'로 썼다.'『회남자 제속편 淮南子 齊俗篇』에서 말했다. '잘못을 없앤다는 것

은 재앙이나 미세한 잘못까지를 배제하는 것은 아니다.'

　　고유(高誘)가 주에서 말했다. '이 施는 미세한 잘못이다.' 「요략편 要略篇」에서 말했다. '지름길을 접하고 샛길로 바로 간다.' 고유(高誘)가 주에서 말했다. '이 施는 그릇됨이다.' 여기서 '이 施'와 '이 迤'는 통용된다."(『독서잡지지여상 讀書雜志志餘上』)

　　생각컨대 왕(王)씨의 학설은 가장 적절하다. '이 施'와 '이 迤'는 모두 '야 也'로부터 나온 소리여서 두 글자의 음이 같다. 그러므로 '이 施'는 '이 迤'와 통용될 수 있다.

5) 夷 : 평평함이다.
6) 民 : 사람. 첫 구의 '아 我'자와 상대적인 말이다. 일반적인 집정자를 가리킨다.
7) 徑 : 굽고 좁은길.
8) 朝甚除 : '제 除'를 마서륜(馬敍倫)은 '오 汚'의 가차자로 여겼다. 생각컨대 마씨의 학설은 꽤 그 의미를 체득했다. '조심제 朝甚除'는 조정이 너무 더러운 것이다. 조정이 매우 부패하고 혼란함을 일컫는다. 왕필(王弼)은 '제 除'를 '청렴하게 되었다'로 해석했으나 아래 문장의 '무 蕪'와 '허 虛' 두 글자와 일률적이지 못하다.
9) 服文綵 : '복 服'은 입다 [衣]로 동사로 쓰였다. 문채(文綵)는 비단에 수놓은 것을 말한다.
10) 厭 : '염 饜'자와 같다. 만족할 만큼 배부르다는 의미이다.
11) 盜夸 : 마땅히 '도우 盜芋'로 써야 한다. 도적의 우두머리를 의미한다. 『한비자 韓非子』에서 말했다. "아주 간악한 사람이 일어나면 작은 도적들이 뒤를 따르고, 아주 간악한 사람이 노래하면 작은 도적들이 화답한다.

　　우(芋)라는 것은 또한 5성조(聲調) 가운데 가장 윗소리이다. 그러므로 생황 [芋]이 먼저 연주하면 종과 비파 모두가 뒤를 따르고 생황이 소리를 내면 여러 소리가 모두 조화된다.

지금 아주 간악한 사람이 일어나면 속된 사람들은 노래하고, 속된 사람들이 노래하면 작은 도적들이 반드시 화답한다. 그러므로 아름다운 문양의 옷을 입고, 예리한 칼을 차고, 음식을 배부르게 먹고서도 재화가 남는 자, 그를 도적의 우두머리라 일컫는다."

왕선신(王先愼)은 말했다. "과(夸)자는 뜻이 없다. 마땅히 이것에 의거하여 고쳐야 한다."

우리말 풀이

가령 나에게 잠깐이라도 지식이 있다면 큰길로 걸어가면서 가장 걱정되는 것은 바로 샛길로 빠지는 것이다. 큰길은 아주 평탄한데도 일반 집정자는 오히려 샛길로 가는 것을 좋아한다. 결국 조정은 아주 부패하고, 논밭은 아주 황폐하고, 창고는 텅 비어 있다. 그러나 그들 자신은 오히려 비단옷을 입고, 번득이는 칼을 차고, 풍성한 술과 음식을 먹으면서, 재화와 물품을 착취하니 어떻게 다 쓸 수 있겠는가? 이러한 사람을 강도 두목이라고 말할 수 있다. 그들의 행위는 실로 도에 맞지 않는다.

경문

善建者不拔, 善抱者不脫,[1]
子孫以祭祀不輟.[2]
修之於身, 其德乃眞.[3]
修之於家, 其德乃餘.
修之於鄕, 其德乃長.[4]
修之於邦,[5] 其德乃豐.[6]
修之於天下, 其德乃普.[7]
故以身觀身,[8] 以家觀家,
以鄕觀鄕, 以邦觀邦,
以天下觀天下.[9]
吾何以知天下然哉? 以此.

●●●

잘 세운 것은 뽑히지 않고
잘 껴안은 것은 앗아가지 못하는 법[1]
이렇게 한다면 자손은 제사가 그치지 않는다.[2]

이러한 이치로 몸을 닦으면
그 덕은 반드시 참되고[3]
이러한 이치로 집을 닦으면
그 덕은 반드시 여유있고
이러한 이치로 마을을 닦으면
그 덕은 반드시 장대하고[4]
이러한 이치로 나라를[5] 닦으면
그 덕은 반드시 풍성하고[6]
이러한 이치로 천하를 닦으면
그 덕은 반드시 광대하게 된다.[7]
그러므로 자신의 몸으로 타인의 몸을 살피고[8]
자신의 집으로 타인의 집을 살피고
자신의 마을로 타인의 마을을 살피고
자신의 나라로 타인의 나라를 살피고
지금의 천하로 과거와 미래의 천하를 살핀다.[9]
내 어떻게 천하의 그렇다함을 아는가?
바로 이러한 이치를 통해서이다.

자구 해석

1) **善建者不拔, 善抱者不脫** : '건 建'은 덕을 세우는 것을 일컫는다. '포 抱'는 도를 껴안아 지니는 것을 말한다. 천하의 만물은 밖에 세워 놓으면 외부의 힘이 그것을 뽑아 없앨 수 있고 손바닥에 쥐고 있으면 외부의 힘이 그것을 빼앗아 버릴 수 있다. 도와 덕이 마음에 세워지고 껴안아지면, 세우고 껴안은 형태가 없으므로 만약에 스스로 뽑아 버리거나 스스로 빼앗지만 않는다면 외부의 사물이 뽑거나 빼앗아갈 방법이 없다. 그래서 '뽑히

지 않는다 不拔' '빼앗기지 않는다 不脫'라고 말한 것이다.
2) **子孫以祭祀不輟**: 덕을 세우고 도를 안으면 스스로 많은 복을 구할 수 있을 뿐만 아니라, 또한 복이 자손에게까지 미치고 대대로 끊기지 않고 제사를 영원히 누릴 수 있음을 말한다.
3) **修之於身, 其德乃眞**: 이 구는 본 문장의 중심이 되는 곳이다. '신 身'이 근본이 되고, '가 家' '향 鄕' '방 邦' '천하 天下'는 말단이 되기 때문에 반드시 그 이치를 자신에게서 닦아야 그 덕이 충만되고 진실된다. 그런 뒤에야 비로소 그 이치를 집, 마을, 나라, 천하에 베풀 수 있다.
4) **長**: 성장하다. 윗 문장의 '진 眞' '여 餘' 아랫 문장의 '풍 豊' '보 普'는 모두 형용사로서 또한 모두 넓다는 뜻이 있다. 그래서 '장 長'은 반드시 길다는 의미가 된다. 만약 웃어른 [尊長]의 의미인 장(長)으로 해석하면 위, 아래 문장과 일치하지 않는다.
5) **邦**: 『왕필본 王弼本』에서는 원래 모두 '국 國'으로 되어 있다. 『한비자 해로편 韓非子 解老篇』에서 인용하여 '방 邦'자라고 했다. 위원(魏源)은 말했다. "'발 拔' '탈 脫' '철 輟'은 운이고, '신 身' '진 眞'도 운이며, '가 家' '여 餘'도 운이고, '향 鄕' '장 長'도 운이며, '방 邦' '풍 豊'도 운이며, '하 下' '보 普'도 운으로서 모두 옛날 음이다.
　　여러 판본에서 한(漢)나라를 휘(諱)해서 '방 邦'을 '국 國'으로 고쳤다." 생각컨대 위(魏)씨가 국(國)을 설명한 것이 지극히 옳으므로 이제 『한비자 韓非子』에 의거해서 고친다.
6) **豊**: 풍부하고, 풍성하고, 풍후하다는 뜻이다.
7) **普**: 넓고 크다.
8) **以身觀身**: 자신의 몸으로 남의 몸을 관찰하는 것을 말한다.
9) **以天下觀天下**: 지금의 천하로 과거와 미래의 천하를 관찰하는 것을 말한다.

우리말 풀이

　잘 세운 것은 마음에 덕을 세운 것으로, 이와 같이 하면 뽑히지 않는다. 잘 껴안은 것은 가슴에 도를 껴안은 것으로, 이와 같이 하면 앗아가지 못하는 법이다. 만약에 자손 또한 덕을 세우고 도를 껴안을 수 있다면, 대대로 그치지 않고 제사를 영원히 누릴 수 있다.

　이러한 이치를 가지고서 몸을 닦으면, 그의 덕은 반드시 충실해진다. 집에 널리 보급하면, 그의 덕은 반드시 여유로워진다. 마을에 널리 보급하면, 그의 덕은 반드시 장대해진다. 나라에 널리 보급하면, 그의 덕은 반드시 풍성해진다. 천하에 널리 보급하면, 그의 덕은 반드시 광대해진다. 오직 덕을 그치지 않고 닦으며 확장하면 할수록 덕은 더 커지고 진실로 무궁하게 쓰인다. 그러므로 단지 내가 덕을 닦고 도를 장악하면, 내 몸으로 타인을 살필 수 있다. 나의 집으로 타인의 집을 살피고, 나의 나라로 타인의 나라를 살피고, 나의 현재의 천하로 과거와 미래의 천하를 살핀다. 나는 어떻게 천하의 정황을 아는가? 바로 이러한 이치를 통해서이다.

경문

含德之厚, 比於赤子.
毒蟲不螫,[1)2)] 猛獸不據,[3)]
攫鳥不搏.[4)5)] 骨弱筋柔而握固,[6)]
未知牝牡之合而朘作,[7)] 精之至也.
終日號而不嗄,[8)] 和之至也.
知和曰常, 知常曰明.
益生曰祥.[9)10)] 心使氣曰强.[11)]
物壯則老, 是謂不道, 不道早已.[12)]

●●●

덕을 품고 있는 도타움을
갓난아이에 견준다.
독충이[1)] 쏘지 않고[2)]
맹수가 할퀴지 않으며[3)]
맹금도[4)] 채가지 않는다.[5)]
뼈는 약하고 힘줄이 부드러워도 쥐는 힘은 세다[6)]
암수의 교합을 모르지만 음경이 일어서니[7)]

新譯 老子 讀本 | 263

정기의 지극함이다.
종일토록 울어도 목이 쉬지 않으니[8]
화기의 지극함이다.
화(和)를 아는 것은 상(常)이요
상(常)을 아는 것은 명(明)이요
억지로 삶을 보탬은[9] 상(祥)[10]이요
마음이 기(氣)를 부리는 것은 강(强)이라 하네.[11]
만물은 강장하면 쇠퇴하니
이것은 도답지 않다.
도답지 않으면 금세 사라진다.[12]

자구 해석

1) **毒蟲**: 벌, 전갈, 뱀, 살무사 종류를 가리킨다. 『왕필본 王弼本』에는 원래 '봉채훼사 蜂蠆虺蛇'라고 썼으나 『하상공본 河上公本』 및 기타 고본 등에는 '독충 毒蟲'이라 썼다. 그것을 아래 문장의 '맹수불거 확조불박 猛獸不據 攫鳥不搏'과 고려해 보면, 즉 이 구는 마땅히 『하상공본』에서 '독충불석 毒蟲不螫'이라 쓴 것과 같다. 이와 같이 세 구의 글자는 정돈되어 일치한다. 지금은 『하상공본』에 의거해서 고친다.

2) **螫**: 독충은 꼬리로 사람을 쏜다. 뱀과 살무사는 비록 독꼬리는 없으나 '혀'로써 사람을 물기 때문에 '쏜다: 석(螫)'라고 일컬을 수도 있다.

3) **據**: '거 豦'와 통용한다. 짐승류가 발톱으로 사물을 움켜쥐는 것을 '거 豦'라 부른다. 유월(俞樾)이 말했다. "'거 據'는 마땅히 '거 豦'로 되어야 한다." 『설문 시부 說文 豕部』에서 말했다. "'거 豦'는 서로 싸워 떼어 놓을 수 없다는 뜻이다. 시(豕), 호(虎)자로부

터 나와 멧돼지와 호랑이의 싸움에서는 서로 상대를 포기하지 않는다는 뜻이다. 달리 또 호랑이가 두 발을 든다."고도 한다. 그렇다면 맹수가 움켜쥐지 않는다고 말한 것은 바로 독충이 쏘지 않는다고 말한 것과 같다. 지금 '거 據'자로 쓴 것은 가차자일 뿐이다.

4) 攫鳥 : '확 攫'은 '구 瞿'로 통용된다. 흉하고 사나운 새인데, 매와 송골매 종류를 가리킨다. 고형(高亨)이 말했다. "'확조 攫鳥'는 오히려 지조(鷙鳥)라고 말한 것과 같다. '확 攫'은 대개 '구 瞿'를 빌려온 글자이다. 『설문 說文』에서 말했다. '구 瞿는 새매가 응시하는 것이다.' 새매는 사나운 새로서 똑바로 치켜 본다. 그러므로 새매류를 구조(瞿鳥)라 일컫는다. 구조(瞿鳥)는 지조(鷙鳥)라고도 일컫는데 맞는 말이다."

생각컨대 고형(高亨)의 설명이 확실히 옳다. 윗 문장에서 '독충 毒蟲' '맹수 猛獸'라고 말했는데 여기에서 '확조 攫鳥'라고 쓴다면 '확 攫'은 획득하다는 의미로 동사가 되기 때문에 '독 毒',' 맹 猛'과 같은 형용사류가 아니다. 만약 '구 瞿'로 통용하면 '구 瞿'는 노려보는 모습인데, 새 종류 중에서 무릇 노려보는 것은 반드시 흉하고 사나운 새이므로 '구 瞿'는 흉하고 사납다는 의미를 파생시킨다. 이와 같다면 윗 문장의 '독 毒' '맹 猛' 두 자와 서로 같은 형용사류가 된다.

5) 搏 : 새 종류가 날개와 발톱으로써 동물을 공격하는 것이다.
6) 握固 : 주먹을 쥐는 것이 굳고 단단하다.
7) 朘作 : 갓난아기의 생식기가 발기한다. '최 朘'는 『설문 육부 說文 肉部』에서 말하기를 "갓난아기의 음경이다."라고 하였다. 『단주 段注』에서 말했다. "『노자 老子』의 '미지빈모지합이최작 未知牝牡之合而朘作'은 『하상본 河上本』에서도 똑같다."

생각컨대 '최 朘'는 갓난아기의 생식기로서, 『왕필본 王弼本』에서 원래 '전 全'으로 되었으나 『부혁본 傅奕本』 및 『단주하상본 段注河上本』에는 '최 朘'로 되어 있다. 오늘날 『하상본』 및 기타 고본 등에는 대부분 '최 朘'로 되어 있다. '최 峻'는 '최 朘'의 가차자이다.

『왕필본』에 '전 全'으로 되어 있는데 역순정(易順鼎)은 '전 全'과 '최 朘'는 음이 비슷하기 때문에, '전 全'을 빌려 썼다고 했다. 유월(兪樾)은 또한 '음 朌'자에서 누락되어 단지 상반부만 남게 되었기 때문에 '전 全'자로 잘못 쓰였다. 설명한 것 모두를 따를 수는 없다. 이제 『단주』 및 『부혁본』에 의거해서 '최 朘'로 고친다. '작 作'은 일어선다는 의미이다.

8) 嗄 : 목이 쉬다. 『하상공본 河上公本』에는 '아 啞'로 쓰여 있다.

9) 益生 : 자연에 따르지 않고 욕망을 방자하게 하고 삶을 탐내는 것이다. 즉 50장 주7)의 '생생지후 生生之厚'의 의미이다. 『장자 덕충부 莊子 德充符』에서 말했다. "상인자연이불익생 常因自然而不益生" 그 주에서 말했다. "자연의 순리에 맡기고 이를 법칙으로 삼는다. 단지 부여받은 한계에 머물고 감정이 소원해지는 것을 모른다."

10) 祥 : 『설문 說文』에서 말했다. "'상 祥'은 복이다." 『단주 段注』에서 말했다. "무릇 총괄적으로 말하자면 재앙 역시 상(祥)이라 일컫는다. 분석하여 말하면 좋은 것을 상(祥)이라 일컫는다." 『좌전 희공 16년 左傳 僖公 十六年』에 '무엇이 상 祥 인가?' 『두주 杜注』에서 말하기를 "상(祥)은 길흉에 앞서 보이는 것이다." 이것은 선악화복(善惡禍福)을 모두 '상 祥'이라고 일컬을 수 있다는 것이다.

여기서의 '상 祥'자는 당연히 재앙과 재난을 가리키며 '상서롭지 못하다 不祥'는 의미이다. 왕필(王弼)이 말했다. "살기를 억지로 더할 수 없다. 더 살고자 하면 일찍 죽는다. 生不可益, 益之則夭." 여기에서 '요 夭'를 '상 祥'으로 해석하면 '상 祥'이 '불상 不祥'의 의미임이 충분히 증명된다.

11) **心使氣曰强** : '기 氣'는 즉 10장의 '정기를 전일하게 하여 유약하게 한다. 專氣致柔'의 '기 氣'로서 생리적 본능을 가리킨다. '강 强'은 굳세고 강직함을 가리킨다. '부드럽고 약함이 단단하고 강함을 이긴다. 柔弱勝剛强'의 '강 强'이고 '부드러움을 지키는 것을 강하다고 한다. 守柔曰强'의 '강 强'이 아니다. 마서륜(馬敍倫)은 "'강 强'은 마땅히 '강 殭'으로 되어야 한다. 곧 '강 僵'의 가차자이다."라고 여겼으니 일설을 갖추었다고 할 만하다.

노자(老子)는 '배를 채워 줌 實其腹'과 '정기를 전일하게 하여 유약하게 함 專氣致柔'을 주장했기 때문에, '욕심이 있는 마음으로 순수한 정기를 부리는 것 心使氣'을 반대했다. 왜냐하면 '심(心)에는 지식과 감각이 있고, 기(氣)에는 감정과 사고가 없기 때문이다.'(『장자 인간세 곽주 莊子 人間世 郭注』) 마음으로써 기를 다스리면 자연에 어긋남이 있고 그 결과 죽지 않으면 없어지게 되므로 '마음이 정기를 부리는 것을 강이라 한다.'고 했다.

12) **物壯則老, 是謂不道, 不道早已** : 세 구는 이미 30장에서 나왔다. 그 장의 주 4), 5), 6)을 보라.

우리말 풀이

가장 도타운 덕을 품은 사람은 천진하고 사악하지 않은 갓난아기와 서로 견줄 수 있다. 갓난아기는 인식도 못하고 알지도 못하며, 하려는 마음도 없고 욕구도 없어 순수한 하늘의 이치로 가득 차 있다. 그렇기 때문에 독충이 그를 쏘지 않고, 맹수가 그를 해치지 않으며, 맹금도 그를 해치지 않는다. 그의 힘줄과 뼈는 비록 유약할지라도, 그의 작은 주먹은 오히려 매우 세게 쥔다.

그는 비록 남녀의 교합을 모르지만, 그의 음경은 오히려 항상 일어선다. 이것은 그의 정기가 충분하기 때문이다. 그가 종일토록 울어도, 그의 목은 오히려 쉬지 않는다. 이것은 그의 화기가 순후하기 때문이다.

화(和)의 이치를 충분히 아는 것을 상(常)이라 하고, 상을 아는 것을 명(明)이라 한다. 상도(常道)를 모르고 자연에 순응하지 않으며 욕심대로 탐낸다면 재앙을 불러 일으킬 것이다. 욕심 있는 마음으로 생리적 본능인 자연을 마음대로 부리는 것을 굳세고 강하다고 한다. 굳세고 강함은 오래 지속될 수 없는 것이다.

시험삼아 만물을 보면, 강대하고 장성할 때, 곧 쇠퇴하고 무너지기 시작한다. 그래서 마음으로 기를 부리는 것 역시 도에 적합하지 않다. 도에 적합하지 않은 일은 폭풍이나 소나기처럼 바로 소멸되어 사라진다.

경문

知者不言, 言者不知.[1]
塞其兌, 閉其門,[2]
挫其銳, 解其紛,[3]
和其光, 同其塵.[4]
是謂玄同.[5]
故不可得而親, 不可得而疏.
不可得而利, 不可得而害.
不可得而貴, 不可得而賤.[6]
故爲天下貴.

●●●

아는 자는 말하지 않고
말하는 자는 알지 못한다.[1]
구멍을 막고
문을 닫고[2]
날카로움을 꺾고
엉킴을 풀고[3]

新譯 老子 讀本 | 269

빛을 희미하게 하고
티끌 속에 섞인다.[4)]
이것을 본래의 하나 됨이라 한다.[5)]
그러므로 그를 가까이 할 수 없고
멀리 할 수도 없으며
이롭게 할 수 없고
해롭게 할 수도 없으며
귀하게 할 수 없고
천하게 할 수도 없다.[6)]
그러므로 천하에 귀한 것이라네.

자구 해석

1) **知者不言, 言者不知**: '지 知'와 '지 智'는 같다. 지혜로운 사람은 도체의 깊고 미묘함을 알아서 부지런히 그것을 실행하여 말할 겨를이 없다. 어리석은 사람은 자기 자신을 과시해 종일토록 계속 떠들어서 도에서 떨어짐이 날로 멀어진다.

2) **塞其兌, 閉其門**: '태 兌', '문 門'은 모두 욕망이 출입하는 통로인데 욕망이 있으면 친함과 소원함이 있다. 그래서 '구멍 兌'을 막고 '문 門'을 닫으면 욕망이 출입할 곳이 없고 '친할 수도 없고, 멀리 할 수도 없다. 不可得而親, 不可得而疏'이 두 구절은 이미 52장에서 나왔다. 52장의 주를 참고하라.

3) **挫其銳 解其紛**: '예 銳'는 칼 끝의 서슬이다. '분 紛'은 혼란스러움이다. '날카로움 銳' 때문에 이익을 다투고, '혼란함 紛' 때문에 해를 당한다.

　　날카로움을 꺾고 엉킴을 풀면 '이로울 수도 없고, 해로울 수도 없다. 不可得而利, 不可得而害'고 했다. '분 紛'은 『왕필본 王弼本』에는 원래 '분 分'이라 되어 있고, 다른 본(本)에서는 '분 紛'으로 많이 썼다. 이제 제4장에 근거하여 고친다.

4) **和其光 同其塵** : 빛을 희미하게 하는 것은 자기를 억제함을 추구하는 데 있고, 티끌 속에 섞이는 것은 외물을 따름을 추구하는 데 있다.

　　빛은 귀한 것이고, 티끌은 천한 것이다. 빛을 희미하게 하고 티끌 속에 섞이면 '귀할 수도 없고 천할 수도 없다. 不可得而貴, 不可得而賤.'

5) **玄同** : 왕도(王道)가 말했다. "현동(玄同)이라는 것은 외물과 크게 같고, 또 자취가 없다고 볼 수 있다." 생각컨대 '본래의 하나됨 玄同'은 만물과 본래의 하나됨이므로 바로 도와 본래의 하나됨을 말한다.

6) **'不可得而親' 六句** : '현동 玄同'의 경지는 친함과 소원, 이익과 손해, 귀함과 천함에 초연해서 사물에 얽매임이 없다는 것을 말했다.

우리말 풀이

　지혜로운 사람은 도체의 깊고 미묘함을 알아, 부지런히 그것을 실행하고 감히 많은 말을 하지 않는다. 자기 자신을 과시하기 좋아하고 하루 종일 말이 많은 사람은 근본적으로 도를 알지 못해 지혜로운 사람이 아니다.

　욕망의 통로를 막고 욕망의 단서를 막는다. 날카로움을 거두고 분란을 없앤다. 빛을 감추고 속세에 함께 처한다. 이것이 바로 '현동'의 경지이다.

　수양이 이런 경지에 도달하면 물외에서 초연하므로 그런 사람과는 친할 수도 없고 소원할 수도 없으며, 이익을 얻게 할 수도 없고 손해를 입힐 수도 없으며, 귀하게 할 수도 없고 천하게 할 수도 없다.

　친함과 소원함, 이익과 손해, 귀함과 천함을 초월한 사람이야말로 천하에서 가장 뛰어난 사람이다.

경문

以正治國,¹⁾ 以奇用兵,²⁾ 以無事取天下.³⁾
吾何以知其然哉? 以此.⁴⁾
天下多忌諱,⁵⁾ 而民彌貧.
朝多利器,⁶⁾⁷⁾ 國家滋昏.
人多伎巧,⁸⁾ 奇物滋起.⁹⁾
法令滋彰, 盜賊多有.
故聖人云:
我無爲而民自化,¹⁰⁾ 我好靜而民自正,
我無事而民自富,¹¹⁾ 我無欲而民自樸.

●●●

정도(正道)로¹⁾ 나라를 다스리고
기계(奇計)로²⁾ 군사를 부리지만
천하를 다스림은 무위(無爲)로 한다네.³⁾
내 어찌 그런 줄을 아는가?
그 까닭은 이렇다네.⁴⁾
천하에 금기가 많으면⁵⁾

백성은 더욱 가난해지고
조정에[6] 권도가[7] 많으면
나라는 점점 혼란해지고
신하들의 기교가 많으면[8]
괴이한 일이[9] 점점 생겨나고
법령이 점차 불어나면
도적이 많아진다.
그러므로 성인은 말하였다.
내가 인위가 없으면 백성은 저절로 교화하고[10]
내가 고요함을 좋아하면 백성은 저절로 바르고[11]
내가 일이 없으면 백성은 저절로 부유하고
내가 욕심이 없으면 백성은 저절로 순박해진다.

자구 해석

1) 正 : 바른 길이다. 청정, 무욕의 길을 가리킨다. 승려 감산(憨山)이 말했다. "천하와 국가를 다스리는 자는 마땅히 청정과 무욕으로 바른 것을 삼아야 한다."
2) 奇 : 기이한 계교.
3) 以無事取天下 : '무사 無事'는 무위(無爲)이다. '취 取'는 다스리다는 뜻이다.
4) 此 : 다음 8구를 가리킨다. 8구는 모두 '무위 無爲'의 다른 면을 말한 것이다.
5) 忌諱 : 금령(禁令)을 말한다.
6) 朝 : 『왕필본 王弼本』에서는 원래 '민 民'으로, 『반정관본 潘靜觀本』에서는 '조 朝'라 되어 있고, 엄영봉(嚴靈峰) 선생은 '조 朝'라고 하는 것이 의미상 가장 낫다고 여겨서 '조 朝'라고 고쳤다.

진고응(陳鼓應) 선생도 역시 『반정관본 潘靜觀本』과 엄영봉(嚴靈峰)의 학설에 근거해 '조 朝'라고 고쳤다.

　　생각컨대 '조 朝'라고 하는 것이 옳다. 아마도 '기휘 忌諱', '기교 伎巧', '법령 法令'은 모두 어리석은 군주가 천하와 나라를 다스리는 도구이기 때문에 '이기 利器'도 자연히 예외가 될 수 없을 것이다.

　　만약 '민 民'이라고 한다면, 앞뒤 문장이 일치하지 않는다. 36장에서 말했다. "나라의 권도를 신하에게 보여서는 안 된다." 이것으로 충분히 증거가 된다. 그러므로 '민 民'자는 마땅히 『반정관본 潘靜觀本』에 따라 '조 朝'자로 고쳐야 한다. 이제 여기에 근거해서 고친다.

　　또 생각컨대 장석창(莊錫昌)은 여러 고본(古本)에 근거하여 '인 人'으로 고쳤으나, 다음 구의 '인다기교 人多伎巧'의 '인 人'자와 서로 중복되므로 '조 朝'로 쓰는 것이 낫다.

7) 利器 : 권모술수를 이른다. 36장 '국지이기 國之利器'의 '이기 利器'와 같다.
8) 伎巧 : '기 伎'는 '기 技'와 같다. '기교 伎巧'는 지혜와 기교이다.
9) 奇物 : 삿된 일이다.
10) 自化 : 자연스럽게 변화, 육성시키다.
11) 我無事而民自富 : 이 구절은 내 의견으로는 마땅히 '무위 無爲' 구의 앞에 위치해야 한다고 생각된다. (『문자 미명편 文子 微明篇』에서 인용한 것도 '무위 無爲'구의 앞에 있다.) 이유는 두 가지가 있다.

　　앞 문장에서는 '나는 무사로써 천하를 다스린다. 我無事取天下.'라고 말했고, '성인운 聖人云' 이하 네 구절은 '천하를 다스리는 取天下'길이다. 따라서 이 구절은 마땅히 가장 앞에 놓아야 앞 문장의 '무사 無事'와 상응되므로 이것이 그 첫 번째 이유이다.

　　'성인운 聖人云' 이하의 네 구는 앞 문장인 '천하다기휘 天下

多忌諱', '조다이기 朝多利器', '인다기교 人多伎巧', '법령자창 法令滋彰' 네 구를 이어서 말한 것이다. 이 구를 '무위 無爲'구의 앞으로 옮긴다면 '이민자부 而民自富'는 '이민미빈 而民彌貧'과 아주 잘 호응된다. 그 밖의 세 구도 역시 순서에 따라 앞 세 구와 호응된다. 이것이 두번째 이유이다.

그러나 정확한 근거가 없어서 아직은 감히 제멋대로 고치지 못하겠다.

우리말 풀이

바른 도로써 국가를 다스리고, 기이한 계교로써 군사를 부린다. 그러나 천하를 다스림에 있어, 바름과 기이함은 모두 적당하지 않고 오직 무위만이 유용하다. 내가 어떻게 이러한 줄 알겠는가? 바로 아래의 몇 가지 무위에 위반되는 사실로 알 수 있다.

천하에 금령이 너무 많으면 백성이 하는 일마다 책망을 듣고 마음 놓고 일할 수 없다. 그래서 날이 갈수록 가난해진다.

정부의 권모술수가 너무 많으면 옥신각신 다툰다. 그래서 나라는 날이 갈수록 혼란해진다. 신하들이 기교가 너무 많으면 백성들이 일어나 흉내낸다. 그래서 지혜와 거짓이 빈번이 발생하고 옳지 못한 일도 계속 생긴다.

법령이 지나치게 엄격하면 백성의 자유를 지나치게 속박한다. 그래서 백성이 살 수 없도록 핍박하여 도적이 날이 갈수록 많아진다.

그러므로 성인이 말했다. "내가 무위로 다스리면 백성이 저절로 교화하고, 내가 청정을 좋아하면 백성은 저절로 순정(純正)하다. 내가 법령을 실시하지 않으면 백성은 저절로 풍족하다. 내가 욕망이 없으면 백성은 저절로 순박해진다."

경 문

其政悶悶, 其民淳淳.[1]
其政察察, 其民缺缺.[2]
禍兮福之所倚, 福兮禍之所伏.[3]
孰知其極?[4] 其無正.[5]
正復爲奇,[6] 善復爲妖.[7]
人之迷, 其日固久.
是以聖人方而不割,[8] 廉而不劌,[9]
直而不肆,[10] 光而不耀.[11]

●●●

정치가 덮어두는 듯하면 그 백성은 순박해지고[1]
정치가 따져드는 듯하면 그 백성은 각박해진다.[2]
화에 복이 기대어 있고
복에 화가 숨어 있다.[3]
어느 누가 그 결말을 알겠는가?[4]
고정됨이 없을 뿐.[5]
바름이 다시 그르게 되고[6]

선함이 다시 악함이 된다.[7]
사람들이 미혹에 빠진
그 시일이 참으로 오래 되었다.
그러므로 성인은 네모나도 남을 자르지 않고[8]
모가 나도 다치게 하지 않으며[9]
곧지만 멋대로 하지 않고[10]
빛나지만 눈부시게 하지 않는다.[11]

자구 해석

1) **其政悶悶, 其民淳淳** : 왕필(王弼)이 말했다. "말하자면 정치를 잘하는 것은 형태도 없고 이름도 없으며, 일도 없고 정사(政事)도 없는 것을 거론할 수 있다. 분명치 않는 듯하다가 마침내 크게 다스려지게 되기 때문에 '그 정치가 분명치 않다 其政悶悶'라고 말했다. 그 백성이 다투지 않고, 관대하고 순박해지기에 '그 백성이 순박하다 其民淳淳'고 말했다.

   생각컨대 '민민 悶悶'은 어둡고 분명하지 않은 것으로 정치의 청정·무위를 비유했다. '순순 淳淳'은 순박하다는 뜻이다. 정치 하는 자가 무위로 다스리면 백성이 순후하고 소박해짐을 이른다.

2) **其政察察, 其民缺缺** : 왕필(王弼)이 말했다. "법률을 정하고 상벌을 분명히 하고 간교함과 거짓을 조사한다." 그러므로 '분명히 한다 察察'라고 말했다. 다른 분석으로는 백성들이 경쟁을 품고 있기 때문에 '백성이 박하다 其民缺缺'라고 말했다.

   생각컨대 '찰찰 察察'은 엄격하고 분명하다는 것으로 '민민 悶悶'과 의미가 상반된다. 정령(政令)이 까다롭고, 법령이 엄격함을 비유했다. '결결 缺缺'은 박하다는 뜻이다. 정치하는 자가 유위(有爲)로 다스려 형벌을 정하고 금지령을 만들면, 백성은 도리어 나날이 야박해짐을 말했다.

3) 禍兮福之所倚, 福兮禍之所伏 : '의 倚'는 의지하다. '복 伏'은 숨다. 이 두 구는 화와 복이 고정됨이 없음을 이른다.

4) 極 : 결말. 『여씨춘추 제악편 呂氏春秋 制樂篇』에서 이 문장을 인용하여 말했다. "성인 독견(獨見)을 일반 사람들이 어찌 그 끝을 이해하겠는가?" 고(高)씨가 주를 달았다. "극(極)은 종(終)과 같다."

5) 其無正 : '기 其'는 화와 복을 가리킨다. 『옥편 玉篇』에서 말했다. "정(正)은 장(長)이고 정(定)이다." 『주례 천관 재부 周禮 天官 宰夫』에 '세밑이 되면 여러 관리를 시켜 그 해의 회계를 결정하라. 歲終, 則令群吏正歲會'고 했다. 정(鄭)씨가 주를 달았다. "정(正)은 정함 [定]과 같다." 여기서의 '정 正'은 정하다는 의미가 있다. '무정 無正'은 고정됨이 없다는 뜻이다.

6) 奇 : 그릇된 것이다. '바르다. 正'의 의미와 상반된다.

7) 妖 : 사악하다. '선하다 善'의 의미와 상반된다.

8) 方而不割 : 모가 나도 사람을 해치지 않는다. 41장에서 말했다. "큰 네모는 모서리가 없다. 大方無隅." '모서리가 없기 無隅' 때문에, '해치지 않는다. 不割.'

9) 廉而不劌 : 『광아 석언 廣雅 釋言』에서 말했다. "렴(廉)은 모서리이다." '귀 劌'는 다치는 것이다. 비록 모서리가 있으나 사람을 다치게 하지 않음을 말한다. 이 구는 『예기 빙의 禮記 聘義』와 『순자 불구편 荀子 不苟篇』에 모두 있다. 『예기 공영달소 禮記 孔穎達疏』와 『순자 양경주 荀子 楊倞注』에서 모두 말했다. "렴(廉)은 모서리다. 귀(劌)는 다치는 것이다."

10) 直而不肆 : 곧으나 멋대로 하지 않음을 이른다. 45장에서 말했다. "크게 곧은 것은 구부러진 것 같다. 大直若屈" '방종하지 않다. 不肆'는 바로 '구부러진 것과 같다. 若屈'와 같은 뜻이다.

11) 光而不耀 : '요 耀'는 '요 燿'와 같다. 비록 밝음을 지니고 있으

나 다른 사람에게 눈부시게 하지 않음을 말한다. 56장에서 말했다. "그 빛을 희미하게 한다. 和其光" '화기광 和其光'하기 때문에 능히 '빛나지 않는다. 不耀'

생각컨대 마지막 네 구는 역대 주석가들이 모두 앞 문장과 연관이 안 된다고 생각했다. 그래서 어떤 사람은 다른 장의 순서가 잘못 끼어든 것이라 여겼다. 어떤 사람은 '기민결결 其民缺缺' 다음으로 옮겨야 한다고 주장한다.

사실 이 네 구절은 바로 앞 문장에 이어서 온 것이다. 앞 문장에서 화와 복은 일정하지 않고, 그릇된 것과 바른 것이 서로 변전되고, 선한 것과 사악한 것도 서로 변화된다고 말했다. 이 네 구는 성인이 다변하는 정세에 처하여서도 불변하는 도를 지니고 있음을 이어서 말한 것이다. 그것이 바로 '암컷을 지킨다 守雌', '모욕을 지킨다 守辱'이고, 또한 유약함을 지키며 아래에 처신하는 것이다.

만약 내가 유약함을 지키고 아래에 처신한다면, 다시 말해서 이미 '화 禍', '기 奇', '요 妖'와 같은 위치에 처신한다면, 객관적인 형세가 어떻게 변화하든지간에 나는 어떤 영향도 받지 않는다. 왜냐 하면 나는 이미 아예 패할 수 없는 위치에 서 있기 때문이다.

이것이 바로 사람에게 '모가 나도 해치지 않고, 모서리가 있어도 다치게 하지 않고, 곧으면서도 멋대로 하지 않고, 빛이 나도 눈부시게 하지 않게 할 수 있다. 方而不割, 廉而不劌, 直而不肆, 光而不耀'는 이치가 된다.

우리말 풀이

나라를 다스리는 것이 무위·무사하면 정치는 어두워 분명하지 않은 듯이 보인다. 그래서 백성은 안정되고 자유스러워져 그 덕은 도리어 나날이 순박하고 두터워진다. 나라를 다스리는 자가 유위(有爲)·유사(有事) 하면 정치는 사리가 분명한 듯이 보인다. 그러나 백성은 속박을 참을 수 없어 그 덕은 도리어 나날이 박정해진다.

그러므로 재앙 속에는 행복이 숨어 있고, 행복 밑에는 재앙이 엎드려 있다. 바름이 그르게 변하고, 선함이 악함으로 변할 수 있다. 사람들이 미혹해서 이 도리를 알지 못함이 오래 되었다. 단지 성인만이 이렇게 화와 복이 정해지지 않고, 기이함과 바름이 서로 변하고, 선함과 악함이 서로 변하는 형세에 잘 처신할 수 있음을 알아 이 상도(常道)를 고수한다.

그들은 비록 네모나도 다만 세상과 더불어 변화하여 사람을 해치게 하지 않는다. 그들은 비록 모가나도 다만 청정무위하여 사람들을 다치게 하지 않는다. 그들은 비록 강직해도 유약하고 겸손해서 제멋대로 사람을 업신여기지 않는다. 그들은 비록 밝게 빛나도 날카로움을 감추어서 눈부시게 사람을 자극하지 않는다.

경문

治人, 事天,[1] 莫若嗇.[2]

夫唯嗇, 是以早服.[3][4]

早服謂之重積德.[5]

重積德則無不克. 無不克則莫知其極.[6]

莫知其極, 可以有國.[7]

有國之母,[8] 可以長久.

是謂深根固柢, 長生久視之道.[9]

●●●

남을 다스리고
자신을 닦음에[1]
아낄 만한 것은 없다.[2]
바로 아끼기 때문에
일찍 도에 복종할 수 있다.[3] [4]
일찍 복종하는 것을 거듭 덕 쌓는 것이라 한다.[5]
거듭 덕을 쌓으면 극복하지 못할 게 없고
극복하지 못할 게 없으면 그 끝을 알지 못하고[6]

그 끝을 알지 못하면
나라를 장악할 수 있고[7]
나라를 다스리는 근본을 장악하면[8]
오래갈 수 있다.
이를 일러 뿌리 깊고 밑둥이 굳어
영원히 사는[9] 도라고 한다.

자구 해석

1) **事天** : 자신을 다스리다, 자신을 보존하다라는 뜻이다. 『한비자 해로편 韓非子 解老篇』에서 말했다. "총명(聰明)과 예지(叡智)는 하늘 [天]이고, 동정(動靜)과 사려(思慮)는 사람 [人]이다. … 『서경 書經』에서 이른바 사람을 다스린다는 것은 동정의 절도를 알맞게 하고, 생각의 낭비를 줄이는 것이다. 이른바 하늘을 섬긴다는 것은 귀밝고 눈밝은 [聰明] 힘을 끝까지 쓰지 않고, 지혜와 식견 [智識]의 소임을 다하지 않는다는 것이다. 진실로 끝까지 소진하면 정신을 낭비하는 것이 많게 되고, 정신을 낭비하는 것이 많으면 눈멀고 귀먹고 어그러지고 망령된 화가 이르게 된다. 그러므로 그것을 아끼는 것이다."

한비자(韓非子)는 '총명과 예지 聰明叡智'로서 '하늘'을 해석했지만, '총명과 예지'는 모두 사람 몸에 있는 것이니, 이를 통해 이른바 '사천 事天'을 알 수 있다.

즉 하늘을 섬긴다는 것은 나의 심성 본능을 펴는 것으로, 바로 수신(修身)의 뜻이다. 이 장에서 말한 것은 모두 수기치인(修己治人)의 도이고, 노자(老子)의 '내성외왕 內聖外王'의 수양으로서, 어느 한 구도 하늘을 말한 부분이 없다. 그러므로 '사천 事天'이 수신(修身)의 의미임을 더욱 증명해 주고 있다.

2) 嗇 : 한비자(韓非子)가 말했다. "아낀다는 것은 정신을 아끼고 지식을 아낀다는 것이다." 하상공(河上公)이 말했다. "아낀다는 것은 갈망한다는 뜻이다. 나라를 다스리는 자는 마땅히 백성을 아끼고, 몸을 닦는 자는 마땅히 정신을 아껴야 한다." 이 '색 嗇' 자는 바로 아끼고 절약한다는 뜻이다. 67장의 '검 儉'자와 같은 뜻이다.

3) 是以 : 『왕필본 王弼本』에는 원래 '시위 是謂'로 되어 있고, 『하상공본 河上公本』과 기타본도 마찬가지이다. 『한비자 해로편 韓非子 解老篇』에는 '시이 是以'로 되어 있다. 생각컨대 『노자 老子』에서, 윗 구에서 '부유 夫唯'를 썼을 때, 아랫 구에서는 '시이 是以'를 쓰지 않으면 '고 故'를 써서 구를 이끌어 나갔다.('고 故'도 '시이 是以'의 뜻이다) '시위 是謂'를 쓰지는 않았다.

예를 든다. 제9장의 '바로 자처하지 않기 때문에 없어지지 않는다. 夫唯弗敢, 是以不去.' 70장의 '나의 말을 알지 못하기 때문에, 나를 알지 못한다. 夫唯無知, 是以不我知.' 71장의 '병통을 병통으로 인정하기 때문에 병되지 않는다. 夫唯病病, 是以不病.' 이에 의거해, 여기의 '위 謂'자는 당연히 '이 以'자의 오자다. 이제 『한비자 韓非子』에 근거해서 고쳤다.

4) 早服 : 일찍 도(道)에 복종하는 것을 이른다. 한비자(韓非子)가 말했다. "성인(聖人)은 비록 아직 재앙의 형상을 보지 못했을지라도 아무 잡념 없이 도(道)에 복종하므로 일찍 복종한다고 일컫는다. 그러므로 말한다. "아끼기 때문에, 일찍 복종할 수 있다. 夫唯嗇, 是以早服."

5) 重積德 : '중 重'은 많다는 뜻이다. '덕 德'은 덕을 아낀다는 [嗇德] 것을 가리킨다.

6) 莫知其極 : 그 끝나는 곳을 알지 못한다.

7) 有國 : 국가 정권을 장악하다. 즉 나라를 다스리다.

8) 有國之母 : 나라를 다스리는 근본적인 도(道)를 장악함을 이

른다.
9) 視 : 살다. 『여씨춘추 중기편 呂氏春秋 重己篇』에서 말했다. "어질거나 못난 것들 중에 오래 살고자 하지 않는 게 없다. 無賢不肖, 莫不欲長生久視" 고유(高誘)가 주해했다. "시(視)는 산다는 것이다." 이른바 '오래 산다. 長生久視'는 것은, 즉 23장의 '죽어도 없어지지 않는 것이 장수이다. 死而不亡者壽'의 '죽어도 없어지지 않다. 死而不亡'라는 뜻이다.

우리말 풀이

남을 다스리고 자신을 닦는 데, 가장 좋은 방법으로는 정신을 아끼고 지식을 아끼는 것보다 더 나은 것이 없다. 오직 정신을 아끼고 지식을 아끼기 때문에 비로소 일찍 도에 복종할 수 있다. 일찍 도에 복종하면 바로 덕을 아끼는 것을 많이 축적하게 된다. 덕을 아끼는 것을 많이 축적하면 극복할 수 없는 일이 없게 된다. 일마다 모두 극복할 수 있으면 그의 역량을 헤아릴 방법이 없게 된다. 역량이 커서 헤아릴 방법이 없으면 바로 나라를 장악할 수 있게 된다. 나라를 다스리는 근본을 장악하면 오랫동안 확고해진다. 이것이 바로 뿌리가 깊고 밑둥이 굳어 영원히 사는 이치이다.

경문

治大國, 若烹小鮮.[1)]
以道莅天下,[2)] 其鬼不神.[3)]
非其鬼不神,[4)] 其神不傷人.
非其神不傷人, 聖人亦不傷人.
夫兩不相傷,[5)] 故德交歸焉.[6)]

●●●

큰 나라를 다스리는 것은
작은 물고기를[1)] 삶는 것이나 같다.
도로써 천하에 임하면[2)]
귀신도 영험스럽지 못하다.[3)]
귀신이 영험스럽지 못할 뿐 아니라[4)]
영험으로 사람을 해치지 못하고
영험으로 사람을 해치지 못할 뿐 아니라
성인도 사람을 해치지 않는다.
양쪽 다 해치지 않기에[5)]
덕이 함께 백성으로 돌아간다.[6)]

자구 해석

1) 小鮮 : 작은 물고기
2) 莅 : '리 涖'자와 같으며, 임하다는 뜻이다.
3) 其鬼不神 : 고형(高亨)이 말했다. "'기귀불신 其鬼不神'의 '신 神'은 마땅히 '신 魋'으로 읽어야 한다. 『설문 說文』에서 말했다. "신(魋)은 신(神)이고, 귀(鬼)로부터 나왔고 신(魋)이라 발음한다." 대개 귀신이 영험이 있는 것을 신(魋)이라 한다. 기귀불신(其鬼不魋)은 그 귀신이 영험하지 않다. [其鬼不靈] 그 귀신이 빌미를 내리지 않는다. [其鬼不祟]와 같은 뜻이다."

생각컨대, 고형(高亨)의 말은 꽤 일리가 있다. 『설문 단주 說文 段注』에서 말했다. "당연히 신귀(神鬼)라고 해야 한다. 신귀(神鬼)는 귀(鬼)의 신(神)이다. 그러므로 글자가 귀신(鬼申)으로부터 나왔다 當作神鬼也. 神鬼者, 鬼之神者也, 故字從鬼申."

노자(老子)가 말했다. "그 귀신도 재앙을 내리지 않는다. 其鬼不神." 단씨(段氏)도 이 '신 神'자를 '신 魋'의 뜻으로 했다. '그 귀신도 재앙을 내리지 않는다. 其鬼不神'는 것은 귀신이 재앙을 내려서 사람을 병들게 할 수 없다는 것을 이른다. (『한비자 해로편 韓非子 解老篇』에서 말했다. "귀신이 재앙을 내려 사람을 병들게 한다는 것을 일컬어 귀신이 사람을 해친다라고 한다.")

4) 非 : '비 匪'자와 같고, '~일 뿐만 아니라'라는 뜻이다. 『시경 대아 억편 詩經 大雅 抑篇』에서 말했다. "손으로 이끌어 줄 뿐 아니라 사실을 보여 주고, 마주 대하고 가르쳐 줄 뿐 아니라 귀를 잡아당긴다. 匪手攜之, 言示之事, 匪面命之, 言提其耳."

『정전 鄭箋』에서 말했다. "나는 손으로 그것을 이끌어 줄 뿐 아니라 친히 그 사실의 옳고 그름을 보이고, 나는 면전에서 그것을 말해 줄 뿐 아니라 친히 그 귀를 끌어 당긴다." 고형(高亨)이 '비 非'를 '불유 不唯'의 합음으로 여긴 것은 그 설명이 일리는 있지만 근거는 없다.
5) **兩不相傷**: 귀(鬼), 신(神), 성인(聖人)과 사람이 서로 해치지 않는 것을 이른다. '둘 兩'이라는 것은 귀(鬼)와 사람, 신(神)과 사람, 성인(聖人)과 사람, 각각을 가리킨다. 한비자(韓非子)가 말했다. "위에 있는 사람과 백성이 서로 해치지 않고, 사람과 귀신이 서로 해치지 않기 때문에 양쪽이 서로 해치지 않는다고 한다."
6) **德交歸焉**: 한비자(韓非子)가 말했다. "덕(德)이 서로 돌아간다는 것은, 그 덕이 상하로 서로 융성하여 모두 백성에게 돌아간다는 것을 말한다." 생각컨대, 덕이 모두 백성들에게 돌아간다는 것은, 즉 백성들이 안녕무사(安寧無事) 하여 모두 힘써 도를 닦을 수 있음을 이르는 것이다.

우리말 풀이

작은 물고기를 삶을 때는 자주 뒤집으면 안 된다. 너무 많이 뒤집으면 작은 물고기는 부서진다. 큰 나라를 다스리는 것은 작은 물고기를 삶는 것과 같아서 청정무위로 해야지, 정령(政令)이 번잡하고 가혹해서는 안 된다. 정령이 너무 지나치게 번잡하고 가혹하면 백성들은 문란을 견딜 수 없게 되고, 국가는 바로 혼란하게 된다.

청정무위의 도를 써서 천하를 다스리게 되면 귀신도 재앙을 내려 사람을 해치지 않는다. 귀신이 사람을 해치지 않을 뿐 아니라, 영험도 사람을 해치지 않는다. 영험이 사람을 해치지 않을 뿐 아니라, 성인도 사람을 해치지 않는다. 귀(鬼), 신(神), 성인(聖人) 모두가 사람을 해치지 않으므로 백성들은 편안히 생활하고 힘써 덕을 닦을 수 있게 된다.

경문

大國者下流,¹⁾ 天下之交.²⁾
天下之牝, 牝常以靜勝牡, 以靜爲下.³⁾
故大國以下小國,⁴⁾⁵⁾ 則取小國.
小國以下大國, 則取大國.
故或下以取, 或下而取.⁶⁾
大國不過欲兼畜人,⁷⁾ 小國不過欲入事人.
夫兩者各得所欲, 大者宜爲下.

●●●

큰 나라는 하류와 같아¹⁾
천하가 모이는 곳이다.²⁾
천하의 암컷
암컷은 늘 고요함으로 수컷을 이기고
고요함으로 아래에 머문다.³⁾
그러므로 큰 나라가 작은 나라에게 낮추면⁴⁾
작은 나라를 얻을 수 있고⁵⁾
작은 나라가 큰 나라에게 낮추면

큰 나라를 얻을 수 있다.
그러므로 낮추어서 작은 나라를 얻기도 하고
낮추어서 큰 나라를 얻기도 한다.[6]
큰 나라는 남을 아우러 기르고자[7] 할 뿐이고
작은 나라는 남에게 들어가 섬기고자 할 따름이네.
둘 다 바라는 대로 얻게 되므로
큰 것이 마땅히 아래가 되어야 한다.

자구 해석

1) **大國者下流**: 큰 나라는 마땅히 강이나 바다와 같이 하류에 처해야 함을 이른다. 왕필(王弼)이 말했다. "강과 바다가 큰 곳에 머물고 아래에 처하게 되면 온갖 내가 그곳으로 흐른다. 큰 나라가 큰 곳에 머물고 아래에 처하게 되면 천하가 거기로 흐른다. 이런 까닭에 큰나라는 하류에 처해야 한다 [大國下流也] 고 한다."
2) **交**: 모이다.
3) **以靜爲下**: 암컷이 수컷을 이기는 이유는 '정 靜'을 쓰는 데 있음을 말하여, 큰 나라가 작은 나라를 취하는 것이 아래에 처하는 데 있음을 비유했다. 이 구는 『부혁본 傅奕本』에서 "그 편안함 때문에 아래가 된다. 以其靖故爲下也"로 되어 있고, 왕필(王弼)은 주석하기를 "고요하기 때문에 아래가 될 수 있다. 以其靜故能爲下也"고 하였다. 이 모두를 비교해 볼 때 원문보다 더 낫다고 하겠다.
4) **以**: 할 수 있다. 아랫구의 '이 以'자도 같다. ('능 能'은 '이 以'자로부터 나왔기 때문에, '이 以'를 '능 能'으로 해석할 수 있다.) 『노자 老子』중의 '이 以'자는 '능 能'으로 많이 해석된다.

5) 取 : 얻다.
6) **或下以取, 或下而取** : 큰 나라는 겸손함으로써 작은 나라가 들어와 섬김을 얻고, 작은 나라는 겸손함으로써 큰 나라에 겸병되어 길러짐을 얻는다는 것을 이른다. 윗구의 '혹 或'자는 큰 나라를 가리키고, 아랫구의 '혹 或'자는 작은 나라를 가리키는 대명사이다. 그 용법은 73장의 '혹이혹해 或利或害'의 '혹 或'자와 서로 같다.

윗 구의 '이 以'자와 아랫 구의 '이 而'자는 호응문으로, 윗 구에서 '이 以'를 쓰고 아랫 구에서 '이 而'를 쓴 것은 단지 글자를 바꿔서 변화를 추구한 것인데, 의미는 같다. 이런 용법은 옛 책에서 자주 보인다.

예를 들면 『역 동인 단전 易 同人 象傳』에서 말했다. "문덕이 밝아서 굳세고, 바르고 곧아서 호응한다. 文明以健, 中正而應." 「계사전 繫辭傳」에서 말했다. "시초의 덕은 원만하고도 신묘하며, 괘의 덕은 방정하고도 지혜롭다. 蓍之德圓而神, 卦之德方以知"『예기 빙의 禮記 聘義』에서 말했다. "따뜻하고 온화하여 윤택한 것이 인(仁)이고, 촘촘하고 빽빽하여 단단한 것이 지(知)이다. 溫潤而澤, 仁也, 縝密以栗, 知也" 모두가 그 증명이 된다.

역순정(易順鼎)은 '이취 以取'는 남을 취하는 것으로, '이취 而取'는 남에게 취해지는 것으로 여겼다. 고형(高亨)은 큰 나라가 작은 나라를 취하는 것은 그 이치가 일에 순응하는 상례이기 때문에, '이 以'자를 쓰고, 작은 나라가 큰 나라를 취하는 것은 그 이치가 일에 거슬리는 변고이기 때문에, '이 而'자를 쓴다고 여겼다. 모두 '이 以'자와 '이 而'자를 뜻이 있는 것으로 설명했는데, 믿을 만하지는 않다.

이 두 구에 만약 다른 점이 있다면, 그 다른 점은 마땅히 '취 取'자 아래의 글자에 있다. 윗 구의 '취 取'자 아래에는 '소국 小國' 두 자가 생략되었고, 아랫 구의 '취 取'자 아래에는 '대국 大

國'두 자가 생략되었다. 만약 생략된 문자를 보충해 넣는다면, 원문은 바로 '혹은 낮추어서 작은 나라를 얻고(들어가 섬김), 혹은 낮추어서 큰나라를 얻는다(겸병되어 길러짐). 或下以取小國(入事), 或下而取大國(兼畜)'가 되어 문장의 뜻이 확연히 드러난다.

유월(俞樾)이 말했다. "이 두 구의 뜻에는 차이가 없는데, 혹시 잘못 빼버린 게 아닌가 한다. 마땅히 이렇게 말해야 한다. '고혹하이취소국, 혹하이취대국 故或下以取小國, 或下而取大國.'" 사실 이것은 '잘못 빼버린 게' 아니라 생략한 것이다.

7) 兼畜 : 겸병하여 기르다. 하상공(河上公)이 말했다. "남의 나라를 겸병하여 그것을 기르다."

우리말 풀이

큰 나라는 강이나 바다와 같이 하류에 처해야 천하가 모이는 곳이 된다. 천하에 암컷의 성질을 지닌 동물은 늘 고요함으로 수컷의 성질을 지닌 동물을 이기고, 그들은 고요함으로 아래에 머문다.

따라서 큰 나라가 작은 나라에 대해서 겸손하게 낮출 수 있으면, 바로 작은 나라가 들어와 섬김을 얻을 수 있고, 작은 나라가 큰 나라에 대해 겸손하게 낮출 수 있으면, 바로 큰 나라에 아우러 길러짐을 얻을 수 있다.

따라서 하나는 겸손하게 낮춰서 다른 나라가 들어와 섬김을 얻고, 하나는 겸손하게 낮춰서 다른 나라에게 아우러 길러짐을 얻는다. 큰 나라는 작은 나라를 아우러 기르려는 데 지나지 않고, 작은 나라는 큰 나라에 들어가 섬기려는 데 지나지 않는다. 스스로 겸손하게 아래에 처하면 각각 그 얻고자 하는 바를 얻는다.

그러나 큰 나라는 특히 더 겸손하게 낮춰야 한다. 왜냐 하면 작은 나라는 겸손하게 낮춰서 자신을 보전할 수 있는 데 불과하지만, 큰 나라는 겸손하게 낮추면 천하를 되돌아오게 할 수 있기 때문이다.

경문

道者萬物之奧.[1]

善人之寶, 不善人之所保.[2]

美言可以市尊, 美行可以加人.[3]

人之不善, 何棄之有?

故立天子, 置三公,

雖有拱璧以先駟馬,[4)5)] 不如坐進此道.[6]

古之所以貴此道者何?

不曰 : 求以得,[7] 有罪以免邪?[8]

故爲天下貴.

●●●

도는 만물을 감싸주니[1]
선한 사람의 보배요
선하지 않은 사람의 보호막이네.[2]
말을 아름답게 하여 존경받게 해 주고
행동을 아름답게 하여 고상하게 해 주네.[3]
사람이 선하지 않다 하여

어찌 포기하는 일이 있었던가?
그러므로 천자(天子)를 옹립하고
삼공(三公)을 임명할 때
비록 아름드리 큰 구슬이며 사두마차를 차례로 선물해도[4] [5]
꿇어 앉아 도를 진상하는 것만 못했네.[6]
옛부터 이렇듯 도를 귀하게 여긴 까닭은 무얼까?
구하면 얻을 수 있고[7]
죄를 지어도 용서받을 수 있기 때문이 아닐까?[8]
그러므로 도는 천하에서 가장 귀하다네.

자구 해석

1) 奧 : 깊이 감춰진 곳. 하상공이 말했다. "오(奧)는 감싸줌 [藏]이다. 도(道)는 만물을 감싸주어 어느 곳에서도 허용하지 않음이 없다."
2) 保 : 지키다, 의지하다는 말이다. 하상공이 말했다. "도는 선하지 않은 사람이 보호받고 의지되는 것이다."
3) 美言可以市尊, 美行可以加人 : '시존 市尊'은 존경을 얻는다는 말이다. '가인 加人'은 사람으로 하여금 고상하게 한다는 말이다. 이 두 구절은 "아름다운 말은 남의 존경을 얻을 수 있고, 아름다운 행동은 사람을 한층 더 높게 해 준다."는 말이다. 『왕필본 王弼本』과 이 외의 여러 판본에는 모두 "아름다운 말은 팔릴 수 있고, 존귀한 행동은 사람에게 보탬이 될 수 있다."고 되어 있다.
    『회남자 淮南子』의 「도응훈 道應訓」과 「인간훈 人間訓」에서 두 번 인용하여 나란히 썼다. "아름다운 말은 존경을 살 수 있고, 아름다운 행동은 사람에게 보탬이 된다." 여러 판본에서 '존

尊'자 아래에 모두 '미 美'자가 빠져 있다. 이제『회남자 淮南子』에 의거해서 보충한다.

4) **拱璧** : 두 손으로 쥘 만한 크기의 옥으로, 곧 큰 옥이다.『좌전 양공 28년 左傳 襄公 卄八年』에 "그 공벽을 나에게 주었다."는 말이 있다. 두예(杜預)는 '최씨의 큰 옥'이라고 주석했다. 공영달이 소(疏)했다. "공(拱)은 두 손을 합치는 것을 말한다. 이 구슬은 양손으로 그것을 쥐기 때문에 큰 옥이라고 한다."

5) **以先駟馬** : '사마 駟馬'는 네 마리의 말이다. 수레 한 대의 숫자이다. 옛날에 예물을 보내기 전에 반드시 먼저 선물을 보냈다. 두 번 선물을 보내는데, 관습상 먼저 가벼운 것으로, 나중에 중(重)한 것으로 한다.

예를 들면『좌전 희공 33년 左傳 僖公 三十三年』에 이런 말이 있다. "정(鄭)나라 상인(商人)은 현악의 소리가 높으면, 넉 장의 소가죽을 소 열두 마리에 앞서 군사에게 나눠 주어 위로한다." 승위(乘韋)(넉 장의 삶은 소가죽)는 예물이 가볍고 열두 마리의 소는 예물이 중(重)하기 때문에, 승위(乘韋)를 먼저 보내고 열두 마리의 소를 나중에 보냈다.

같은 이치로, 공벽(拱璧)의 선물은 변변치 않고 사마(駟馬)의 선물은 중(重)하므로, 사마(駟馬) 이전에 먼저 공벽(拱璧)을 보낸 것이다. 그러므로 말하길 "사마(駟馬)에 앞서 공벽(拱璧)을 보냈다."고 했다.

6) **坐** : 꿇어 앉다 [跪] 로 새긴다. 주준성(朱駿聲)의『설문통훈정성 說文通訓定聲』에 이런 말이 있다. "옛날 땅에 자리를 깔고 앉을 때, 무릎을 자리에 붙이고 엉덩이를 낮추는 것을 좌(坐)라 했고, 그 몸을 솟게 하는 것을 궤(跪)라 한다. 그러므로, 궤(跪)는 좌(坐)라고 말할 수 있으나 좌(坐)는 궤(跪)라 말할 수 없다."

『예기 곡례 禮記 曲禮』에서 "앉아서 [坐] 그것을 옮긴다."고 한 것에 대해 소(疏)에서 "좌(坐)자는 궤(跪)로 통칭(通稱)된다."

고 했다.
7) **求以得**: 구하는 것이 있으면 얻는 것이 있다는 말이다. '구이 求以'는 『왕필본 王弼本』에는 원래 '이구 以求'라고 되어 있다. 『하상공본 河上公本』에도 똑같다. 『경룡본 景龍本』, 『부혁본 傅奕本』과 기타의 고본에도 대부분 '구이 求以'라고 되어 있다.
　　생각컨대 '구이득 求以得'이란 바로 아래 문장인 '유죄이면 有罪以免'과 상대적인 문장이 되고, 또한 뜻도 비교적 유창하기 때문에 『부혁본 傅奕本』에 의거해서 고친다.

우리말 풀이

　　도는 허용하지 않는 바가 없기에, 만물이 감싸지고 간직되는 곳이다. 선한 사람은 도로써 입신(立身)하여 도를 보물과 같이 중요한 것으로 쓴다. 선하지 않은 사람도 감히 도를 어기지 않고 항상 도를 보호하고 의지한다. 선한 사람이 도를 닦아 말로 표현되면 아름답지 않은 말이 없어서 사람들의 존경을 받는다. 행동으로 표현되면 아름답지 않은 행동이 없기에 그를 한층 높여 준다. 선하지 않은 사람도 비록 아름다운 말과 행동을 하지 않지만 그가 도를 의지하고 보호하니, 도 또한 어찌 그를 버릴 수 있겠는가?
　　그래서 천자를 옹립하고 삼공을 임명할 때, 설령 먼저 큰 구슬〔拱璧〕로, 나중에 사두마차〔駟馬〕로 선물을 할지라도, 무릎 꿇고 앉아〔만물을 감싸는〕 도를 진상하는 것만 못하다. 옛날에 이렇듯 도를 귀하게 여긴 것은 무엇 때문인가? 도로써 입신(立身)하면 구하게 되고, 죄를 지어도 용서받을 수 있기 때문이라고 말하는 게 아닌가? 그렇기에 도는 천하에서 가장 귀한 것이다.

경문

爲無爲, 事無事, 味無味.[1]
大小多少,[2] 報怨以德.[3]
圖難於其易, 爲大於其細.[4]
天下難事, 必作於易.[5]
天下大事, 必作於細.
是以聖人終不爲大,[6] 故能成其大.[7]
夫輕諾必寡信, 多易必多難.
是以聖人猶難之,[8] 故終無難矣.

함이 없는 것을 하고
일이 없는 것을 일삼고
맛이 없는 것을 맛있다고 한다.[1]
작은 것을 크게, 적은 것을 많게 여기고[2]
원한을 덕으로 보답한다.[3]
어려운 일은 쉬울 때에 도모하고
큰 일은 미세할 때에 처리한다.[4]

세상의 어려운 일은
반드시 안이함에서 비롯되고[5]
세상의 큰 일은
반드시 미세함에서 벌어진다.
그러므로 성인은 끝내 위대하다고 여기지 않으니[6]
위대함을 이룰 수 있다.[7]
무릇 가벼운 승낙은 반드시 신뢰가 적고
너무 쉽게 생각하면 반드시 어려움이 많다.
그러므로 성인은 쉬운 일도 어렵게 여기니[8]
끝내 어려움이 없다.

자구 해석

1) 味無味 : 맛이 없는 것을 맛으로 여긴다는 말이다. 도(道)는 '싱거워서 맛이 없다.'는 것으로 '무미 無味'는 도를 가리켜서 한 말이다. 왕필(王弼)이 말했다. "싱거움을 맛으로 여기는 것은 다스림의 극치이다."

2) 大小多少 : '대 大'자와 '다 多'자는 모두 동사다. '크다고 간주하다', '많다고 간주하다'는 의미이다. '대소다소 大小多少'는 작은 것을 보고 크게 여기고, 적은 것을 보고 많다고 여긴다는 말이다. '소 小'자와 '소 少'자는 모두 은미하여 드러나지 않는다. 그래서 종종 사람들에게 소홀하게 취급된다. 여기서 '이 易'자와 '세 細'자 또한 그러하다.

그러나 "숨어 있는 것보다도 더 잘 나타나는 것은 없고 [莫見乎隱], 미세한 것보다도 더 잘 드러나는 것은 없다 [莫顯乎微]." 성인은 이러한 이치를 깨달았기 때문에 감히 '소 小'와 '소 少'를 가볍게 보거나 소홀히 하지 않았다. 그래서 그것을 크게 여기고,

그것을 많다고 여겼다.

　　장묵생(張默生)이 말했다. "본 장의 난(難), 이(易), 대(大), 세(細)자들은 단지 겉만을 보아서는 안 된다. 마땅히 근원이 되는 곳을 찾아 음미해야 한다." 실제로 '대소다소 大小多少' 네 글자도 응당 이와 같은 관점에서 간주해야 한다.

3) **報怨以德**: 성인이 덕으로 백성을 교화시키는 것을 말한다. 백성이 비록 원한과 분노를 지녀도 성인은 오히려 덕으로 그들을 교화한다.

4) **圖難於其易, 爲大於其細**: 이 두 구절은 무위를 이어서 말했다. 어려운 일을 처리함에 그 일이 쉬울 때 해야 하고, 큰 일은 시작함에 그 일이 작을 때 해야 한다. 이와 같이 한다면 그 마음과 힘을 수고롭게 하지 않고도 자연적으로 무위(無爲)에 이른다. 쉬운 것이 점차 어려워지고 미세한 것이 크게 드러날 때까지 기다리면, 무위(無爲)를 하려고 해도 매우 어렵게 된다.

5) **作**: 일어난다는 뜻이다. 『한비자 유로편 韓非子 喩老篇』에 이런 말이 있다. "형태가 있는 종류 중에 큰 것은 반드시 작은 것으로부터 일어났고, 오랜 세월을 지내온 동물 중에 무리는 반드시 적은 것으로부터 일어났다. 그래서 세상의 어려운 일은 반드시 쉬운 것에서 생기고 세상의 큰 일은 반드시 미세함에서 생긴다고 말한다."

6) **不爲大**: 스스로 위대하다고 여기지 않는다. 성인은 겸허하게 아래에 처한다는 말이다.

7) **成其人**: 그의 위대함을 성취한다.

8) **難之**: 쉬운 것도 어렵게 여긴다.

우리말 풀이

　성인은 천하를 다스릴 때 인위적이 아닌 것〔無爲〕을 정치의 근본으로 하고, 일이 없는 것〔無事〕을 행정의 원칙으로 하고, 사사로운 욕심이 없는 마음〔恬淡〕을 시정(施政)의 태도로 삼는다. 성인은 작은 것도 크게 보고, 적은 것도 많게 여기고, 덕으로 원한을 갚는다.

　성인이, 어려운 일을 해결하는 것은 그 사정이 쉬울 때이고, 큰일을 해결하는 것은 그 사정이 미세할 때이다. 이것은, 천하의 어려운 일은 반드시 쉬움에서 나오고, 천하의 큰 일은 반드시 미세함에서 오기 때문이다.

　그래서 성인은 끝내 스스로를 위대하다고 여기지 않기에 그의 위대함을 이룰 수 있다. 가벼운 승낙은 신뢰가 적고, 일을 너무 쉽게 간주하면 반드시 커다란 어려움을 만난다. 성인은 쉬운 일도 어렵게 여기기 때문에 끝내 어려움이 생기지 않는다.

경문

其安易持,[1] 其未兆易謀,
其脆易泮,[2] 其微易散.
爲之於未有, 治之於未亂.
合抱之木, 生於毫末.[3]
九層之臺, 起於累土.[4]
千里之行, 始於足下.
爲者敗之, 執者失之.
是以聖人無爲故無敗, 無執故無失.
民之從事, 常於幾成而敗之.[5]
愼終如始, 則無敗事.
是以聖人欲不欲,[6] 不貴難得之貨.
學不學, 復衆人之所過.
以輔萬物之自然, 而不敢爲.

● ● ●

안정된 것은 유지하기 쉽고[1]
조짐이 없는 것은 도모하기 쉽다.
무른 것은 가르기 쉽고[2]
미세한 것은 흩어지기 쉽다.
싹트기 전에 처리하고
뒤틀리기 전에 대비한다.
아름드리 나무도 털끝만한 싹에서 생기고[3]
구 층의 누대도 한 삼태기 흙에서 시작되며[4]
천 리 길도 발 밑에서 시작된다.
인위로 하는 자는 실패하고
고집하는 자는 놓치게 된다.
그러므로 성인은 작위가 없으니 실패가 없고
집착이 없으니 상실이 없다.
사람들이 일을 할 때
항상 다 될 무렵에 실패한다.[5]
끝을 삼가하기를 처음처럼 한다면
실패하는 일이 없다.
그러므로 성인은 욕심이 없기만을 바라고[6]
얻기 어려운 보물을 귀하게 여기지 않으며
지식이 아닌 배움을 배우고
뭇 사람들이 간과하는 도로 되돌아온다.
이렇듯 만물의 자연성을 도울 뿐
감히 인위적으로 하지 않는다.

자구 해석

1) **持**: '지킨다 守'는 뜻이다.
2) **泮**: '판 判'자와 통한다. 나눈다는 의미다. 『하상공본 河上公本』, 『경룡본 景龍本』과 여러 종류의 고본에는 '파 破'자로 되어 있다. '파 破'자는 '산 散'자와 협운이 되지 않는다.
3) **毫末**: 가는 털의 끝이다. 지극히 미세하고 작음을 비유한다.
4) **累土**: '궤토 蕢土'이다. 고형(高亨)이 말했다. "루(累)자는 응당 루(蔂)자로 읽어야 한다. 흙 삼태기이다. 흙을 쌓는 데서부터 시작한다 [起於累土]는 한 삼태기 흙에서부터 시작한다 [起於蕢土]라는 말과 같다."
5) **幾成**: 장차 거의 성공하려 한다.
6) **欲不欲**: 바라고자 하는 것은 무욕이다. '불욕 不欲'은 곧 '무욕 無欲'이다. 아래 구의 '학불학 學不學'도 같은 사례다.

우리말 풀이

안정된 것은 유지하기 쉽고, 아직 조짐이 없는 일은 도모하기 쉽다. 취약한 것은 분해하기 쉽고, 미세한 것은 흩어지기 쉽다. 그래서 일이 싹트기 전에 미리 처리하고, 어지러운 일은 모양이 갖추어지기 전에 대비한다.

아름드리 큰 나무도 새싹에서 자란 것이고, 구층의 높은 누대도 한 광주리의 흙을 쌓는 데서 시작된 것이며, 천 리의 먼 길도 한 걸음의 걷는 데서부터 시작된 것이다.

이것은 모두 자연에 순응하여 행한 것이지, 결코 마음을 두는 작위로부터 나온 것이 아니다. 만일 작위의 마음이 있다면 반드시 실패가 있을 것이다. 사사로운 의견을 고집하면 반드시 잃는 바가 있다.

그래서 성인은 작위함이 없이 일을 하여서 실패하는 것이 없고, 집착함이 없이 일을 하여 실패하는 것이 없다.

　일반 사람들은 일을 하면 막 성공할 무렵에 도리어 실패한다. 이것은 일이 막 성공할 때 큰 뜻을 소홀히 한 까닭이다. 만약 일이 다 될 무렵에도 시작할 때와 같이 삼가고 조심하여 도에 따라 행하면 실패하지 않을 것이다.

　그래서 성인은 집착하는 바가 없고, 모든 것을 도에 순응하여 자연에 내맡긴다. 그가 추구하는 바는 욕망을 없애는 것이고, 진귀한 보물을 귀중하게 여기지 않는다. 그가 배우려는 것은 무지와 무식이다. 이것으로써 도를 벗어나고 진실을 잃어버린 사람들의 잘못을 구제하고, 만물의 자연스런 발전을 돕는다. 감히 작위하는 바를 지니려고 하지 않는 것이다.

경문

古之善爲道者,
非以明民,¹⁾ 將以愚之.²⁾³⁾
民之難治, 以其智多.⁴⁾
故以智治國, 國之賊.
不以智治國, 國之福.
知此兩者亦稽式.⁵⁾⁶⁾
常知稽式, 是謂玄德.⁷⁾
玄德深矣遠矣. 與物反矣!⁸⁾
然後乃至大順.⁹⁾

●●●

옛날에 도를 잘 행한 사람은
백성을 명석하게 하지 않고¹⁾
몽매하게 만들었다.^{2) 3)}
백성을 다스리기 어려운 것은
그 꾀가 많기 때문이다.⁴⁾
그러므로 꾀로 나라를 다스리는 것은

나라의 도적이요
꾀로 나라를 다스리지 않는 것이
나라의 행복이 된다.
이 두 가지를 아는 것이 법칙이다. [5] [6]
언제나 법칙을 아는 것
이것을 현덕(玄德)이라 일컫는다. [7]
현덕은 깊고 아득하여서
만물과 더불어 자연으로 돌아간다. [8]
그러한 뒤에야 완전히 자연에 순응하게 된다. [9]

자구 해석

1) **明民** : 백성들로 하여금 꾀를 밝히게 하고 교묘한 수단으로 남을 속이게 하는 것을 말한다. '명 明'은 아래 문장의 '우지 愚之'의 '우 愚'자와 상반되는 말이다. 왕필(王弼)은 말했다. 명(明)은 교묘한 속임수 [巧詐]를 많이 드러내고 순박함을 덮는 것을 말한다. 하상공(河上公)은 말했다. "백성에게 밝은 꾀와 교묘한 속임수 [明智巧詐]를 가르치는 것이다."
2) **將** : 시(是)와 같다. 윗 문장의 '비 非'와 더불어 대구가 되는 글자다.
3) **愚之** : 백성으로 하여금 꾸밈 없고 인정이 많도록 하는 것을 말한다. 왕필은 말했다. "우(愚)는 꾀가 없이 진실을 지키고 자연에 순응하는 것을 이른다." 하상공은 말했다. "백성에게 순박하고 질박하여 속임수나 거짓이 없도록 가르치는 것이다."
4) **智多** : 잔꾀와 거짓이 많음을 말한다. 왕필은 "잔꾀와 거짓이 많은 것이다."고 했다.
5) **兩者** : 윗 문장 '꾀로 나라를 다스리는 것은 나라의 도적이요,

꾀로 나라를 다스리지 않는 것이 나라의 행복이다. 以智治國, 國之賊, 不以智治國, 國之福.'를 가리켜 말한 것이다.
6) **亦稽式** : '역 亦'은 곧 [卽] 이다. 구어체로 '바로 ~이다 就是'의 뜻이다. '계 稽'는 '해 楷'와 통한다. (두 자가 음이 같아서 옛날에는 통용되었다.)『하상공본 河上公本』,『경룡본 景龍本』같은 대부분의 고본은 '해 楷'라고 많이 썼다. '계식 稽式'은 즉 '해식 楷式'인데 법칙, 표준의 뜻이다.
7) **玄德** : 51장의 주 9)에 보인다.
8) **反** : 반(返)과 통하여 돌아오다는 뜻이다. 왕필은 "진실로 돌아간다."고 말했다. '반기진 反其眞'은 바로 '근본으로 돌아가다 [歸根].', '본성으로 돌아가다 [復命].'(16장)이고 또한 '다시 순박함으로 돌아가다 [復歸於樸].'(28장)는 뜻이다. '현덕 玄德'은 도의 한 본체로서 만물이 모두 그것으로 말미암아 생긴다. 즉 만물은 당연히 근본으로 돌아가고 본성으로 돌아가게 된다 [歸根復命]. '현덕 玄德'도 진실로 돌아가고 순박함으로 돌아가게 된다. '여물반의 與物反矣'는 바로 현덕이 만물과 더불어 모두 도(道)로 돌아간다는 말이다.
9) **大順** : 큰 도에 순응하고 자연에 순응하는 것이다. 하상공은 "대순이란 천리(天理)에 순응하는 것이다."라고 말했다.

우리말 풀이

 옛날에 도(道)로 나라를 잘 다스린 사람은, 백성들이 명석하기를 원한 것이 아니라 백성들이 순박하고 돈독하기를 원했다. 백성을 다스리기 어려운 것은, 그들이 너무 지혜롭고 교활하기 때문이다. 그러므로 나라를 다스리는 사람이 교활한 지혜를 써서 국가를 통치하면 백성에게 교활한 지혜가 많이 생겨나게 하여 오히려 국가의 화가 된다. 교활한 지혜를 쓰지 않고 국가를 통치하면 백성으로 하여금 순박한 본성을 보존하게 하여 바로 국가의 행복이 되는 것이다.

　이 두 가지 나라를 다스리는 방식의 차이를 알고 취사 선택하는 것이 일종의 법칙이다. 항상 이 법칙을 잘 알고 활용하는 것을 '현덕玄德'이라 말할 수 있다. '현덕'은 심오하고도 아득하여 만물과 더불어 진정 순박한 경지(도의 경지)로 돌아가며 그런 후에야 비로소 도와 일체(一體)인 자연에 완전히 영합할 수 있다.

제66장

> 경 문

江海所以能爲百谷王者,¹⁾ 以其善下之, 故能爲百谷王.
是以聖人欲上民,²⁾ 必以言下之.
欲先民, 必以身後之.
是以聖人處上而民不重,³⁾ 處前而民不害.
是以天下樂推而不厭.⁴⁾
以其不爭, 故天下莫能與之爭.

●●●

강과 바다가 온 골짜기의 왕이 될 수 있는 것은¹⁾
아래에 머물기를 잘하기 때문에
모든 골짜기의 왕이 될 수 있는 것이다.
그러므로 성인이 백성의 위에 있고자 해도²⁾
반드시 언사를 낮추고
백성의 앞에 서려고 해도
반드시 자신을 뒤로 해야 한다.
이러므로 성인이 위에 있어도 백성들은 무겁다고 하지 않으며³⁾

앞에 있어도 백성들은 장애물로 여기지 않는다.
그래서 천하가 즐거이 추대하고 싫어하지 않는다. [4]
다투지 않기 때문에
천하에 아무도 그와 겨룰 수가 없다.

자구 해석

1) **百谷王**: '백곡 百谷'은 '모든 하천 百川'과 같다. '왕 王'에 대해서『설문 說文』에서 말하길, "왕이란 천하가 돌아가는 곳이다."라고 했다. 강해(江海)는 모든 하천이 돌아가는 곳이기 때문에 '백곡왕 百谷王'이라고 일컬었다.
2) **聖人**:『왕필본』에는 이 두 자가 없고『하상공본』,『부혁본 傅奕本』및 여러 종류의 고본에 있다. 문장의 뜻을 자세히 완미해 보면 이 두 글자가 있는 편이 비교적 더 낫다. 지금『하상공본』에 의거하여 보충했다.
3) **重**: '포개다 累'와 같다.
4) **推**: 추대(推戴)의 뜻이다.

우리말 풀이

강과 바다가 모든 하천의 왕이 되어 천하의 하천으로 하여금 한 곳으로 흘러 모이게 하는 것은, 그것이 스스로 낮은 곳에 처하기를 잘하기 때문이다. 그래야 비로소 모든 하천이 모여 드는 것을 받아들여 모든 하천의 왕이 될 수 있는 것이다.

이 때문에 성인이 모든 백성의 위에 있고자 하면 언사와 안색을 반드시 겸허하게 낮추어, 자칭 고독하고, 부족하며, 착하지 못하다고 하여 '나라의 먼지를 감수한다'는 데까지 이르러야 한다. 모든 백성의 앞에 있고자 하면 반드시 뒤로 물러나 처하고 사람과 다투지 않아야 한다.

  그러므로 성인이 비록 윗자리에 있어도 백성은 결코 부담스러움을 느끼지 못하며, 비록 백성의 앞에 있어도 백성은 결코 손해가 된다고 느끼지 못한다. 그래서 천하의 백성은 모두 그를 기꺼이 추대하며 싫어하지 않는다. 그가 어떤 사람과도 서로 다투지 않기 때문에 천하에 어떤 사람도 그와 다투어 이길 수 없다.

제67장

> 경문

天下皆謂我道大, 似不肖.[1)]

夫唯大, 故似不肖.

若肖, 久矣其細也夫.

我有三寶, 持而保之.

一曰慈, 二曰儉,[2)] 三曰不敢爲天下先.

慈故能勇,[3)] 儉故能廣,[4)]

不敢爲天下先, 故能成器長.[5)]

今舍慈且勇,[6)7)] 舍儉且廣,

舍後且先, 死矣!

夫慈, 以戰則勝, 以守則固.

天將救之, 以慈衛之.[8)]

●●●

천하 사람들은 모두 나의 도가 너무 커서 무엇과도 닮지 않은 듯하다고 한다.[1)]
크기 때문에

닮지 않은 듯할 뿐.
만약 닮았다면
오래 전에 작아졌으리라.
나에게 세 가지 보배가 있어
간직하여 보존하고 있다.
첫째는 자애이고
둘째는 검약이고[2]
세째는 감히 천하에서 앞서지 않는 것이다.
자애로우므로 용감할 수 있고[3]
검약하므로 널리 베풀 수 있고[4]
감히 천하에 앞서지 않으므로
만물의 으뜸이 될 수 있다.[5]
만약에 자애를 버리고 용감하려 하며[6] [7]
검약을 버리고 널리 베풀려 하며
뒤로 물러남을 버리고 앞서려 하면
죽을 것이다.
자애란
그것으로 싸우면 이기고
그것으로 지키면 견고하다.
하늘이 사람을 도우려 하면
자애로 자신을 보위케 한다.[8]

자구 해석

1) **似不肖** : 도는 꼴도 없고 짓도 없어서 물러남을 나아감으로 삼고 부드러움을 강함으로 삼는 것이 마치 꼴도 있고 짓도 있는 만물과 서로 닮지 않은 것 같음을 말한 것이다.

2) **儉** : 절약하여 아끼는 것으로 59장의 '색 嗇'의 뜻과 같다.
3) **慈故能勇** : 자애로써 용감할 수 있게 됨을 말한 것이다. 『한비자 해로편 韓非子 解老篇』에서 말했다. "자식을 사랑하는 것이 자식에게는 자애로움이 되고, 몸을 소중히 여기는 것이 몸에 대해서 자애로움이 되고, 공적을 귀하게 여기는 것은 일에 대해 자애가 된다.

　　자애로운 어머니가 유약한 자식에 대해서 힘써 복을 이루어 주고, 힘써 복을 이루어 주면 매사에 재앙을 없애 주고, 매사에 재앙을 없애 주면 사려가 깊어지고, 사려가 깊어지면 사물의 이치를 체득하고, 사물의 이치를 체득하면 반드시 성공하게 되고, 반드시 성공하면 행동도 의심쩍은 것이 없으니, 의심쩍지 않은 것을 바로 용기라고 한다."
4) **儉故能廣** : 검소하고 아끼는 것이 충족되고 넓어질 수 있게 됨을 말한 것이다. 『한비자 해로편』에서 말했다. "지사(智士)가 재물을 절약하여 쓰면 집안이 부유해지고, 성인이 정신 [神]을 아끼고 보배로 삼으면 정신 [精]이 왕성해지고, 왕이 군대를 소중히 여겨 전쟁을 하면 백성들이 많아지고, 백성들이 많아지면 국가가 넓어진다."
5) **器長** : 만물의 으뜸이다.
6) **今** : '만약 若'과 같다. 가정의 접속사이다.
7) **且** : '취하다 取'와 같다. 왕필은 "차(且)는 취(取)와 같다."라고 했다.
8) **天將救之, 以慈衛之** : '구 救'에 관해『광아석고 廣雅釋詁』에서 "구(救)는 돕다 [助]"라고 했다. 하늘이 장차 사람을 도우려 할 때, 반드시 자애로운 본성을 부여하여 그것으로 하여금 스스로 지키고 스스로 돕게 하는 것을 말한다. 하상공은 말했다. "하늘이 장차 선한 사람을 구제하여 도우려 할 때는, 반드시 자애롭고 어진 본성을 베풀어서 스스로 돕기에 적합할 수 있도록 하였다."

우리말 풀이

천하 사람들은 모두 나의 도가 너무 커서 어떤 것에도 비교할 수 없는 것 같다고 말한다. 이 도가 너무 크고 형태도 없고 모양도 없기 때문에 어떤 것도 그것과 비교할 수 없는 것이다. 만약 그 모양이 어느 것과 닮았다면, 그것의 위대성이 감소해서 일찍이 돌아볼 만한 가치도 없는 작은 도로 변성했을 것이다.

나에게는 세 가지 보배가 있어서 지키며 간직하고 있다. 첫째는 자애이고, 둘째는 검약이고, 셋째는 감히 천하에 앞이 되지 않는 것이다.

자애는 백성을 보기를 갓난아이 보듯이 하여 힘을 다해 유지하고 보호하므로 용기를 낼 수 있다. 검약은 정(精)을 쌓고 덕(德)을 쌓아 응용이 무궁하므로 넓고 멀리 이를 수 있다. 감히 천하에 앞이 되지 않으면 오히려 추대를 받게 되므로 만물의 으뜸이 될 수 있다.

만약 자애롭지 못하고 용감하기만을 바라며, 검약하지 못하고 널리 이르기만을 바라며, 남의 뒤로 물러나지 못하고 앞을 다투기만을 바란다면, 그것은 죽음의 길을 향해 갈 뿐이다.

세 가지 보물 중에 자애가 가장 중요하다. 자애로운 마음으로 싸우면 이길 수 있으며, 자애로운 마음으로 지키면 견고할 수 있다. 하늘이 사람을 도우려 하면 반드시 그에게 자애로운 본성을 주어 그 스스로 보위하고 돕게 만든다.

제68장

경문

善爲士者不武,¹⁾²⁾ 善戰者不怒,
善勝敵者不與,³⁾ 善用人者爲之下.
是謂不爭之德,⁴⁾ 是謂用人之力,⁵⁾
是謂配天之極.⁶⁾

●●●

유능한 지휘관은¹⁾ 무용을 드러내지 않고²⁾
훌륭한 전술가는 쉽게 화내지 않고
뛰어난 승부사는 맞싸우지 않고³⁾
탁월한 용인가는 남의 밑에 있는다.
이것을 다투지 않는 덕이라 하고⁴⁾
이것을 사람 쓰는 능력이라 하고⁵⁾
이것을 하늘에 짝하는 극치라 한다.⁶⁾

자구 해석

1) 士 : 장수이다. 왕필(王弼)은 말했다. "사(士)는 병졸의 장수다."
2) 不武 : 무용(武勇)을 드러내지 않는 것이다. 왕필은 말했다. "무

(武)는 앞서는 것을 높이고 남을 업신여기는 것이다. 하상공(河上公)은 말했다. "도덕을 좋아하고 무력을 좋아하지 않는 것을 말한다."
3) **不與** : 다투지 않는 것이다. 왕필은 말했다. "남과 다투지 않는 것이다."
4) **不爭之德** : 이것은 앞 문장의 '불무 不武', '불노 不怒', '불여 不與'를 이어서 말한 것이다.
5) **用人之力** : 이것은 윗 문장의 '위지하 爲之下'를 이어서 말한 것이다.
6) **配天之極** : 천리 [道]의 극치에 부합하는 것을 이른다.『왕필본』및 기타 여러 본에서는 이 구절이 모두 '배천고지극 配天古之極'으로 되어 있어서 '천 天'자 아래에 '고 古'자 하나가 첨가되어 있다.

해동(奚須)은 말했다. "'천 天'자 아래에 '고 古'자가 있으면 뜻이 통하지 않는다. 아마도 다음 장의 '용병유언 用兵有言'구 위에 '고지 古之'라는 두 자가 있었는데 '고지 古之'가 이 부분에 잘못 삽입되었거나, 또는 '지 之'자 한 자가 누락되었을 것이다."

유월(俞樾)은 말했다. "'고 古'자가 연문으로 의심된다. '시위배천지극 是謂配天之極'의 여섯 자가 구를 이루는 것이 윗 문장의 '시위부쟁지덕 시위용인지력 是謂不爭之德 是謂用人之力'과 문법이 똑같다."

생각컨대 해, 유(奚, 俞) 두 사람이 '고 古'자를 연문이라고 말한 것은 매우 이치에 맞는데 지금 이것에 의거해서 '고 古'자를 삭제했다.

> 우리말 풀이

　유능한 지휘관은 함부로 무용을 드러내지 않는다. 훌륭한 전술가는 경솔하게 화를 내지 않는다. 뛰어난 용병가는 반드시 적과 싸울 필요가 없다. 탁월한 용인가는 겸허하게 남의 밑에 있다. '함부로 무용을 드러내지 않는다', '경솔하게 화를 내지 않는다', '반드시 적과 싸울 필요가 없다'는 것은 바로 '남과 다투지 않는 덕'이다. 또한 '겸허히 남의 밑에 있다'는 것은 바로 다른 사람을 잘 이용하는 능력이다. '남과 다투지 않는다', '남의 밑에 있다.'라는 두 마디 말을 우리는 일상 생활에서 쉽게 실천할 수 있다. 이 두 마디 말은 도의 극치와 아주 잘 어울린다.

경문

用兵有言:
「吾不敢爲主而爲客,¹⁾ 不敢進寸而退尺.²⁾」
是謂行無行,³⁾ 攘無臂,⁴⁾
執無兵,⁵⁾ 扔無敵.⁶⁾
禍莫大於輕敵, 輕敵幾喪吾寶.⁷⁾
故抗兵相加,⁸⁾ 哀者勝矣.⁹⁾

●●●

어떤 용병가는 이렇게 말했다.
"나는 감히 도전하지 않고 응전만 하며[1]
감히 한 치만큼도 전진하지 않고 한 자만큼 후퇴한다."[2]
이것을 일컬어 마치 행렬 없이 행군하고[3]
팔뚝 없이 소매를 걷어 붙이고[4]
무기 없이 무기를 들고[5]
적도 없이 적에 접근한다고 하는 것이다.[6]
적을 경시하는 것보다 더 큰 화는 없으니
적을 경시하면 나의 보배를 거의 잃게 될 것이다.[7]
그러므로 군사를 일으켜 서로 싸울 때는[8]

사랑을[9] 지닌 자가 승리를 거둔다.

자구 해석

1) **不敢爲主而爲客**: '위주 爲主'는 전쟁 구실을 만들어 군대를 치는 것을 말한다. '위객 爲客'은 어쩔 수 없이 전쟁에 응하는 것을 말한다. 이는 이른바 '나중에 하고 먼저 하지 않으며, 응하기만 하고 앞장서지 않는다. 後而不先, 應而不唱'는 것이다. 또한 바로 앞 장에서 말한 '무용을 드러내지 않는다 不武', '노여움을 나타내지 않는다 不怒'의 뜻이다.

    하상공은 말했다. "주(主)는 선(先)의 뜻으로, 함부로 먼저 군대를 일으키지 않는 것이다. 객(客)이라는 것은 화답하는 것이지 먼저 일으키는 것이 아니다. 군대를 사용하는 것은 반드시 천명을 이어 받은 후에야 움직이는 것이다." 오징(吳澄)은 말했다. "위주(爲主)라는 것은 전쟁의 구실을 만들어 상대방을 치는 것이고, 위객(爲客)은 어쩔 수 없이 적군에 응수한다는 것이다."

2) **不敢進寸而退尺**: 전쟁이 이미 발생하였다면 함부로 욕심을 내어 무모하게 돌진하여 전화(戰禍)를 확대해서는 안 된다. 차라리 후퇴하고 피하여 상대에게 양보해서 전쟁의 화를 제거하는 것이 낫다는 뜻이다. 이 구절은 앞 장의 '더불어 다투지 않는다 不與'는 뜻이다.

    여길보(呂吉甫)는 말했다. "주(主)는 거역하는 것이고, 객(客)은 순응하는 것이다. 주(主)는 수고로운 것이고 객(客)은 편안한 것이다. 진(進)은 교만한 것이고 퇴(退)는 비천한 것이다. 진(進)은 성급한 것이고 퇴(退)는 침착한 것이다. 순리로써 역리를 대하고, 편안함으로써 수고로움을 대하고, 비천함으로써 교만함을 대하면 어떤 것도 맞설 수 없다."

3) 行無行 : 아래의 '행 行'자는 명사로서 행진을 이르고, 위의 '행 行'자는 동사로서 행진을 배열한다는 것을 말한다. 이 말은 비록 행진은 있으나, 작전시에 배열할 만한 행진이 없는 것 같이 한다는 것이다.

4) 攘無臂 : '양비 攘臂'는 팔을 위로 드는 것을 말한다. 이 구절은 비록 어깨와 팔이 있으나 분발하여 위로 들 때에는 마치 들만한 팔이 없음을 말한 것이다.

5) 執無兵 : 비록 병기는 있으나 지니고 사용할 때에는 마치 지닐 만한 병기가 없는 것처럼 한다는 것을 이른다. 생각컨대 이 구절이 『왕필본』에는 '잉무적 扔無敵' 구절 뒤에 있는데 '잉무적 扔無敵'을 앞으로 옮긴 이유는 아래와 같다.

  1. 『부혁본 傅奕本』, 『육희성본 陸希聲本』에는 '집무병 執無兵' 구절이 '잉무적 扔無敵'구절의 위에 놓여 있다. 그러나 왕필의 주석에 "유행무행 양무비 집무병 잉무적 猶行無行 攘無臂 執無兵 扔無敵"으로 되어 있다. 이렇게 보면 『왕필본』에서 '집무병 執無兵' 구절도 원래는 '잉무적 扔無敵' 구절 앞에 있는 것이다.
  2. '행무행, 양무비 집무병, 잉무적 行無行 攘無臂 執無兵 扔無敵'의 네 구는 격구로 압운되어 있는데, 즉 1, 3구와 2, 4구가 그것이다. 1, 4구와 2, 3구가 협운되는 것이 더 좋다.
  3. '행행 行行', '양비 攘臂', '집병 執兵', '잉적 扔敵'처럼 배열해야 문자의 의미가 비교적 순서가 있고 순조롭고 유창하다. 만약에 '집병 執兵'과 '잉적 扔敵'이 바뀌면 순서가 혼란스럽다고 의심받을 것 같다.

6) 扔無敵 : '잉 扔'은 끌다 [引]로 해석된다. 여기서 파생되어 나아가다 [就], 다가가다 [接近]의 뜻이 있다. 비록 적이 있으나 적에 접근할 때 접근할 적이 없는 것처럼 한다는 말이다.

7) 輕敵幾喪吾寶 : '기 幾'는 '즉 則'과 같다. 역대로 주석가들은 모

두 '거의 幾乎'로 해석했는데 타당하지 않은 것 같다. '보 寶'는 '자애 慈', '검소 儉', '감히 천하의 앞이 되지 않음 不敢爲天下先' 등의 세 가지 보배를 가리킨다.
적을 경시하면 나의 삼보(三寶)를 상실하게 됨을 말한다.
8) 抗兵相加 : 군대를 일으켜 서로 싸우는 것을 말한다. 왕필은 말했다. "항(抗)은 일으키다 [擧]다. 가(加)는 맞부딪치다 [當]는 뜻이다."
9) 哀 : 사랑 [愛]으로 새긴다. 즉 삼보의 하나인 사랑 [慈]이다. 역순정(易順鼎)은 말했다.
"애(哀)는 곧 애(愛)자로서 고자(古字)에서는 상통한다. 시경(詩經) 서문에 '요조 숙녀를 사랑하나 그 여색을 음탕하게 여기지는 않는다 哀窈窕而不淫其色'고 했다. 따라서 애(哀)자 역시 마땅히 애(愛)자로 읽어야 한다.

우리말 풀이

어떤 용병가가 "나는 군대를 사용해서 적군을 공격할 전쟁 구실을 만들지 않고, 다만 부득이한 상황에 처해 있을 때 군대를 동원하여 적군에게 대항할 뿐이다. 또한 나는 위세를 보이며 성급하게 진격해서 전쟁의 화를 확대시키기보다는 적군에게 양보하여 전쟁의 화를 줄인다."라고 말했다.

이 말의 뜻은 '비록 진열(陣列)을 갖추고 있을지라도 전쟁 때에는 배치한 진열이 없는 것처럼 한다. 비록 팔뚝이 있을지라도 화가 났을 때 소매를 걷어 부치고 들어낼 팔뚝이 없는 것처럼 한다. 비록 손에 무기가 있을지라도 사용할 때 없는 것처럼 한다. 적에 접근할 때 접근할 적이 없는 것처럼 한다."는 것이다.

가장 큰 화는 적군을 멸시하는 데에서 비롯된다. 적군을 멸시하면 나의 세 가지 보배인 사랑, 검소, 천하에 나서지 않는 것 등을 상실하게 된다. 그래서 병사를 동원하여 싸울 때 사랑의 본심이 있는 쪽이 종종 승리한다.

경문

吾言甚易知, 甚易行.[1)]
天下莫能知, 莫能行.[2)]
言有宗, 事有君.[3)]
夫唯無知, 是以不我知.[4)]
知我者希, 則我者貴.[5)]
是以聖人被褐懷玉.[6)]

나의 말은 매우 알기도 쉽고
매우 실행하기도 쉽지만[1)]
세상 사람들이 알지도 못하고
실행하지도 못하는구나.[2)]
나의 말은 근원이 있고
나의 일은 근거가 있지만[3)]
아무도 알지 못하기에
나를 알지 못한다.[4)]
나를 아는 자 드물고
나를 본받는 자 귀하구나[5)]

그러므로 성인은 겉으로 베옷을 걸쳤지만 속으로 옥을 품고 있다.[6]

자구 해석

1) **甚易知, 甚易行** : 왕필(王弼)은 말했다. "문을 나서지 않고 창을 바라보지 않고서도 알 수 있다. 그래서 아주 알기 쉽다고 했다. 인위가 없어도 이루기 때문에 매우 실행하기 쉽다고 했다."

2) **天下莫能知, 莫能行** : 왕필은 말했다. "성급한 욕심에 미혹되기 때문에 알 수 없다. 영리함에 미혹되었기 때문에 행할 수 없다." 고찰해 보건대, 사람이 '도 道'를 알지 못하는 까닭은 주관적인 측면에서는 '도 道'가 세속과 같지 않고, '물 物'과도 상반되기 때문이다. 객관적인 측면에서는 '중사 中士'와 '하사 下士'는 지나치게 많으나, '상사 上士'는 지나치게 적기 때문이다.

3) **言有宗, 事有君** : 언론에는 모두 본원(本源)이 있고, 일을 행함에는 근거가 있다는 것을 말한다. '종 宗'과 '군 君'은 모두 '도 道'를 가리킨다.

    여길보(呂吉甫)는 말했다. "인위가 없이 자연스러운 것을 말[言]의 마루[宗]라고 하며, 인위가 없이 자연스러운 것을 일[事]의 임금[君]이라고 한다."

4) **夫唯無知, 是以不我知** : 바로 나의 말을 이해할 수 없기 때문에 나를 이해할 수 없다. '부유 夫唯'는 『노자』에서 항상 쓰이는 용어로서 대체로 '부유 夫唯'로 시작하는 구절은 모두 윗 문장을 이어받는다. '부유무지 夫唯無知'는 곧 윗 문장의 '천하막능지 天下莫能知'를 이어받는다.

    '무지 無知'는 '알 수 없다 莫能知'는 것으로서, '언 言'을 가리킨다. 아랫 구의 '나를 알지 못한다 不我知'에서 '아 我'는 노자 자신을 가리키며, 아래의 '성인이 갈포를 입고 구슬을 품고 있다

聖人被褐懷玉'는 구절은 바로 '불아지 不我知'의 결과로서 문장의 맥락이 아주 분명하다.
역대로 주석가들은 그 뜻을 분명히 하지 않았다. 그래서 이 두 구절의 해석에 대해서는 시종 딱 들어맞지가 않았다. 어떤 주석가는 '무지 無知'를 '유지 有知'로 바꾸어 해석했는데, 그 결과는 실을 풀려다가 오히려 엉키게 하는 격이 되었다.

5) **則我者貴** : 나를 본받을 사람이 매우 적다는 것을 말한다. '귀 貴'는 앞 문장의 '희 希'자와 같은 뜻이다. 장석창(蔣錫昌)은 말했다. "만물 가운데 드문 것을 귀하게 여기므로 귀한 것도 드물기 마련이다."

6) **被褐懷玉** : 갈포 옷(평민이 입는 옷)을 입고서 아름다운 옥을 품고 있는 것을 말한다. 대도가 행해지지 않아서 단지 성인은 안으로 참됨을 지키고 밖으로는 티끌 속에 감춘다는 것이다. '피 被'는 입다는 뜻이다. '갈 褐'은 미천한 사람들이 입는 옷인데 좋지 않은 털이나 베로 만든 것이다.

우리말 풀이

나의 말은 이해하기 쉽고 실행하기도 쉽다. 그러나 세상 사람들이 조급한 욕심에 현혹되고 영예와 이익에 미혹되어서 잘 이해하고 실행할 수 있는 사람이 없다. 나의 말은 도체의 무위 자연(無爲自然)을 원천으로 삼고, 내가 행하는 일도 도체의 무위 자연을 근거로 한다.

나의 말을 이해하지 못해서 나를 이해할 수 없는 것이다. 나를 이해하는 사람은 매우 적다. 따라서 나를 본받는 사람도 봉황의 털과 기린의 뿔처럼 매우 드물기 마련이다. 대도(大道)가 실행되지 않기 때문에 성인은 오직 밖으로는 띠끌과 동화하면서 안으로 그 진실을 지킨다.

경문

知不知, 上.[1] 不知不知, 病.[2]
是以聖人不病.
以其病病,[3] 是以不病.[4]

아는 바가 없음을 알 수 있음이 최상이요[1]
아는 바가 없음을 알지 못함이 병통이다[2]
그러므로 성인은 병통이 없다.
성인은 병통을 병통으로 여기기 때문에[3]
그래서 병통이 없다.[4]

자구 해석

1) **知不知, 上** : 자신이 아는 게 없다고 알아 차릴 수 있는 것, 이것이 가장 총명한 것이다.
2) **不知不知, 病** : 자신이 아는 게 없는데도 그것을 모르는 것, 이것이 바로 결함이다.
3) **是以聖人不病, 以其病病** : 성인에게 이러한 결점이 없는 까닭

은 성인은 이러한 결점을 결점으로 알고 있기 때문이다. '병병 病病'에서 앞의 '병 病'자는 동사이고, 뒤의 '병 病'자는 명사이다.
4) **是以聖人不病, 以其病病, 是以不病**:『왕필본』및『하상공본』과 기타 각 판본에서는 모두 '부유병병, 시이불병, 성인불병, 이기병병, 시이불병 夫唯病病, 是以不病, 聖人不病, 以其病病, 是以不病'으로 되어 있다. 이미 '시이불병 是以不病' 구절이 중복되었고, '부유 夫唯'라는 구절도 이어받는 구절이 없다.(설명이 앞장의 주 4)에 나왔다.) 글자의 뜻도 양쪽 다 매끄럽지 못하다.

이제『어람 질병부 御覽 疾病部』를 고찰해 보니 이 문장을 이용하여 '성인불병, 이기병병, 부유병병, 시이불병 聖人不病, 以其病病, 夫唯病病, 是以不病'이라고 되어 있다. 다른 여러 판본과 비교해 보니 더 나은 것 같다.

이를 통해 여러 판본의 '부유병병, 시이불병 夫唯病病, 是以不病', 이 두 구절이 원래는 장의 끝에 있었으나, 나중에 '성인불병, 이기병병 聖人不病, 以其病病'의 앞에 잘못 놓이게 되었고, 또한 '시이불병 是以不病' 끝 구절은 쓸데없이 놓였음을 알 수 있다. 그래서 이렇게 구절이 중복되어 문장의 의미가 매끄럽지 못한 현상이 생겼다. 이제『어람 御覽』에 이용된 글자에 의거하여 고친다.

그러나 ≪백서 帛書≫에 의하면 앞의 경문과 같이 쓰였고 이 책의 저자 여배림도 이 책을 쓴 이후 ≪백서≫에 의거하여 다시 수정한 바 있다. (역자주)

우리말 풀이

　소크라데스가 말했다. "내가 남보다 조금 더 총명하다면 그것은 내 스스로 우둔하다는 것을 알고, 남들은 스스로 우둔함을 모르기 때문일 것이다." 그래서 개인마다 자신이 무지하다는 것을 알고 있다면 그것이 바로 고명(高明)한 것이다. 자신의 우둔함을 모르는 자가 바로 우둔한 것이다. 노자와 소크라데스의 말은 비록 글자는 다른지만 뜻은 상통한다. 공자도 말했다. "내가 아는 것이 있던가? 아는 게 없다" 이렇게 볼 때 진정으로 지혜로운 자만이 스스로 무지함을 아는 것이다. 그러나 일반적으로 무지한 사람들은 스스로 우둔하다는 사실을 깨닫지 못한다. 보통 사람들은 대개 스스로 무지하지 않는 것처럼 여긴다. 설령 모른다고 해도 억지로 안다고 여긴다. 그래서 결코 자신의 무지를 인정하지 않는다. 그러나 개인이 매사를 다 알 수는 없다. 단지 우둔한 자존심이 자기를 뒤덮고 있을 뿐이다. 성인이 이러한 결점을 갖고 있지 않은 원인은 그가 이러한 결점을 결점으로 간주하고 있기 때문이다. 바로 이러한 결점을 결점으로 알고 있어야 바로소 결점이 없게 되는 것이다. (역자주: 이 부분도 여배림의 ≪노자-도덕적 오비 老子-道德的 奧秘≫에 따라 고쳐썼다.)

경문

民不畏威,¹⁾ 則大威至.²⁾
無狎其所敢,³⁾ 無厭其所生.⁴⁾
夫唯不厭, 是以不厭.⁵⁾
是以聖人自知不自見,⁶⁾ 自愛不自貴.⁷⁾
故去彼取此.⁸⁾

백성들이 위협을 두려워하지 않으면¹⁾
반란을 일으킨다.²⁾
백성의 거처를 속박하지 말고³⁾
백성의 생활을 압박하지 말라.⁴⁾
백성을 협박하지 않으면
백성도 미워하지 않는다.⁵⁾
그러므로 성인은 알면서도 드러내지 않고⁶⁾
스스로 사랑하면서도 귀하게 여기지 않는다.⁷⁾
그래서 저것을 버리고 이것을 취한다.⁸⁾

자구 해석

1) **威**: 위협하다. 가혹한 정치와 포악한 형벌을 가리킨다.
2) **大威**: 커다란 위협, 즉 백성의 반항 행위를 가리키는데 예를 들면 폭동, 반란 등이다.
3) **無狎其所敢**: 백성의 기거 행위를 속박할 수 없음을 말한다. '압 狎'은 '협 狹'자와 통한다. (두 자의 음은 같다.) 『하상공본 河上公本』에서는 '협 狹'으로 썼다. '협 狹'은 『설문 說文』에서 '협 陜'이라고 했는데 좁고 막힌다는 뜻이다. 전의되어 속박하고 협박한다는 뜻이 있다. '거 敢'는 거처, 행동거지를 말한다. 아랫구의 '생 生'자와 대자(對字)가 된다. 파생되어 또한 생활이라는 뜻을 지닌다.
4) **厭**: 오늘날 '압박 壓迫'의 '압 壓'자이다.
   『설문 說文』에서 "압(厭)은 착(笮)이다."라고 했다. 단옥재의 주에서 말했다. "죽부(竹部)에서 착(笮)은 압박 [迫]이다. 이러한 뜻으로 요즘 사람들은 압(壓)자를 쓰기 때문에 옛날의 글자와 지금의 글자가 다른 것이다."
5) **夫唯不厭, 是以不厭**: 앞의 '압 厭'자는 곧 '인민의 생존을 압박하지 말아라. 無厭其所生'의 '압 厭'자로서 압박으로 풀이한다. 뒤의 '염 厭'자는 66장의 '천하가 기꺼이 추대하여 싫어하지 않는다. 天下樂推而不厭'의 '염 厭'자로서 싫어하다로 풀이한다.
6) **自知不自見**: 스스로 만 백성 위에 있음을 알지만 사양하고 겸손하여 스스로 드러나기를 구하지 않는다는 말이다. '현 見'자는 '현 現'자와 같다. 왕필(王弼)이 말했다. "스스로 아는 것을 나타내어 자랑하고 위협하지 않는다."
7) **自愛不自貴**: 만물을 화육시키는 덕을 스스로 사랑하지만 청정하고 무위하여 위협이나 복을 짓지 않고, 형벌이나 금법을 설립하지 않는다.

8) **去彼取此** : '저것 彼'은 '자현 自見', '자귀 自貴'를 가리키고, '이것 此'은 '자지 自知' '자애 自愛'를 가리킨다.

우리말 풀이

　나라를 다스리는 자가 가혹한 정령과 포악한 형벌을 만들어 백성을 위협할 때, 만일 백성들이 이런 압박을 두려워하지 않게 되면, 반드시 반란이 일어난다.
　그러면 더욱 큰 위협이 통치자의 신상에 미친다. 그래서 나라를 다스리는 자는 백성의 생존을 위협하지 않고, 백성의 생활을 착취하지 않는다. 정치하는 자가 백성을 착취하지 않고 압박하지 않으면, 백성들도 비로소 그를 추대하고 미워하지 않는다.
　그리하여 성인은 스스로 만 백성 위에 있다는 것을 안다. 그 때문에 사양하고 겸손하며, 지혜를 드러내 자랑하지 않는다. 스스로 만물을 양육하는 덕을 사랑하기 때문에 청정무위(淸靜無爲)하여 형벌이나 금법을 만들지 않는다.
　그래서 성인은 '자지 自知', '자애 自愛'를 취하고 '자현 自見', '자귀 自貴'를 버린다.

제73장

경문

勇於敢則殺, 勇於不敢則活.[1)]
此兩者,[2)] 或利或害,
天之所惡,[3)] 孰知其故?
是以聖人猶難之.[4)]
天之道,
不爭而善勝,[5)] 不言而善應,[6)]
不召而自來,[7)] 繟然而善謀.[8)]
天網恢恢,[9)10)] 疏而不失.[11)]

●●●

강건함에 용감하면 죽게 되고
유약함에 용감하면 살게 된다.[1)]
이 두 가지 중에[2)]
이로운 것 해로운 것이 있는데
하늘이 싫어하는 쪽을[3)]
누가 그 이유를 알까?
그래서 성인도 오히려 어렵게 여긴다.[4)]

新譯 老子 讀本 | 333

하늘의 도는
다투지 않아도 이기고[5]
말하지 않아도 순응을 잘하고[6]
부르지 않아도 저절로 오고[7]
잠자코 있어도 잘 꾀한다.[8]
하늘의 법망은[9] 넓고 넓어[10]
성기어도 빠뜨리지 않는다.[11]

자구 해석

1) **勇於敢則殺, 勇於不敢則活**: '감 敢'은 굳센 것을 일컫고, '불감 不敢'은 유약함을 일컫는다. 이 두 구는 굳고 강한 것을 드러내는 데에 용감하면 죽고, 유약함을 표현하는 데에 용감하면 산다는 말이다. 76장에서 말했다. "굳고 강한 것은 죽음의 성질이고, 부드럽고 약한 것은 삶의 성질이다." 이 두 구의 의미와 서로 같다.

2) **此兩者**: '용어감 勇於敢'과 '용어불감 勇於不敢'을 가리킨다.

3) **所惡**: 굳세고 강한 것을 미워하다.

4) **難之**: 하늘이 강하고 굳센 것을 미워하는 까닭을 알기 어려움을 일컫는다.

5) **不爭而善勝**: 32장에서 말했다. "다투지 않기 때문에 천하에 아무도 그와 겨룰 자가 없다."

6) **不言而善應**: 『논어 양화편 論語 陽貨篇』에서 말했다. "하늘이 무슨 말을 하리오? 사계절이 행하고 만물이 자랄 뿐이다." 사계절이 행하고 만물이 자라는 것 [四時行, 百物生]은 곧 잘 순응하는 것 [善應]의 실제이다.

7) **不召而自來**: 왕필(王弼)이 말했다. "아래에 머무르면 만물이

저절로 돌아온다." 생각하건대 35장에서 말했다. "대도를 지닐 수 있다면 천하가 그에게로 간다." 나에 대한 집착과 사사로움이 없이 스스로 천하고 낮은 곳에 처하면 천하가 돌아가는 이치가 마치 모든 시내가 강과 바다로 돌아가 모이는 것과 같다. 그러므로 '부르지 않아도 저절로 온다.'라고 했다.
8) 繟然而善謀 : '천 繟'은 여유로운 모양. 천도는 무심(사심이 없음)하나, 만물을 위한 계획을 잘하고, 만물을 곡진하게 이루어 빠뜨림이 없는 것을 일컫는다.
9) 天綱 : 천도(天道). 작용의 범위를 비유했다.
10) 恢恢 : 광대한 모양.
11) 疏而不失 : 싸우지 않아도 이기고, 말하지 않아도 응하고, 부르지 않아도 오고, 무심하면서도 계획하는 것, 이것이 바로 천도가 성기면서도 놓치지 않는다는 것이다.

우리말 풀이

굳세고 강함을 드러내는 데 용감한 사람은 제명대로 죽지 못하고, 유약함을 드러내는 데 용감한 사람은 그 몸을 보전할 수 있다. 똑같이 용감한 것이지만, 그러나 강직함에 용감하면 손해를 당하고, 유약함에 용감하면 이익을 얻는다. 하늘이 '과감함에 용감'한 사람을 미워하는 이유는 그가 굳세고 강함을 드러내기 때문인데, 이런 도리를 누가 알 수 있겠는가? 그래서 성인도 오히려 하늘을 아는 것을 어렵게 여겼거늘 하물며 보통 사람들이야!

천도는 이기려고 애쓰지 않아도 이기기를 잘하고, 말하지 않아도 응답을 잘하며, 부르지 않아도 만물이 저절로 오고, 넓고 평탄하여 무심해도 만물을 위한 계획을 잘한다. 천도의 작용은 마치 그물과 같은 것으로 이 '하늘의 그물 天綱'이 망라하는 범위에 포함되지 않은 것이 없으니 참으로 지극히 광대하다. 그것은 비록 성기는 것 같지만 조금도 빠뜨리거나 새지 않는다.

경문

民不畏死, 奈何以死懼之?
若使民常畏死, 而爲奇者,[1]
吾得執而殺之, 孰敢?
常有司殺者殺.[2] 夫代司殺者殺,[3]
是謂代大匠斲.[4]
夫代大匠斲者,[5] 希有不傷其手矣.

백성들이 죽음을 두려워하지 않으면
어떻게 죽임으로 백성을 협박할 수 있겠는가?
그러나 만약 그들로 하여금 늘 죽음을 두렵게 만들어
나쁜 짓을 하는 자를[1]
내가 잡아서 죽인다면
누가 감히 나쁜 짓을 하겠는가?
그러나 항상 죽임을 맡은 자만이 죽일 수 있는 법.[2]
누군가 그를 대신하여 죽인다면[3]
이를 두고 목수 대신 나무를 깎는다고 하네.[4]
목수 대신 나무를 깎는 사람치고[5]

손을 다치지 않는 자는 드물다.

자구 해석

1) **奇**: 간사하다, 바르지 못하다 [邪]의 뜻과 같다. 왕필(王弼)이 말했다. "괴이하고 무리지어 난잡한 것을 일컬어 기(奇)라고 한다."
2) **司殺者**: 천도를 가리킨다.
3) **代司殺者**: 가혹한 형벌과 잔학한 정치로 백성을 죽이는 폭군을 가리킨다.
4) **大匠**: 목공의 우두머리. 『맹자 고자 상 孟子 告子上』에 나와 있다. "목공의 우두머리는 남에게 반드시 규(規)와 구(矩)로써 가르친다." 주자는 주를 이렇게 달았다. "대장(大匠)은 공인의 우두머리 [工師] 이다."
5) **斲**: 쪼개다. 베다.

우리말 풀이

백성이 가혹한 정치와 잔악한 형벌의 핍박을 받게 되어 죽음을 두려워 하지 않고 항거하는 때가 오게 되면 정권을 장악한 자가 어떻게 죽는 것을 가지고 백성을 협박할 수 있을까? 만일 백성이 죽음을 두려워한다고 말한다면, 간사한 짓을 저지르고 법을 위반한 사람이 있을 때 내가 잡아서 죽이면 누가 감히 다시 나쁜 짓을 하겠는가? 그러나 사실은 결코 이와 같지 않아서, 형벌은 곧 그 효용을 상실해 버린다.

천지(天地) 사이의 깊은 곳에 줄곧 오로지 살생을 전담하는 자가 있어서 만물을 살륙하는 것이지, 인간이 와서 대신 수고하는 것을 필요로 하지 않는다.

　만일 꼭 천지 사이의 살생자를 대신하여 살륙을 주관하려고 한다면, 이것은 마치 공예를 할 줄 모르는 사람이 와서 목공의 나무 깎는 일을 대신하는 것과 같다. 목공을 대신하여 나무를 깎는 사람 중에 자신의 손을 찍어서 다치지 않는 사람은 매우 적다.

제75장

> 경문
>
> 民之饑, 以其上食稅之多, 是以饑.
> 民之難治, 以其上之有爲,[1] 是以難治.
> 民之輕死, 以其上求生之厚,[2] 是以輕死.
> 夫唯無以生爲者,[3] 是賢於貴生.[4]

●●●

백성의 굶주림은
위정자가 세금을 많이 받아 먹었기에
그래서 굶주린다.
백성을 다스리기 어려움은
위정자가 인위로 간섭함이 있기에[1]
그래서 다스리기 어렵다.
백성이 죽음을 우습게 여김은
위정자가 그의 생명만을 후히 여기기에[2]
그래서 죽음을 우습게 여긴다.
생명에만 매달리지 않는 것이[3]
양생만을 떠받드는 것보다 더 현명하다.[4]

자구 해석

1) **有爲**: 억지로 만들고 망령되게 하는 것이다. 가혹하고 번잡한 정치와 법령을 가리켜 말한 것이다.
2) **求生之厚**: 50장의 '지나친 양생욕으로 도리어 몸을 해침 生生之厚'을 말한다.
3) **無以生爲**: 생명만을 일삼지 않는 것, 즉 생명을 귀하게 여기지 않는 것이다. '이생위 以生爲'는 '욕심 있는 마음으로 자연의 생리적 본능인 정기를 부린다. 心使氣'는 의미로서, 명분은 생명을 중시하는 것이지만 실제는 생명을 해치는 것이다.
4) **貴生**: 생명을 중시하며 생명을 떠받들어 기른다. '귀생 貴生'은 생명 본능의 자연스러움이 아니기에 노자는 반대했다.

우리말 풀이

　백성들이 굶주리는 이유는 윗자리에 있는 자가 세금을 수탈하여 백성들이 자급할 수 없게 만들어 놓았기 때문에 굶주리는 것이다. 백성들을 다스리기 어려운 이유는 윗자리에 있는 자가 멋대로 일을 많이 만들고, 정령을 가혹하고 번잡하게 하여 백성들이 마땅히 따를 곳이 없기 때문이다.
　백성들이 죽음을 가볍게 여기는 이유는 윗자리에 있는 자가 스스로를 봉양하는 것이 너무 사치스러워 백성들이 그 요구를 감당할 수 없기 때문이다. 이런 까닭에 윗자리에 있는 자가 맑고 욕심이 없으며, 깨끗하고 인위가 없는 것이 양생을 떠받들어 가혹한 정치와 번잡한 명령으로써 백성에게 강요하고 억압하는 것에 비해 훨씬 더 좋게 될 것이다.

제76장

경문

人之生也柔弱, 其死也堅强.[1]
萬物草木之生也柔脆,[2] 其死也枯槁.[3]
故堅强者死之徒, 柔弱者生之徒.
是以兵强則不勝, 木强則兵.[4]
强大處下, 柔弱處上.

●●●

사람이 살아서는 부드럽고 연하지만
죽어서는 뻣뻣하고 굳어진다.[1]
만물[2] 초목도 살아서는 부드럽고 무르지만
죽어서는 마르고 시든다.[3]
그러므로 굳고 강함은 죽음의 현상이요
부드럽고 약함은 삶의 현상이다.
그러니 군대가 강하면 이기지 못하고
나무가 튼튼하면 부러진다.[4]
강하고 큰 것은 아래로 처지고
부드럽고 약한 것은 위에 놓인다.

자구 해석

1) **人之生也柔弱, 其死也堅強** : '유약 柔弱', '견강 堅強'은 사람의 형체를 가리켜 말한 것이다. 사람이 살았을 때에는 신체가 부드럽고 연하지만 [柔弱], 죽은 뒤에는 뻣뻣하고 굳어지는 것 [堅強]을 말했다.

2) **萬物** : 『엄준본 嚴遵本』, 『부혁본 傅奕本』, 『범응원본 范應元本』, 『오징본 吳澄本』에는 모두 이 두 글자가 없다, 생각컨대 앞의 문장에서 '인 人'을 말했으므로 여기서는 마땅히 '초목 草木'을 말하여 서로 대구를 이루고 있다. 또한 '초목 草木'은 '만물 萬物'에 속하기 때문에 '만물'을 말할 필요가 없다. 이렇게 본다면 '만물' 이 두 자는 당연히 불필요한 글자이므로 삭제해야 한다.

3) **草木之生也柔脆, 其死也枯槁** : '유취 柔脆', '고고 枯槁'는 모두 풀과 나무의 형질을 가리킨 것이다. 풀과 나무가 살아 있을 때는 부드럽고 연하여 무르고 [柔脆], 죽은 후에는 마르고 시들며 딱딱하고 굳게 변하는 것 [枯槁]을 말했다.

4) **兵強則不勝, 木強則兵** : 뒷 문장의 '병 兵'은 동사로서 쪼개고 찍는다 [伐] 라는 뜻이다. 병력이 강성하면 그 강함을 믿고 교만해져 도리어 적을 이기지 못하며, 나무가 강하고 크면 공구를 만드는 데에 필요하게 되어 도리어 쪼개지고 찍힌다는 것을 말한 것이다. 또 이 두 구(句)는 『열자 황제편 列子 黃帝篇』, 『문자 도원편 文子 道原篇』, 『회남자 원도훈 淮南子 原道訓』에 '병력이 강하면 멸망하고, 나무가 강하면 부러진다. 兵強則滅, 木強則折'로 쓰여 있는데, 뜻이 비교적 괜찮은 것 같다.

우리말 풀이

　사람이 살아 있을 때에는 신체가 부드럽고 연하지만, 죽은 후에는 곧 뻣뻣하게 변한다. 풀과 나무가 살아서 자랄 때에는 그 형질이 부드럽고 무르지만 죽은 후에는 곧 마르고 딱딱하게 변한다. 그래서 무릇 굳고 강한 것은 모두 죽음의 현상 가운데 하나이며, 무릇 부드럽고 연한 것은 모두 삶의 현상 가운데 하나이다. 그러므로 군대가 강하더라도 오히려 승리하지 못할 수 있으며, 나무가 튼튼하고 크면 도리어 벌목을 당하게 된다. 이를 통해 알 수 있듯이 무릇 강대한 것은 오히려 아랫 자리에 머물고, 무릇 부드럽고 연약한 것은 반대로 위에 처하게 된다.

> ### 경문
>
> 天之道, 其猶張弓與!¹⁾
> 高者抑之, 下者擧之.
> 有餘者損之, 不足者補之.²⁾
> 天之道, 損有餘而補不足.
> 人之道,³⁾ 則不然, 損不足以奉有餘.
> 孰能有餘以奉天下? 唯有道者.
> 是以聖人爲而不恃, 功成而不處, 其不欲見賢.⁴⁾⁵⁾

●●●

하늘의 도는
마치 활에 시위를 메우는 것 같구나!¹⁾
시위가 높으면 내려 누르고
낮으면 치켜 올린다.
남으면 버리고
모자라면 보탠다.²⁾
하늘의 도는
남는 것을 덜고 모자라는 것을 보탠다.

인간의 도는[3]
그렇지 아니하여
모자라는 것을 덜어 남는 것에 이바지한다.
누가 남는 것을 천하에 이바지할 수 있는가?
오직 도를 지닌 사람밖에.
그러므로 성인은 해 놓고도 자랑하지 않으며
공을 이루고도 자처하지 않는다.
현명한 것을 드러내려 하지도 않는다.[4] [5]

자구 해석

1) **張弓** : 『설문 說文』에서는 '장(張)은 활시위를 메우는 것이다. 張, 施弓弦也'라고 했다, 즉 '장궁 張弓'은 '활에 활시위를 메운다.'는 뜻이다.

2) **高者抑之, 下者擧之, 有餘者損之, 不足者補之** : '고지억지 高者抑之'부터 네 구(句)에 대해서 고형(高亨)이 말했다. "활시위를 활에 멜 때, 활시위의 위치가 높으면 밑으로 내려서 묶으므로 '고자억지 高者抑之'라고 한 것이고, 활시위의 위치가 낮으면 들어 올려 묶으므로 '하자거지 下者擧之'라고 한 것이다. 또한 활시위의 길이가 남음이 있으면 그만큼을 줄여야 하므로 '유여자손지 有餘者損之'라고 한 것이고, 활시위의 길이가 부족하면 그만큼을 보태야 하므로 '부족자보지 不足者補之'라고 한 것이다."

3) **人之道** : 인간 사회의 일반 상황을 가리킨다.

4) **其** : '이 以'자의 뜻이다. 『경룡본 景龍本』에서 '무엇 무엇 때문에'라는 뜻으로 '사 斯'자를 썼기 때문에 '사 斯' 역시 '이 以'자의 뜻이 된다.

5) **見賢** : 자기의 덕을 드러내는 것이다.

우리말 풀이

하늘의 도의 작용은 활에 시위를 메우는 정황과 같구나! 시위가 높으면 그것을 내려 누르고, 시위가 낮으면 그것을 들어 올린다. 시위가 길면 그것을 잘라 내고, 시위가 짧으면 그것을 보충한다. 하늘의 도는 확실히 남는 것을 덜어내고 부족한 것을 보충해 준다.

그러나 인간의 일반 사회 정황은 이와 같지 않다. 왜냐 하면 사람에게는 사욕이 있어서 자기의 이익을 위하기 때문에 부족한 것을 박탈하여 남는 것에다가 공급한다. 누가 하늘의 도를 체득해서 남는 것을 천하의 부족한 것에 줄 수 있겠는가?

오직 도(道)를 터득한 사람만이 이와 같이 할 수 있다. 그래서 성인(聖人)은 만물을 만들고 길러도 스스로 그 능력을 자랑하지 않고, 만물을 성취시켜 놓고도 그 공을 스스로 자처하지 않는다. 그는 사심도 욕망도 없어서 자연스러움에 내맡겨 자기를 드러내려고 하지 않는다.

경문

天下莫柔弱於水, 而攻堅强者莫之能勝.[1]

以其無以易之.[2]

弱之勝强, 柔之勝剛,

天下莫不知,[3] 莫能行.

是以聖人云 :

「受國之垢,[4] 是謂社稷主.

受國不祥,[5] 是謂天下王.」

正言若反.[6]

천하에 물보다 부드럽고 약한 것은 없지만
굳고 강한 것을 이기는 것 중에 물보다 나은 게 없네.[1]
그것은 어떤 것도 물을 변화시킬 수 없기 때문이지.[2]
약함이 강함을 이기고
부드러움이 굳셈을 이긴다는 이치를
천하의 사람들은 알지도 못하고
실천하지도 못한다.[3]

그러므로 성인은 말했다.
"온 나라의 수치를 감당할 수 있는 이를[4]
사직(社稷)의 주인이라 하고
온 나라의 재앙을 감당할 수 있는 이를[5]
천하의 왕이라 이른다."
바른 말은 이렇게 반대처럼 들리네.[6]

자구 해석

1) **天下莫柔弱於水, 而功堅強者莫之能勝** : '막지능승 莫之能勝'은 '막능승지 莫能勝之'와 같다. '지 之'는 물[水]을 가리킨다. 하상공(河上公)이 말했다. "물은 둥근 그릇 안에서는 둥글게 되고, 네모난 그릇 안에서는 네모나게 되며, 막으면 멈추고, 터주면 흐른다. 또한 물은 능히 산을 둘러싸고 구릉으로 올라가며, 철을 마모시키고 구리를 삭히는데, 어떤 것도 물보다 더 성공할 수는 없다."

2) **以其無以易之** : 왕필(王弼)이 말했다. "이(以)자는 사용하다[用]의 뜻이다. 기(其)는 물(水)을 가리킨다, 물의 쓰임의 유약한 성질은 어떤 사물로도 그것을 바꿀 수 없음을 말한 것이다."
   생각컨대 '이 以'자는 마땅히 '인 因'의 뜻으로 해석해야 한다. 왕필은 '이 以'자를 '용 用'의 뜻으로 해석했는데, '용 用'자도 '인 因'자의 뜻이 있다. '기 其'자는 '공견강자 攻堅強者'를 가리킨다. 왕필이 '수 水'를 가리키는 것이라고 말했으나 타당하지 않은 듯하다. '무이 無以'는 할 수 없다[不能]는 뜻이다. '역 易'은 바꾸다[更換]는 뜻이다, '지 之'는 물[水]을 가리킨다.
   전체 구절의 뜻은 이렇다 '왜냐하면 굳고 강한 것을 공격하는 어떤 사물도 물의 유약한 본성을 변화시킬 수 없기 때문이다.' 『하상공본 河上公本』과 기타 고본[古本]에는 이 구(句)를 '기무

이역지 其無以易之'라고 썼는데『왕필본 王弼本』의 훌륭함만 같지는 못한 듯하다.
3) 莫不知 : 마서륜(馬敍倫)이 말했다 "윤안(倫案)의『역주권자성소장소반 易州卷子成疏臧疏潘』에는 모른다 [不知]를 알 수 있다 [能知] 라 했고,『범응원본 范應元本』,『팽사본 彭獻本』도 이와 동일하다"
   생각컨대 '능지 能知'라고 하는 뜻이 비교적 낫다. 70장에서 말한 '천하 사람들이 알 수도 없으며 행할 수도 없다. 天下莫能知, 莫能行'라는 문장이 증거 자료가 될 수 있다. 여기서의 '불 不'자는 마땅히 '능 能'자의 오자(誤字)이다.
4) 垢 : 더러움, 굴욕을 뜻한다.
5) 不祥 : 재앙을 뜻한다.
6) 正言若反 : 노자(老子)의 언론은 모두 도(道)를 근본으로 삼았으나 표면적으로 보자면 세속과 같지 않고 사물과 상반된다. 그래서 '바른 도로 말했으나 상반되는 것 같다. 正言若反'라고 했다.

우리말 풀이

세상의 물질 중에 물보다 더 부드럽고 약한 것은 없다. 그러나 굳고 강한 것을 이기는 것 중에서 어떤 것도 물을 이길 수는 없다. 왜냐 하면 물의 부드럽고 약한 본성을 변화시키는 방법이 없기 때문이다. 약함이 강함을 이기고, 부드러움이 굳셈을 이긴다는 이치를 세상 사람들은 알지도 못하며, 실행하지도 못한다. 왜냐 하면 사람들이 모두 다투어 이기는 것을 좋아하기 때문이다.
성인(聖人)이 말했다, "온 나라의 수치를 감당할 수 있는 이를 사직의 주인이라고 하고, 온 나라의 재앙을 감당할 수 있는 이를 천하의 왕이라 이른다." 이렇게 바른 도리에 부합되는 말은 표면적으로 보면, 마치 세간의 정황과 서로 반대되는 것 같다.

경문

和大怨, 必有餘怨,[1] 安可以爲善?
是以聖人執左契,[2] 而不責於人.[3]
有德司契,[4] 無德司徹.[5]
天道無親, 常與善人.[6]

●●●

큰 원한이 있으면 화해를 해도
반드시 원한의 찌꺼기를 남기니[1]
어찌 좋은 것이라 하겠는가?
그러므로 성인은 채권만을 지닌 채[2]
남에게 빚 독촉을 하지 않는다.[3]
덕이 있는 자는 채권을 지니고만 있고[4]
덕이 없는 자는 거둬 들이는 짓만 한다.[5]
하늘의 도는 편애가 없지만
언제고 선한 사람만을 도와준다.[6]

자구 해석

1) **和大怨, 必有餘怨** : '화 和'는 화해하다와 같다. 만약 이미 큰 원한이 있었다면 비록 애써 화해를 해도, 반드시 아직도 가시지 않은 원한이 마음 속에 존재한다는 것을 말한다. 위원(魏源)이 말했다. "도(道)를 배운 자가 진실로 큰 원한에 대해서 애써 스스로 화해를 했어도 여전히 품은 분노와 쌓인 한이 마음 속에 남아 있어서 설령 끝내 드러나지 않는다 하더라도 미세한 것까지는 없어지지 않아서 산덩어리와 같다."

2) **執左契** : 『설문 說文』에는 이렇게 되어 있다. "계(契)는 계약이다." 『통훈정성 通訓定聲』에는 이렇게 되어 있다. "무릇 어음의 계약 문서, 고문서의 총목록, 소송 사건의 중요 진술을 모두 계(契)라고 한다."

생각컨대 '계 契'는 곧 증빙 문건으로 오늘의 계약서와 비슷하다. 좌우로 나누어서 각자 그 하나씩을 갖고 있다가 그것을 합쳐 보아 신표로 삼는다. 우계(右契)는 높고, 좌계(左契)는 낮다.

『예기 곡례 禮記 曲禮』에 이렇게 되어 있다. "곡식을 바치는 자는 우계를 가진다." 정(鄭)씨 주에 "계(契)는 계약서이고, 우(右)는 높이는 것이다."라고 했다. 공(孔)씨 소에 "오른쪽이 높게 되는 것은 앞쪽의 문서를 높게 여기기 때문이다."

『전국책 한책 戰國策 韓策』에 있다. "우계를 가지고서 공을 위하여 진위(秦魏)의 왕에게 덕(德)을 독촉한다." 포표(鮑彪) 주에 "좌계는 합쳐지는 것을 기다릴 뿐이지만 우계는 재물을 취할 수 있는 바탕이 된다."

계(契)는 또한 권(券)이라고도 일컫는데 『사기 평원군열전 史記 平原君列傳』에 이렇게 되어 있다. "일이 이루어지면 우권(右券)을 가지고 독촉할 수 있다." 『정의 正義』에서 말했다. "우권은 상계(上契)이다." 전경중(田敬仲)의 『완세가 完世家』에 있다.

"공이 항상 좌권을 갖고서 진한(秦韓)에 독촉했다."『정의 正義』에서 말했다. "좌권은 하(下)이고, 우권은 상(上)이다."

좌계는 하계(下契)로서 좌계를 가지고는 단지 독촉하러 오는 사람을 기다릴 수는 있으나 남에게 독촉할 수는 없다. 이 '좌계를 갖고 있다 執左契'는 것은 곧 낮은 것을 갖고 있다는 것으로서 유약함에 처한다는 것을 비유한다.

3) **不責於人**: '책 責'은 착취한다는 뜻이다. 오징(吳澄)이 말했다. "좌계를 갖고 있는 자는 스스로 남에게 독촉하지 않고, 남이 독촉하러 오기만을 기다릴 뿐이다."

위원(魏源)이 말했다. "내가 좌계를 갖고 있으면서 단지 우계를 가지고 빚을 받으려고 오는 자가 있기만 하면, 나는 곧 재물을 그에게 줄 뿐이요, 한번도 남에게 빚을 받아본 적이 없었다. 성인은 사물에 대해서 순응하고 무심(無心)하여 보내오는 것을 받는 것도 이와 같을 따름이다."

4) **有德司契**: '사 司'는 주관하다, 관장하다. '계 契'는 곧 '좌계 左契'의 생략된 말이다. 덕이 있는 사람은 마치 좌계를 관장하는 것과 같아서, 단지 남에게 줄 뿐이지, 남으로부터 취하지 않는다는 것을 말한다.

5) **無德司徹**: '철 徹'은 주(周) 시대의 조세 명칭인데『맹자 문공상 孟子 文公上』에 나와 있다. "주(周)나라 사람은 100묘(畝)로서 철(徹)한다."

조(趙)씨 주에 "철(徹)은 취(取)한다는 뜻과 같아서, 사람이 물건을 취하는 것이다."라고 했다.

이 문구는 덕이 없는 사람은 마치 조세를 관장하는 것과 같이 단지 남에게 취할 뿐이지 남에게 주지 않는다는 것을 말한다.

6) **天道無親 常與善人**: '친 親'은 편애하다. '여 與'는 도와주다. '선인 善人'은 좌계를 맡고 있는, 덕이 있는 자를 가리킨다. 말하자면 하늘의 도는 편파적인 것이 없어서 오직 항상 선한 사람을

도와준다. 아마도 도와주기만 하고 취하지 않는 것이 하늘의 도에 부합되기 때문일 것이다. 그러므로 하늘이 그를 도와준다.

　　승려 감산(憨山)이 말했다. "베풀되 취하지 않는다면 나는 이미 선한 것이다. 사람이 도와주지 않아도 하늘이 반드시 그를 도와주므로 이른바 '스스로 하늘이 도와주니 길하여 이롭지 않음이 없는 것'이다. 어찌 보통 사람들이 쉽게 알 수가 있겠는가?"

우리말 풀이

　이미 큰 원한이 있으면 그것을 화해했다고 해도 반드시 아직도 가시지 않은 원한이 마음 속에 존재하니 이것을 어찌 좋은 것이라 하겠는가? 그래서 성인이 남을 대할 때 유약함을 지키고 낮은 곳에 처하는 것이 곧 계약서만을 갖고 있는 것과 같아서, 단지 남에게 줄 뿐이지 남으로부터 받아 내지는 않는다. 이렇다면 원한은 근본적으로 생겨날 일이 없으니 어찌 화해할 필요가 있으랴?
　덕이 있는 사람이 남을 대하는 것은 곧 계약서를 갖고 있는 것과 같아서 단지 남에게 줄 뿐, 남으로부터 받아 내는 것은 아니므로 사람들이, 원망하는 마음이 없어진다. 덕이 없는 사람이 남을 대하는 것은 곧 세금을 거두는 것과 같아서 단지 남으로부터 받아 낼 뿐, 남에게 주지 않아서 사람들이 원망을 많이 일으킨다.
　주기만 하고 취하지 않는 것은 하늘의 도에 완전히 부합되는 것이다. 하늘의 도는 비록 조금의 편애도 없지만 영원히 덕이 있는 사람에게 복을 내려 준다.

경문

小國寡民, 使有什伯之器而不用,¹⁾ 使民重死而不遠徙.²⁾
雖有舟輿, 無所乘之.
雖有甲兵, 無所陳之.³⁾
使民復結繩而用之.⁴⁾⁵⁾
甘其食, 美其服,
安其敢, 樂其俗.⁶⁾
鄰國相望, 鷄犬之聲相聞, 民至老死不相往來.

●●●

나라가 작고 백성이 적으면
무기는 많아도 쓸 필요가 없고¹⁾
백성은 살겠다고 멀리 떠날 필요가 없다.²⁾
비록 배와 수레가 있어도
타고 나갈 일이 없으며
비록 갑옷과 무기가 있어도
진열할 기회가 없다.³⁾

新譯 老子 讀本 | 355

백성을 문자 이전의 원시로 되돌린다.⁴⁾ ⁵⁾
거친 음식도 달게 여기고
해어진 의복도 아름답게 여기고
누추한 거처도 편안히 여기고
질박한 풍속도 즐겁게 여긴다.⁶⁾
이웃 나라가 서로 바라다 보이고
닭 울고 개 짖는 소리가 서로 들려도
늙어 죽을 때까지 왕래할 일이 없다네.

자구 해석

1) **什伯之器** : 무기류를 가리킨다. 유월(兪樾)이 말했다.
　　"여러 가지 기구는 곧 병기이다.『후한서 선병전 後漢書 宣秉 傳』주에 있다. '군법은 5명을 오(伍)로 하고, 2×5가 십(什)이 된 다. 즉 기구들을 공유하므로 통칭하여 삶을 살아가게 하는 기구 들을 일용 기구 [什物] 라고 한다.' 그렇다면 무기류 [什伯之器] 를 일용 기구 [什物] 라고 말하는 것과 같다.
　　아울러 백(伯)을 말한다면, 옛 군법에 100명을 백(伯)으로 하 였다.『주서 무순편 周書 武順篇』에 있는 '5×5는 25를 원졸(元 卒)이라고 하고, 4개의 졸(卒)이 위(衛)를 이루면 백(伯)이라고 한다.'고 한 것이 그 증거가 된다. 십(什)과 백(伯), 모두 사졸의 행렬 명칭이다. …
　　서개(徐鍇)의『설문 계전 說文 繫傳』의「인부 人部」아래에 『노자 老子』를 인용하여 '여러 가지 [什物]의 기구가 있는데 매 십(什)과 백(伯) 단위로 함께 기구를 사용하므로 무기류라고 말 한다.'고 했으니 제대로 해석한 것이다. '가령 여러 가지 무기가 있지만 사용하지 않고, 백성들로 하여금 목숨을 아껴 멀리 이민가게 하지 않는다. 使有什伯之器而不用, 使民重死而不遠徙'라는 두 문구는 일률적이다.

　　아래 글인 '비록 배와 수레가 있어도, 그것들을 탈 일이 없으며, 비록 갑옷과 무기가 있어도, 그것들을 진열할 필요가 없다. 雖有舟輿, 無所乘之, 雖有甲兵, 無所陳之'에서 '배와 수레 舟輿'라는 문구는 '목숨을 아껴 멀리 이민가지 않는다 重死而不遠徙'를 받아서 말했고, '갑옷과 무기 甲兵'라는 문구는 '여러가지 기구가 있지만 사용하지 않는다. 什伯之器不用'를 받아서 말했으므로 글의 뜻이 더욱 분명하다."

2) 重死 : 생명을 아깝게 여긴다.
3) 雖有舟輿, 無所乘之, 雖有甲兵, 無所陳之 : '진 陳'은 진열하다는 뜻이다. 윗 문구는 '여러 가지 기구가 있지만 사용하지 않는다. 什伯之器不用'를 이어서 말했고, 아래 문구는 '목숨을 아껴 멀리 이민가지 않는다. 重死而不遠徙'를 이어서 말했다.

　　또한 마서륜(馬敍倫)이 말했다. "'배와 수레가 있어도 雖有舟輿' 이하의 4개 구절은 옛 주석의 글이 경문(經文)으로 잘못 들어간 것이다." 이 학설은 참고로 제시될 만하다.

4) 民 : 『왕필본 王弼本』에는 원래 '인 人'으로 써 있으나, 『하상공본 河上公本』과 『부혁본 傅奕本』 및 많은 종류의 고본(古本)에는 모두 '민 民'으로 써 있다. 이제 『하상공본』에 근거하여 고쳤다.
5) 復結繩而用之 : 백성들이 순박하고 일이 간소하면 문자를 사용하지 않고서도 다스릴 수 있다는 것을 말한다. 이것이 노자(老子)의 옛날로 돌아가자는 반고 사상(反古思想)이다.
6) 甘其食, 美其服, 安其敢, 樂其俗 : 백성들이 영리를 흠모하지 않고 사리사욕이 없어 스스로 만족한다. 그래서 음식이 비록 변변치 않더라도 달게 여기고, 의복이 비록 떨어졌어도 아름답게 여기고, 거처가 비록 누추하여도 편안하게 여기고, 풍속이 비록 질박하여도 즐겁게 여긴다는 것을 말한다.

하상공(河上公)이 말했다. "변변치 않은 음식도 달게 여기면 백성들은 남의 것을 빼앗아 먹지 않고, 헤어진 옷도 아름답게 여기면 오색을 귀하게 여기지 않는다. 초가집도 편안히 여기면 잘 꾸민 집을 좋아하지 않고, 질박한 풍속도 즐기면 이사하지 않는다."

소철(蘇轍)이 말했다. "안으로 족하면 밖으로 흠모하는 바가 없게 된다. 그러므로 가지고 있는 것을 아름답게 여기고, 거처하는 곳을 즐겁게 여겨서 더 이상 구하려 않는다."

우리말 풀이

이상적인 국가는 이렇다. 국토는 매우 작고, 인민은 매우 적다. 이 국가 제도 안에서는 아무도 다툼이 없고 불만도 없다. 각종 무기가 있어도 운용되지 않고, 가혹한 정사와 혹독한 세금도 없어서 백성들이 생명을 무릅쓰고 멀리 옮겨가지 않는다. 이렇다면 비록 배와 수레가 있어도 타고 갈 필요가 없으며, 비록 갑옷과 무기가 있어도 진열할 기회가 없다.

백성들로 하여금 다시 노끈을 맺어 사실을 기록하는 원시 사회의 상태로 돌아가게 한다. 백성들이 사리사욕이 없고 욕심이 적어 영리를 흠모하지 않는다.

먹는 것이 비록 변변치 않은 음식이지만 매우 달게 여기고, 입는 것이 비록 헤어진 옷이지만 매우 아름답게 여기고, 거처가 비록 누추하지만 매우 편안하게 여기고, 풍속이 아주 간소하고 질박하지만 매우 즐겁게 여긴다. 이웃 국가간에 서로 모두 바라다 보이고, 닭 울고 개 짖는 소리가 서로 들리지만 생활이 안정적이어서 양국의 백성들은 태어나서 죽을 때까지도 서로 왕래할 일이 없다.

경문

信言不美, 美言不信.¹⁾
善者不辯, 辯者不善.²⁾
知者不博, 博者不知.³⁾
聖人不積,⁴⁾
旣以爲人己餘有, 旣以與人己愈多.
天之道, 利而不害.
聖人之道, 爲而不爭.

미더운 말은 꾸미지 않고
꾸민 말은 미덥지 못하다.¹⁾
착한 사람은 변명하지 않고
변명하는 사람은 착하지 못하다.²⁾
깊이 아는 사람은 박식하지 않고
박식한 사람은 깊이 알지 못한다.³⁾
성인은 쌓아 두지 않고⁴⁾
텅 비워서 남을 위했건만 자기는 남아 돌고

텅 비워서 남에게 주었건만 자기는 더욱 많아졌네.
하늘의 도는
이로울지언정 해롭지 않고
성인의 도는
베풀지언정 다투지 않는다.

자구 해석

1) **信言不美, 美言不信** : '신언 信言'은 진실한 말이고, '미언 美言'은 교묘한 언술이다. 진실한 말은 귀를 즐겁게 하지 않고, 귀를 즐겁게 하는 말은 진실하지 못하다는 것을 말한다. 왕필(王弼)이 말했다. "진실한 말은 교묘하게 꾸미지 않는다 함은 진실이 바탕에 있기 때문이고, 교묘하게 꾸민 말은 진실하지 못하다 함은 근본이 순박에 있기 때문이다."

또한 '언 言'자에 관해서 유월(兪樾)은 마땅히 '자 者'로 써야 한다고 여겨 이렇게 말했다. "이것은 마땅히 '신자불미, 미자불신 信者不美, 美者不信'이라고 써야만, 아래 문구인 '선자불변, 변자불선, 지자불박, 박자부지 善者不辯, 辯者不善, 知者不博, 博者不知'와 문법이 일치하게 된다.

'진실한 말은 교묘하게 꾸미지 않는다. 信言不美'라는 문구에 대한 하상공(河上公)주에, '믿는다 [信]라는 것은 진실 [實]과 같은 뜻이며, 교묘하게 꾸미지 않는다 [不美者]라는 것은 질박(質樸)하다는 뜻이다. 信者如其實, 不美者樸且質也'라고 되어 있다. 이것이 고본(古本)에는 '신자불미 信者不美'로 되어 있고 '언 言'이라는 글자가 없다는 것을 증명한다."

생각컨대 하상공의 '미언불신 美言不信'이라는 구절 아래의 주에 "한층 꾸민 말은 부지런히 빛낸 말이고, 진실하지 못한 것은 꾸미고 거짓되어 대부분 공허한 것이다. 滋美之言者, 崇崇華詞, 不信者, 飾僞多空虛也."라고 되어 있다.

　　이것으로 고본(古本)에서도 '언 言'이라고 썼지, '자 者'라고 쓰지 않았음을 알 수 있다. 하상공의 '신언불미 信言不美'라는 구절 아래의 주에 "믿는다는 것은 진실한 것과 같은 뜻이다. 信者如其實."라고 한 부분에 있어서는 곧 '언 言'이라는 글자가 생략된 것이다. 그것에 근거하여 본문을 정정하면 안 된다.

　　또한 의미에 입각하여 말한다면, '신언 信言', '미언 美言'이 '신자 信者', '미자 美者'에 비하여 더 낫다. 단지 문법을 일률적으로 하기 위하여 '언 言'을 고쳐 '자 者'로 한다면 그 의미를 소홀히 한 것이다. 그러므로 유월(兪樾)의 학설을 따를 수 없다.

2) 善者不辯, 辯者不善 : 선한 자는 행동으로 덕을 드러내고 변명하는 말로 선을 밝히지 않는다. 만약에 변명하는 말로 선을 밝히려고 한다면 그것은 진정한 선이 아님을 말한 것이다.

3) 知者不博, 博者不知 : '지 知'는 '지 智'와 통한다. 지자(智者)는 모든 사물의 이치를 깊이 체득하기 때문에 아는 것이 넓지 않다. 만약에 해박하는 데 마음쓰고 힘쓴다면 이것은 근본을 버리고 말단을 추구하는 것이니, 절대로 지자(智者)가 아님을 말한 것이다.

4) 不積 : 사사로운 욕심이 없는 것을 말한다. 오징(吳澄)이 말했다. "쌓아 두지 않는다 [不積]는 것은 텅 비워서 갖지 않다는 것을 말한다. 텅 비워서 갖지 않기 때문에 응하는 것이 끝이 없다. 쌓아 지니게 되면 응하는 것이 한계가 있다. 그러므로 어찌 지닐수록 많아질 수 있겠는가?"

우리말 풀이

　진실한 말은 듣기가 좋지 않고, 듣기 좋은 말은 진실하지 않다. 선량한 사람은 행동으로 그 선을 드러내며 말로 변명할 필요가 없다. 변명하는 사람은 선량한 사람이 아니다.
　지자(智者)는 사물의 이치를 깊이 체득하여서 아는 것이 넓지 않으며, 지식이 해박한 사람은 근본은 버리고 말단을 추구하는 것이므로 지자(智者)가 아니다.
　성인은 사사로운 욕심이 없어서, 허무(虛無)로써 체(體)를 삼고, 무위(無爲)로써 용(用)을 삼는다. 그러므로 남을 도와줄수록 자기는 더욱 충족되고, 남에게 베풀어 줄수록 자기는 더욱 부유해지니, 이것은 실로 응하는 것이 끝이 없기 때문이다.
　하늘의 도는 사사로움이 없어서 만물에 대하여 이로울지언정 해가 없고, 성인은 하늘의 도를 잘 체득하였으므로 성인의 도는 베풀어 줄지언정 남과 다투지 않는다.

인용된 책 목록

韓非　　　　『解老篇』
陸德明　　　『老子音義』
畢沅　　　　『老子道德經考異』
劉師培　　　『老子斠補』
陳鼓應　　　『老子今註今譯』
陳柱　　　　『老子集訓』
高亨　　　　『老子正詁』
徐復觀　　　『有關老子其人其書的再檢討』
葉夢得　　　『老子解』
河上公　　　『老子章句』
釋憨山　　　『道德經解』
王弼　　　　『老子註』
范應元　　　『老子道德經古本集註』
嚴復　　　　『老子道德經評點』
蘇轍　　　　『老子解』
吳澄　　　　『道德眞經注』
嚴靈峯　　　『老子章句新編』
陳柱　　　　『老子選註』
薛蕙　　　　『老子集解』
陸希聲　　　『道德眞經傳』
張默生　　　『老子章句新釋』

王道	『老子億』
俞樾	『諸子平議』
王淮	『老子探義』
馬敍倫	『老子校詁』
傅奕	『道德經古本篇』
蔣勻田	『道德經中［容］字與［客］字解』
易順鼎	『讀老札記』
成玄英	『道德經開題序訣義疏』
奚侗	『老子集解』
朱晴園	『老子校釋』
蔣錫昌	『老子校詁』
張起鈞	『老子研究』
李嘉謀	『道德眞經義解』
錢穆	『關於老子成書年代之一種考察』
羅振玉	『老子道德經考異附補遺』
馬其昶	『老子故』
高延第	『老子證義』
韓非	『喻老篇』
魏源	『老子本義』
呂吉甫	『老子註』

역자 후기

　이 책은 여배림(余培林) 교수의 『신역 노자 독본 新譯 老子 讀本』을 옮긴 것이다. 『신역 노자 독본 新譯 老子 讀本』은 『老子』에 대한 40여종의 주석서를 바탕으로 〈〈老子〉〉의 뜻을 세밀하고 다양하게 주석한 책이다. 아울러 노자의 인물과 저술, 그리고 철학 요지를 책머리에 약술하여 노자를 이해하는 데 도움이 되도록 하였다.
　본 역서에서는 <경문>, <주석>, <어역>을 모두 번역하여, 각각 '경문', '자구 해석', '우리말 풀이'로 하였다.
　『노자』의 경문은 운문체의 간결하고 함축적인 글이다. 이러한 함축적인 경문을 해석하기 위해서 많은 주석가들이 각기 피력한 관점에 따라 경문에 대한 해석을 달리하고 있다. 따라서『노자』경문의 원의를 정확하게 파악하기 위해서는 주석서를 선별하여 이해하는 일이 우선적으로 필요한 일이다. 역자가 그간 접해 본『노자』주석서 가운데 현대인이 이해하기 쉬우면서 원의에 적확하게 접근할 수 있는 책으로서 40여종의『노자』관련 주석·연구서를 참고한 대만 사대 여배림 교수의 『신역 노자 독본』을 우선적으로 꼽지 않을 수 없다. 따라서 이러한 책의 번역은 『노자』를 다양한 시각으로 접하고자 하는 이들에게 원서와 독자 간의 가교로서 역할을 하게 될 것이다.

한편 원저자가 이 책을 편찬할 당시에는 후일 발굴된 ≪곽점초묘죽간본 郭店楚墓竹簡本H≫을 보지 못한 채 출간하였다. 저자는 그 뒤 ≪老子-道德的 奧秘≫ 라는 책을 출간하면서 ≪곽점초묘죽간본 郭店楚墓竹簡本≫의 원본에 입각하여 그동안 문맥이 통하지 않던 통용본의 구절에 대해서 해석을 수정하였다. 따라서 본 역서에서도 해당부분을 찾아 원저자의 수정된 해석으로 대체하였다.

자본주의가 극대화된 오늘날, 경쟁의 채찍 앞에 내몰리는 우리들 자신을 돌아볼 여유가 마른 목에 물 한 모금처럼 간절하다. '무한 경쟁'과 '효율'을 앞세운 '숫자' 놀음은 우리를 갈증에 허덕이게 만든다. 주술처럼 우리를 마취시키는 자본주의 근간에 도사리고 있는 탐욕적인 국가·가족·개인주의는 자연의 이치에 따른 인간과 사회의 부조화를 심화시키고 있다.

이 모든 문제에 대한 해답은 아닐지언정 『노자』에 담긴 무위자연의 철학은 우리에게 자연의 삶의 이치를 인간 사회에서 구현할 수 있는 의식 전환의 밑거름이 될 것이다.

박종혁(朴鍾赫) 씀.

新譯 老子讀本

초판 1쇄 발행 2011년 3월 02일
초판 2쇄 발행 2014년 1월 20일

주해자 | 여배림
역　자 | 박종혁
펴낸이 | 하운근
펴낸곳 | 學古房

주　소 | 서울시 은평구 대조동 213-5 우편번호 122-838
전　화 | (02)353-9907　편집부(02)356-9903
팩　스 | (02)386-8308
전자우편 | hakgobang@chol.com
등록번호 | 제311-1994-000001호

ISBN 978-89-6071-190-7　　93820

값 : 15,000원

※ 파본은 교환해 드립니다.